KB234868

우리 시대의 妄言錄

조갑제닷컴

역사의 斷罪를 기다리는
자칭 진보인사들의 망언들

말로 하는 서울의 內戰

6·25사변 후 한반도 내전의 싸움터는 서울이다. 대한민국 편에 선 애국자들은 反韓(반한)·反美(반미)·親北(친북)·左派(좌파)적 망언을 일삼는 자들과 격렬한 전투를 벌인다. 싸움의 도구는 기본적으로 '말' 과 '글' 이다.

대한민국에 침을 뱉고 욕을 하며 조롱하는 자들은 反국가단체·반역 단체·반란단체인 북한정권, 즉 조선민주주의인민공화국에 우호적이 다. 극악무도한 수령독재는 감싸면서 죽어가는 북한동포에 대해 철저히 침묵한다. 이는 필연적으로 동맹국 미국에 대한 반감으로 이어진다. 한 국과 미국에 대해선 현미경을 들이대 헐뜯고 북한의 악행에 대해선 눈 감고 귀 닫는 외눈박이 역사관이다. 진실이 아닌 편향된 정보는 공산주 의, 사회주의라는 반동적 이념에 뿌리내린다. 그래서 反대한민국은 反 美, 親北, 左派라는 역사의 반동적 흐름과 맥을 같이 한다.

이 책은 자칭 진보·좌파의 문제성 발언을 모았다. 애매한 기회주의

형 발언에서부터 노골적인 북한찬양에 이르기까지 다양하지만 이들 발언의 결론은 反韓·反美·親北·左派라는 네 가지 코드로 귀결된다. 사실과 진실을 말하는 대신 자신의 이념적 잣대로 왜곡과 선동과 거짓을 일삼는 것이다. 그리고 원하건 원하지 않건 독재자 김정일의 '쓸모 있는 바보'가 돼 '악마의 변호사' 노릇을 하게 된다.

似而非(사이비) 민족주의에 함몰된 사람들

이념의 포로가 된 자칭 진보·좌파의 망언은 북한의 政權(정권)과 住民(주민)을 구분하지 못하는 데서 출발한다. 이들은 民族主義(민족주의)를 강조하지만 우리 민족 700만 명을 죽인 '북한정권'을 민족의 절반인 '북한'이라 전제한다. (※ 김일성은 6·25남침으로 300만을 죽음에 내몰고 김정일은 1990년대 중후반 배급중단으로 300만을 굶겨 죽였으며 金부자가 정치범수용소에서 죽인 숫자 역시 100만 명에 달한다.)

類似(유사) 민족주의, 似而非(사이비) 민족주의에 함몰된 자들은 '북한정권'을 돕는 것이 민족을 돕는 것이라 말하지만 정작 2400만 '북한주민'의 존엄과 가치는 철저히 외면해 버린다. 북한정권이 헌법상 대한민국의 反국가단체·반란단체·반역단체이며 7000만 민족의 主敵(주적)이라는 진실도 묵살한다.

▲"主敵 표현은 통일의 반쪽을 부정한 것(임종석 前의원)" ▲"主敵 개념 표현은 언어도단(윤광웅 前국방장관)" ▲"국군의 對敵觀(대적관) 교육은 친일세력의 잔재(표명렬 평화재향군인회 회장)" ▲"병사들에게 북한에 대한 적개심을 갖도록 하지 말아야(이종석 前통일부장관)" ▲"주권국가인 북한에 대해 훈수를 두는 것은 남한의 고질병(정일용 前한국

기자협회장)"는 발언들은 일관돼있다.

늦대 같은 북한정권을, 죽어가는 북한주민으로 둔갑시켜 더 이상 북한은 적이 아니라 강변하는 것이다. 헌법을 어기는 것이자 진실과 거리가 먼 억지와 궤변이다.

자칭 진보·좌파의 망언은 김일성·김정일에 대한 낯 뜨거운 지지와 옹호로 표현되기도 한다. 김정일을 가리켜 ▲"이 양반도 사상가. 자기 나름대로의 견해가 대단. 판단력이 있는 분이니 북한사회를 이끌어 주길 바란다(철학자 김용옥)" ▲"김정일 위원장 통치 역량이 북한 내외에 입증됐다(이재정 前통일부장관)" ▲"그(김정일)가 민족문제에 그처럼 탁월한 식견을 가지고 있는 줄 몰랐다(김대중 前대통령)" ▲"김정일은 박식하고 머리회전이 빠른 인물…. 협상이 가능한 지도자…. 식견이 있고 두뇌가 명석(임동원 前국정원장)" ▲"김일성에서 김정일 승계는 능력 때문(정일용 前기자협회장)"이라고 두둔하거나 심지어 ▲"김정일 총비서를 충직하게 받들자(나창순 前범민련 의장)"는 말도 한다.

김정일이 우리민족을 상대로 저지른 대량학살과 테러행위에 대한 일말의 비판도 찾을 수 없는 표현들이다.

자칭 진보·좌파는 소련·중공과 같은 외세와 결탁해 한국을 남침한 김일성에 대해서도 대부분 미화일변도이다. ▲"김일성의 인격과 천부의 자질을 북한이 인민이 헌신적으로 받아들여 북한을 통치…. 인덕정치야말로 김일성 카리스마의 표상(이종석)" ▲"김일성 장군 조금만 오래 사시지 아쉽습니다(문정현 신부)" ▲"김일성 주석은 자주와 평화통일 위해 힘써왔다(오종렬 한국진보연대 상임고문)" ▲"김일성은 자수성가형 민족영웅(한홍구 성공회대 교수)" ▲"김일성은 이순신, 세종대왕 같은 위인(소설가 황석영)"이라는 식이다.

김일성·김정일에 대한 치우친 호감은 兒童(아동)학대극으로 비난받는 아리랑 공연을 가리켜 ▲"북한 아리랑은 최고의 관광 상품이 될 수 있을 것(소설가 조정래)" ▲"아리랑 공연은 어마어마한 가치의 세계(김용옥)"라고 격찬하거나 ▲"김정은을 우습게 보지 마라(이대근 경향신문 논설위원)" ▲"김정은 후계, 북에선 그게 상식(박지원 민주당 원내대표)"이라는 등 북한의 3대 세습에 대한 옹호까지 번져간다.

일본과 싸운 적이 있지만 조선독립운동은 아니었다

소규모 항일투쟁을 벌인 김일성을 가리켜 '이순신, 세종대왕'에 필적하는 '민족영웅' 운운하는 것은 어처구니없는 주장이다. 실제 일제시대 김일성은 1931년 10월 中國共産黨(중국공산당)에 가입해 15~16명 정도의 소규모 부대를 이끌었다. 전투부대는 아니고 빨치산도 아닌 길 안내 등을 맡는 지원부대였다. 이후 김일성의 항일투쟁 역시 中國共産黨 산하 동북항일연군 지휘를 받으며 일본과 싸운 적이 있지만 그것이 조선독립운동은 아니었다.

김일성의 조선독립운동으로 선전되는 1937년 보천보전투와 1939년 무산전투 역시 작은 마을을 습격한 보급투쟁에 불과했다. 김일성은 동북항일연군의 제2軍(군) 6師(사) 師長(사장)의 지위에 있다가 소련으로 피신했고 일제의 패망과 함께 소련군 꼭두각시가 돼 북한에 돌아온다.

북한정권은 김일성이 소련으로 달아난 사실은 숨긴 채 '조선인민혁명군'이라는 부대를 지휘해 일제와 끝까지 싸웠고 북한을 해방했다고 주장한다. 실재하지도 않은 조선인민혁명군이 민족의 독립을 가져왔다는 날조 위에 서 있는 것이 바로 북한이다.

김일성의 항일투쟁은 북한정권에 의해 사실상 창작됐고 이러한 평가는 남한의 자칭 진보·좌파에 무비판적으로 수용됐다. 이들은 보수세력에 대한 반발로 史料(사료)에 대한 취사선택이나 비판 없이 북한식 평가를 받아들였고 자칭 지식인들의 무분별한 김일성 미화로 이어졌다.

김일성 집단, 한민족 역사상 최악의 反민족세력

김일성은 6·25 당시에도 두 번의 민족반역 행위를 저질렀다. 전쟁을 일으킬 때 스탈린·모택동의 도움을 받았고 국군과 미군의 북진 시 중공군을 끌어들여 통일을 저지했다. 이때 중공군이 들어오지 않았으면 대한민국은 1950년 10월 말 통일이 됐을 것이다. 이 과정에서 외국군까지 포함해 400만 명의 인명이 살상됐다. 김일성은 400만 명을 전쟁으로 몰아 죽게 만든 한민족 역사상 최악의 反민족세력이다.

김일성은 6·25 이전에도 10월 대구폭동, 조선정판사 위폐사건, 여순반란사건, 제주 4·3사태 등의 背後(배후)였다. 이는 소련 스티코프 대장 문서 등에서 밝혀진 사실이다. 김일성은 미군 포로는 다 돌려주면서 수만 명에 달하는 국군포로는 돌려보내지 않았다. 이민족보다 동족을 더 핍박했다. 김일성과 김정일은 박정희, 전두환 당시 대통령의 목숨을 노린 테러를 여러 차례 했다. 서울올림픽을 방해하기 위한 목적도 있었다. 1968년 1·21 청와대 습격사건, 1974년 8·15 陸英修(육영수) 암살사건, 1983년 10·9 아웅산 테러, 그리고 1987년 11월29일 KAL기 폭파사건이 있다. 그 아들 김정일은 체제유지를 위해 300만 명에 달하는 주민들을 餓死(아사)시켰다. 동족이라는 것이 부끄러울 정도이다.

우리 민족사 최고의 학살자 김일성을 가리켜 '인덕정치', '카리스마',

'김일성은 자수성가형 민족영웅', '이순신, 세종대왕 같은 위인' 운운하는 것은 황당무계한 일이다. 그러나 김일성에 대한 왜곡과 과장은 대한민국을 부정하는 날선 낫이 되어 지금도 거침없이 세상을 떠돌고 있다.

6 · 25가 남침인지 북침인지 나중에 답하겠다니…

자칭 진보 · 좌파의 친북적 역사관의 다른 표현은 대한민국 현대사에 대한 부정이다.

▲"6 · 25가 남침인지 북침인지 나중에 답하겠다(이정희 민노당 대표)" ▲"6 · 25 양민학살, 제주 4 · 3 항쟁 가해자가 우리 사회 주류(김원웅 前의원)" ▲"6 · 25를 전후로 해 진정한 애국자는 북으로 갔다(리영희 前한양대 교수)" ▲"맥아더가 안 왔다면 양키의 식민지배는 없었을 것(강희남 前연방통추 의장)"이라는 등의 발언은 6 · 25사변이 김일성의 남침이었다는 사실을 교묘한 논리로 피해가거나 彼我(피아)를 뒤집어 버린다.

6 · 25사변 당시 가해자가 국군 · 미군 · 우익이었다는 주장은 자칭 진보 · 좌파의 역사관을 이루는 뿌리 깊은 골격 중 하나이다. 그러나 실제로 6 · 25사변 중 민간인 학살의 주체는 전쟁을 일으킨 북한군과 '바닥빨갱이'로 불리는 남한 좌익들이었다. 북한군이 서울에 들어오자 좌익들이 이른바 人民裁判(인민재판)을 통해 경찰과 군인 가족을 잡아 죽이기 시작한 것이다.

6 · 25사변 중 북한군과 좌익들이 학살한 민간인은 총 12만2799명(『대한민국통계연감』, 1952년 발간)에 이른다. 이 수치는 남경대학살, 바르샤바 게토(Warsaw Getto)의 유태인 학살과 함께 20세기 세계적 학살사건

중 하나로 기록된다.

붉은 완장을 차고 다니던 바닥빨갱이들은 대개 총이 없었으므로 죽창이나 도끼, 쇠스랑, 괭이, 곤봉 등으로 무장했고 곡괭이와 삽으로 우익인사들을 찔러 죽이는 원시적 학살행위를 자행했다. 전쟁사학자들은 6·25사변 당시 '12만 양민학살'이 세계적 학살로 기록되는 이유는 피해자 수는 물론 그 殘酷性(잔혹성)에 있다고 지적한다.

김일성, "악질반동에 대한 복수는 극히 정당한 일"

특히 바닥빨갱이에 의한 '12만 양민학살'은 ▲"밀정 및 파괴분자를 적발, 가차 없이 숙청하고 반역자는 무자비하게 처단해야 한다(1950년 6월26일)" ▲"반동분자, 비협력분자, 도피분자를 적발하여 무자비하게 숙청하라(1950년 6·25 남침 직후 서울 시내 뿌려진 김일성의 호소문)" ▲"악질반동에 대해 복수하려는 것은 극히 정당한 일입니다(1950년 조선노동당 중앙위원회 제3차 정기대회 김일성 보고)"는 발언에 나오듯 김일성이 주도했다.

開戰(개전) 초기 남한 정부 역시 좌익에서 전향한 보도연맹원에 대한 처형을 했던 것은 사실이다. 그러나 그 인원과 행태는 좌익의 '양민학살'과 비교가 되지 않는다.

左(좌)편향된 역사해석으로 물의를 빚어 온 진실·화해를위한과거사정리위원회(진실화해委, 위원장 안병욱) 조차 2009년 11월26일 "6·25 직후 국민보도연맹원 등 4934명이 국가기관에 의해 집단 학살된 사실을 확인했다"고 밝혔었다. 진실화해委는 이날 "1950년 6월25일부터 9월 중순경까지 국민보도연맹원 등 요시찰인들이 육군본부 정보국 CIC(방첩단)와 경찰, 헌병, 해군 정보참모실, 공군정보처 소속 군인과 우익청년 단원에 의해 소집–연행–구금된 후 집단 학살됐다"며 "확인된 희생자는 4934명"이라고 발표했었다.

12만 명 對(대) 4934명. 이것이 6·25 당시 이른바 좌익과 우익에 의해 죽은 민간인 데이터 비교이다. 6·25전쟁 중 左右(좌우) 사이 報復(보복)을 말하는 경우도 있다. 그러나 9·28 서울 수복 이전은 좌익의 인민재판이 전부였고 9·28 이후는 대한민국 정부에 의한 구속·재판이라는 公的(공적) 처벌을 통해 이뤄졌다.

"이북이 핵을 더 많이 가질수록 양키 콧대를 꺾을 수 있다?"

자칭 진보·좌파의 왜곡된 사관은 ▲"국가의 정통성은 북한이 가졌다(강정구 동국대 명예교수)"는 국가 정통성에 대한 부정을 비롯해 ▲"(지난 역사는) 정의가 패배했고 기회주의가 득세했다(노무현 前대통령)" ▲"우리 현대사는 암흑시대의 연속·암살과 학살·의문사와 고문·처형·투옥과 연금·해직과 해고·부당한 재산의 약탈과 몰수…. 이 땅을 억압과 수난의 도가니로 몰았다(박원순 변호사)" ▲"친일군인 박정희가 집권해 친일천하를 만들어(임종인 前국회의원)" ▲"한국 현대사는 자유민주주의 압살史(손호철 서강대 교수)"라는 등 대한민국에 대한 자학적 평가로 귀결된다.

이 같은 시각은 왜곡된 이념의 결과일 뿐 사실이 아니다. 어두운 북한의 역사에 대해선 눈 감고, 단군 이래 가장 큰 성취와 발전을 이뤄 낸 대한민국은 트집 잡는 거짓이다.

북한정권의 역사적 정통성에 의미를 부여하기 시작하면 북한정권의

핵개발은 물론 남한 利敵(이적)세력에 대한 옹호로 자연스럽게 이어진
다.

　▲"(북한정권을) 안전보장 해주면 핵문제가 해결될 것(임종인 前의
원)" ▲"북핵은 자위용···. 북핵을 빌미로 미국 내 군산복합체 이익 추구
(김원웅 前의원)" ▲"북한의 핵은 통일 조국의 힘을 준다. 북한이 핵을
가져서 세계 비핵화에 일익한다(박한식 조지아대 세계문제연구소장)"
▲"이북이 핵을 더 많이 가질수록 양키 콧대를 꺾을 수 있다(강희남 연
방통추 의장)"는 등의 주장은 특별한 논거를 찾기 어렵다. 북한정권에
대한 연민(?)이 만들어 낸 맹목적 논리로 보인다.

　자칭 진보·좌파가 대한민국 현대사의 성취와 발전은 덮어버리고 이
른바 '암흑시대'로 치부해버리는 가장 큰 이유는 국가보안법에 있다.
북한의 共産(공산)전체주의로부터 자유민주주의를 지키는 바람막이 역
할을 해 온 국가보안법은 일반국민에게 고통을 준 것이 아니라 대한민
국을 부정하는 利敵행위자들을 규제해왔을 뿐이다. 적용과정에서 있었
던 일부 오·남용은 숱한 개정과 견제를 통해 사실상 사라진 상태다.

"죄 없는 국민을 목매달아 죽이고 총으로 쏴 죽이고 고문해 죽이고…"

　그러나 아직도 일부 인사들은 국가보안법을 ▲"수구적 반민주 악법
(김세균 서울대 교수)" ▲"국가보안법은 국가의 진취적 발전을 가로막
는 쇠사슬(박원순 변호사)" ▲"죄 없는 우리 국민을 목매달아 죽이고 총
으로 쏴 죽이고 고문해 죽이고 암매장해 죽이고 빨갱이로 덧씌워 사회
적으로 매장한 게 국보법···. 국보법 범죄 집단 한나라당이 이 땅에서 사
라지도록 무덤 속에 파묻겠다(오종렬 한국진보연대 상임고문)"라고 비

방한다.

마찬가지로 대한민국의 자유민주적 기본질서를 부정하며 북한의 對南적화노선을 추종한다고 판시돼 온 한총련 같은 단체에 대해도 ▲"한총련을 利敵으로 모는 것이 이적(정광훈 한국진보연대 상임고문)" ▲"한총련 합법화되는 날까지 우리 사회 모든 양심적 역량을 모아나가야(강만길 전상지대 총장)" ▲"한총련은 애국애족단체(김승교 실천연대 대표)" ▲"한총련에 대한 격려가 필요(송영길 인천시장)" ▲"조국을 사랑해 탄압받는 한총련(권오헌 통일연대 간부)"이라는 식으로 비호한다.

북한의 對南공작원으로 판시된 후 독일로 돌아간 송두율 같은 인물에 대해서도 ▲"송두율은 갔지만 그를 난도질했던 것들은 여전이 이 땅에 살아 있다(조국 서울대 교수)"는 식의 평가도 난무한다.

"對北지원 중단은 전쟁하자는 것"

북한정권은 主敵으로서 解體(해체)의 대상이며 북한주민은 국민으로서 解放(해방)의 대상이다. 자칭 진보·좌파는 이 같은 헌법적·사실적 定義(정의)를 무시한 채 북한정권 지원에 주력했다.

▲"조건 없는 對北지원이야말로 남북관계 개선 지름길(이정희 민노당 대표)" ▲"같은 민족으로서 북의 빈곤 책임 감수해야(이재정 前통일부 장관)" ▲"북한 군사력 유지에 전용되더라도 對北지원 더욱 확대해야(허문영 평화한국 대표)"는 등의 발언에 나오듯 이들이 말하는 대북지원에는 조건이 따르지 않는다.

북한의 끝없는 도발에 대한 해법 역시 햇볕정책이라고 결론 내린다. 북한의 연평도 도발 이후에도 ▲"그 지역에 사격연습을 퍼부은 것이 과

연 적절한 행위였는가(정동영 민주당 최고위원)" ▲"이명박의 천박함이 평화마저 무너뜨리게 되어 있다(정의구현사제단 성명)" ▲"10·4선언 이행했으면 이런 문제 안 생겼을 것(문정인 연세대 교수)" ▲"호국훈련에 자극받은 북이 우리군 포진지 등을 집중공격(송영길 인천시장)" ▲"도발의 원흉은 미국(백기완)"이라는 등 원인을 북한이 아닌 한국과 미국에서 찾으려 한다.

자칭 진보·좌파는 북한의 핵실험, 천안함 폭침, 연평도 도발 등 거듭된 反평화 도발에도 대안은 오직 햇볕정책이라고 강조하고 있다.

▲"햇볕정책으로 전쟁위협 없어져(김근태 前보건복지부 장관)" ▲"햇볕정책을 하지 않으면 전쟁을 하자는 것인가. (보수가 집권하면) 전쟁의 길로 끌고 갈 수 있다(김대중 前대통령)" ▲"햇볕정책 이외에는 대안이 없다. 對北 압박할수록 상황은 악화(노무현 前대통령)" ▲"지난 50년은 잃어버린 50년. 지난 10년은 한반도 평화를 세운 시간(이해찬 前국무총리)" ▲"햇볕정책 계승·발전이 이런 불행 막는 길(민주당 성명)" ▲"한반도 긴장해소는 햇볕정책밖에 없다 (김근식 경남대 교수)" ▲"남북협력기금은 전쟁과 북핵의 공포로부터 벗어나는 보험료. 햇볕정책을 안 해서 이런 사태가 나지 않았나?(임동원 前국정원장)" ▲"전쟁을 없애려면 북한에 계속 지원해야 한다. 對北지원 중단은 전쟁하자는 것(최재천 前의원)"이라는 등 시간과 인물을 달리했지만 결론은 언제나 햇볕정책이었다.

북한의 무력도발에 호응한 남한 좌파들의 평화선동은 선거철에 기승을 부렸다.

2010년 6·2지방선거 기간 중 난무한 ▲"한나라당 종자 심으면 전쟁 난다(강기갑 의원)" ▲"한나라당 표는 우리 국민 다 죽이는 전쟁표. 선거 한 번 이겨보겠다고 전쟁까지 불사하고 있다(이정희 민노당 대표)”
▲“이명박 정부가 전쟁 먹구름을 몰고 온다. …46명의 꽃다운 청춘을
차가운 바다에 수장시키고(한명숙 前서울시장 후보)”는 등의 발언은 그
예이다.

“보수세력의 상상임신”

자칭 진보·좌파는 천안함 爆沈(폭침)도 북한의 도발이 아니라는 선
동에 거의 완벽한 공조를 이뤘다. 몇 개의 발언을 인용하면 이러하다.

▲“천안함도 4·3, 노근리처럼 은폐되지 않을까. … 10·4선언만 이
행했으면 천안함 비극은 아예 없었을 것. … 10·4선언을 이행해 서해
를 죽음의 바다에서 평화의 바다로 만들어야(강기갑 민노당 의원)” ▲
“천안함 조사 결과는 관제조사여서 인정하기 어렵다. … 천안함 양심선
언은 시간문제. … 정부가 북한 소행설을 즐기고 있다(김효석 민주당 의
원)” ▲“천안함 사고 일으킨 책임 있는 사람들 군사법원에 회부해야(정
세균 민주당 前대표)” ▲“미 핵잠수함과 관련 있는 것 아니냐(박영선 민
주당 의원)” ▲“천안함 좌초 후 절단. 러시아에 뭔가 내줘 천안함 무마할
것이란 의심(최문순 민주당 의원)” ▲“과거 우리 측이 깔아 놓은 기뢰
격발시킨 게 아닌가(박선원 前통일안보전략비서관)” ▲“천안함 침몰 북
한 소행 주장은 보수세력 상상임신(이대근 경향신문 논설위원)” ▲“천
안함, 결론 예단해놓고 조작했을 가능성도 충분히 있다(정욱식 평화네
트워크 대표)” ▲“북한개입 가능성 거론은 남남갈등 남북갈등 야기(양
무진 경남대 교수)” ▲“천안함은 정부가 적당히 장난치려고 했는데 장
난이 너무 심해서 장난이 아니게 돼버린 것(백낙청)” ▲“정부의 조사결

과를 지켜봤지만 0.0001%도 납득할 수 없었다(김용옥)”

“미친 쇠고기 같이 먹는 게 전략적 동맹인가?” … 모든 것이 미국 탓

자칭 진보·좌파의 북한정권에 대한 옹호의 또 다른 모습은 反美(반미)이다. 이들은 북한이 저지른 핵무장과 도발, 경제적 궁핍, 심지어 인권참상까지 미국의 탓으로 돌린다.

▲“미국이 북한에 대해서 목 조르기식 정책을 폈고(정세현 前통일부장관)” ▲“북한 핵실험은 미국의 강경한 대북정책 때문(정청래 前국회의원)” ▲“미국의 금융제재가 북한을 극단으로 내몰아(임종석 前의원)” ▲“한반도 핵문제 원인과 책임은 미국의 적대정책(임종인 前의원)” ▲“북한 미사일 개발 촉발한 것은 남쪽(이철기 동국대 교수)” ▲“북한의 경제난은 미국 탓(김원웅 前의원)” ▲“북한이 개방하지 못하는 것은 미국 때문(허문영 평화한국 대표)”이라는 식이다.

▲“주한미군이 한반도 가장 큰 위협(임종인)” ▲“한미연합사는 주권침해에 가까워(윤광웅 前국방장관)” ▲“더러운 한미동맹 끝장내야 한다(김창현 민노당 위원장)” ▲“인간백정 주한미군 한국민의 이름으로 심판할 것(문정현 신부)” ▲“이명박 정권 외교는 미국의 푸들 신세(정연주 전 KBS 사장)” ▲“미군이 있는 한 우리의 주권은 한낱 쓰레기(오종렬 한국진보연대 상임고문)”라는 등의 발언은 자칭 진보·좌파의 對美觀(대미관)을 숨김없이 보여준다. 한미동맹은 더럽고 주한미군이 가장 큰 위협이라는 것이다.

2008년 미국산 쇠고기 수입반대 촛불난동도 反美주의의 자연스러운 결과였다. 미국산 쇠고기를 먹고 전 세계에서 광우병에 걸린 사람이 한

명도 나오지 않았지만 자칭 진보 · 좌파는 보수성향 정권과 미국에 대한 반감으로 미국산 쇠고기를 광우병 위험물질인 양 몰아갔다.

▲"광우병 소를 한국만 수입하려 한다(임종인)" ▲"광우병으로부터 우리 국군 보호하자(표명렬 평화재향군인회 회장)" ▲"노동자와 서민들은 광우병 쇠고기 먹을 의무 없어(심상정 前의원)" ▲"미국산 쇠고기 안전하다는 것은 유신시대 사대주의적 발상(우희종 서울대 수의학과 교수)" ▲"미친 쇠고기 같이 먹는 게 전략적 동맹인가(윤호중 前의원)"는 등 당시 난무한 거짓과 선동은 과학이 아닌 反美라는 미신의 결과물들이었다.

"북한인권법은 북한의 선량한 주민을 탄압하는 법"

북한정권에 대한 옹호는 북한주민에 대한 외면이 될 수밖에 없다. 자칭 진보들의 反진보적 발언을 인용하면 이러하다.

▲"북한인권문제 제기는 남북관계 악화(양무진 경남대 교수)" ▲"북한인권 법안은 어떤 일이 있더라도 통과시켜서는 안 된다(이정희 민노당 대표)" ▲"탈북자 입국은 인권문제가 아니라 북한 붕괴 유도라는 저강도 전쟁 전략(임종석 前국회의원)" ▲"(북한의 고문 · 공개처형 · 여성인권 침해에 대해) 민주화된 나라들도 유사한 경험이 있다. … 검증할 수 있는 방법 없다. 사실인지 판단 할 수 없다(이재정 前통일부 장관)" ▲"미국 북한인권법은 우리 민족 전체에 대한 내정간섭(권오헌)" ▲"(강철환 탈북기자의 정치범수용소 체험집 〈수용소의 노래〉가) 결국 우리의 목을 쥐고 있고(최재천 前의원)" ▲"북한인권법은 反북한주민법. … 미국이 북한 인권문제를 꺼내는 것은 간섭(이장희 외대교수)" ▲"북한인

권법 저지 위해 모든 노력 기울일 것(정봉주 前국회의원)” ▲“백해무익한 삐라 살포 단속해야(박지원 민주당 원내대표)” ▲“미국이 인권을 빌미로 북한을 압박(권영길 의원)” ▲“북한인권법은 북한의 선량한 주민을 탄압하는 법(송민순 민주당 의원)”

자칭 진보·좌파가 북한인권을 외면하는 논거는 각양각색이다. 人權 유린의 근거가 없다고 우기는 경우도 있고 북한인권 문제제기가 남북관계를 악화시키거나 심지어 북한의 선량한 주민을 탄압하는 법이라 말한다. 어느 것 하나 궁색한 변명일 뿐이다.

어처구니없는 망언들은 역사적 斷罪를 내릴 것

남한 내 자칭 진보·좌파는 대한민국의 歷史的(역사적) 정통성은 물론 理念的(이념적) 정체성도 부정한다. 사회주의 성향을 띨 뿐 아니라 친일·친미·매국세력이 세운 ‘대한민국’은 태어나지 말았어야 할 나라, 소위 ‘조선민주주의인민공화국’은 항일무장투쟁으로 세워진 민족사적 정통성이 있는 나라(?)인 양 인식한다.

1980년대 대학가에 소위 주체사상이 들어오면서 본격적으로 형성된 反韓·親北·反美·左派的 흐름은, 운동권은 물론 386세대 전체를 강타했다. 대한민국의 근본가치를 적극적으로 否定(부정)하거나 소극적으로 疑心(의심)하는 이들 세대는 문화권력(culture power)을 장악해갔고 현재 政界(정계)·학계·언론계·노동계·법조계 등 사회 각 영역의 主流(주류)를 이루고 있다.

20대에 세례 받은 사상과 체험은 세월이 흘러도 바뀌기 어렵다. 386세대 역시 마찬가지다. 자기부정의 처절한 煉獄(연옥)을 거치지 않는 한

미국에 대한 묘한 반감과 북한에 대한 알쏭달쏭한 호감이 남는다. 수배생활을 하던 운동권이건, 주변부에서 '負債(부채) 의식'을 갖고 살던 이들이건 정도의 차이다. 서서히 진행됐지만 이는 분명 대한민국을 거스르는 혁명적 흐름이었다.

연평도 도발 이후 북한의 선전방송을 받아 '남조선괴뢰'라는 말까지 소개하는 방송, 국방파괴자 김정일을 '국방위원장'이라고 불러주는 언론, 천안함 폭침이 북한소행이 아니라고 믿는 30%의 국민들, 인천상륙작전이 통일을 막았다고 분노하는 26%의 국민들, 얻어맞아도 武力(무력)대응은 안 된다는 26%의 국민들. 혼이 빠진 작금의 '국민'은 1980년 이래 진행돼 온 소위 '386혁명'의 결과라고 볼 수 있다.※ 이 '혁명놀이'의 집약이 〈우리 시대의 妄言錄〉에 기록된 어처구니없는 발언들이다.

자유·인권·正義·민주주의와 같은 보편적 가치에서 빗겨나간 이 망언들은 발언자의 손과 발을 묶는 역사의 족쇄가 돼 조만간 그들을 斷罪할 것이다. 김정일의 거친 숨소리가 그 날을 재촉하고 있다.

※ 2010년 9월7일 서울대 통일평화연구소가 「한국갤럽」에 의뢰해 실시한 조사에 따르면, 천안함 사건 정부 발표에 대해 「전적으로 신뢰한다(6.4%)」와 「신뢰하는 편(26.1%)」이라고 답한 응답자는 32.5%에 불과했다. 지난 5월 천안함 조사결과 발표 후 70%에 달했던 신뢰도가 반 토막 난 셈이다.

9월13일 천안함 사건 최종보고서가 나왔다. 문화일보가 14일 조사한 바에 따르면 「매우 신뢰한다(22%)」와 「어느 정도 신뢰한다(35.9%)」고 답한 응답자는 57.9%로 나왔다. 반면 「별로 신뢰하지 않는다(28.8%)」, 「전혀 신뢰하지 않는다(9.8%)」는 응답은 38.6%였다. 문화일보가 5월 말 실시한 여론조사에서 민·군 합동조사단 1차 조사 결과에 대해 서울 74.3%, 경기지역 72.0%의 응답자가 「신뢰한다」고 답했던 것에 비하면 4개월 만에 14~16%포인트 줄어든 수치다.

6·25 60주년이었던 2010년 6월25일 여론조사 결과에 따르면, 「인천상륙작전이 통일을 무산시키고 분단체제를 고착시켰다」고 답한 국민이 26.2%에 달했다. 김일성의 南侵(남침)전쟁으로 통일되지 못한 한반도를 아쉬워하는 국민이 성인 인구로 따지면 1000만 명에 달하는 수치다. 「통일 전에 주한미군이 철수해야 한다」는 국민은 20대의 28%, 30대의 29%, 40대의 34%에 이른다.

● 차례

1

연평도 도발

천안함 폭침 이후 對北 쌀 지원 외친 사람들의 리스트
연평도 도발 직후 소위 진보인사들의 발언 모음
국민참여당
민주당
민노당
참여연대
천주교정의구현사제단
문정인
박주선
송영길
임동원
정동영

연평도 도발 책임을 李明博 정부의 對北정책에 전가

살인강도가 나쁜 게 아니라 피살된 사람이 나쁘다는 억지

자칭 진보 · 좌파의 反韓(반한) · 反美(반미) · 親北(친북) · 左派(좌파)적 거짓과 선동은 북한정권을 감싸고 편드는 형태로 표현된다.

이들은 북한이 2010년 11월23일 저지른 연평도 도발의 원인도 이명박 정부의 소위 對北강경정책 탓으로 몰아간다. 북한은 끊임없이 武力(무력)도발을 일으키고 자칭 진보 · 좌파는 이명박 정부에 책임을 떠넘기며 햇볕정책으로의 전환, 나아가 美北(미북)평화협정, 6 · 15와 10 · 4선언 이행을 선동해간다. 노골적으로 주한미군 철수와, 연방제 통일과 같은 북한의 對南적화노선을 이행하자는 주장도 서슴지 않는다. 사람 죽인 강도가 아니라 죽은 사람이 나쁘다는 격이다.

북한의 武力(무력)도발과 남한의 平和(평화)선동은 화학반응을 일으키며 국민들의 전쟁위기감 · 안보불안감을 자극한다. 이를 통해 2012년 좌파정권을 만들어내고 美北평화협정을 통한 주한미군 철수, 6 · 15와 10 · 4선언을 통한 연방제 통일로 가려는 것이다. 이 같은 일탈의 종점은 조선노동당의 당 규약에서 못 박아 놓은 '온 사회의 주체사상화' 가 될 지 모른다.

김대중 · 노무현 정권의 햇볕정책 아래서 북한주민의 삶은 나아지지 않았고 여전히 굶어죽고 맞아죽고 얼어 죽었다. 김정일은 스위스 비자금 계좌에 40억 달러를 예치해 놓은 채 무기개발 · 무기수입, 김일성 · 김정일 우상화에 전력을 쏟았다. 햇볕정책 10년 간 북한은 핵무기 개발에 성공했고, 미사일 세계 6위, 생화학무기 세계 3위라는 엽기적 성과(?)를 이뤘다.

惡黨(악당)에게 돈과 쌀을 보내면 포탄으로 대답할 것이란 예측은 지난 10년간 적중했지만 3월26일 천안함 폭침 후에도 남한의 철부지들은 돈과 쌀을 주자는 주장을 되풀이했다. 11월23일 연평도 포격은 이렇게 정리된다. 主犯(주범)은 김정일, 보급부대를 자처한 남한의 자칭 진보 · 좌파는 從犯(종범). 〈金成昱〉

윤청자 여사는 "쌀을 주면 무기 만들어 우리 군인 또 죽여, 두고 봐요"라며 對北쌀지원이 북한의 도발로 이어질 것이라 예언했다

천안함 爆沈(폭침) 당시 희생당한 故 민평기 상사의 어머니 윤청자 여사는 "쌀을 주면 무기 만들어 우리 군인 또 죽여, 두고 봐요"라며 對北 쌀 지원이 북한의 도발로 이어질 것이라 예언했었다.

윤여사의 경고에도 불구하고 천안함 爆沈 이후 북한에 쌀을 줘야 한다는 주장은 정치권에서 유행처럼 번졌다. 대한적십자사는 이러한 요구를 수용해 북한의 연평도 도발 전날까지 對北(대북)지원에 나섰었다. 대한적십자사가 남북협력기금 및 양곡관리특별회계를 투입해 9월29일 이후 연평도 도발 전날까지 북한에 지원한 물량은 쌀 5000톤, 컵라면 300만 개, 시멘트 3000톤에 달했다. 그러나 북한에 대한 膺懲(응징)은 커녕 謝過(사과)나 재발방지 약속도 없는 상황에서 이뤄진 對北지원은 연평도 도발로 되돌아왔다.

북한에 주는 쌀은 대부분 북한노동당과 군대에 들어간다. 주민에게 전달되지 않는다. 따라서 '北'은 '북한주민'이 아니라 '김정일 정권(북한노동당과 군대)'을 뜻한다. 무엇보다 인도적 이유로 對北지원을 주장해 온 정치인 대부분 정치범 수용소나 공개처형은 물론 탈북자 인신매매, 강제송환, 영아살해, 강제낙태 등 북한인권 참상에 침묵해왔다. 통일 이전 서독 처럼 정치범 석방 등 인도적 조건도 달지 않는다. 對北 쌀 지원이 '북한주민'이 아닌 '김정일 정권'에 대한 지원이라는 비판은 이

에 기초한다.

천안함 爆沈 이후 김정일 정권에 쌀을 주자는 주장에 앞장선 이들의 발언을 모으면 아래와 같다.

1. 민주당, 민노당, 창조한국당, 진보신당, 국민참여당, 6·15남북공동선언실천 남측위원회 등

민주당, 민노당, 국민참여당 및 6·15남북공동선언실천 남측위원회 등 정당·단체들은 2010년 11월23일 북한의 연평 도발 전날까지 대규모 對北(대북) 쌀 지원과 6·15 및 10·4선언 이행을 촉구했었다.

이들은 11월22일 오전 국회 귀빈식당에서 '남북관계 정상화 촉구 비상시국회의' 라는 단체를 결성해 "북한의 핵 능력이 점점 강화되고 있는 상황에서 압박 정책만이 능사가 아니다"라며 정부의 對北정책 변화를 요구하는 한편 실질적 조치로 "정부 차원의 對北 쌀 지원을 재개해야 한다"고 주장했었다.

이들은 공동 채택한 '남북관계 정상화를 촉구하는 정당 및 시민사회단체 공동시국선언문' 에서 "천안함 사태에 대한 정부의 입장은 북핵문제 해결과 평화번영의 남북관계 발전을 위해 정부 스스로 아무런 역할도 할 수 없게 만드는 '자기 족쇄' 가 되고 있다"며 북한의 천안함 폭침에 대한 규탄은커녕 정부만 비판했었다.

이들은 남북관계정상화를 위해 ▲6·15공동선언, 10·4선언 이행 ▲조속한 시일 내에 정상회담 추진 ▲금강산 관광 재개 ▲민간 교류 전면 보장 ▲통일·외교·안보 분야 정부 부처의 전면적인 쇄신 ▲정부 차원의 大規模(대규모) 對北 쌀 지원의 추진을 요구했었다.

이들은 특히 "정부는 민간의 대북 쌀 지원만이 아니라 지방자치단체의 대북 쌀 지원도 즉각 승인해야 한다. 그리고 무엇보다 정부 차원에서 우리 농민들이 요구하는 50만 톤 규모의 대북 쌀 지원을 조속히 재개하고, 이를 法制化(법제화)해야 한다"고 주장했다.

11월22일 행사에 참석한 이재정 국민참여당 대표는 북한 우라늄 농축 시설 보도와 관련해 "미국이나 한국이 지난 2년 넘게 지속적으로 북에 대해 대화 거부, 제제와 압박 일변도 정책을 추진하면서 이런 대결 국면으로 더더욱 나간 것이 아닌가, 이런 면으로 볼 때 이번 시국회의는 정말로 결정적 시기에 모였다"며 韓美양국을 규탄했다.

민주당, 민노당, 창조한국당, 진보신당은 9월7일에도 정부의 對北 쌀 지원을 촉구하는 내용의 결의안을 공동 발의했었다. 이들은 "對北 쌀 지원은 고통 받고 있는 북한 동포를 돕고, 국내 쌀 문제를 해결하는 동시에 경색된 남북관계의 돌파구를 마련하는 1석3조의 효과가 있다"며 소위 인도적 차원에서 쌀 40만톤을 즉각 북한에 지원하라고 촉구했었다.

민주당 박지원 비상대책위 대표와 민노당 권영길, 창조한국당 이용경, 진보신당 조승수, 무소속 유성엽 의원이 공동 발의한 결의안에는 야 4당 의원 95명이 찬성 의사를 표시했었다.

2. 인도적 對北 쌀 지원 경남운동본부

대한적십자사 이외에도 실제 對北 쌀 지원에 나섰던 단체도 있었다. 11월17일 '인도적 對北 쌀 지원 경남운동본부' 라는 단체가 민간 모금한 '경남 통일쌀' 50톤을 북한에 보냈다.

이 단체는 민주당-민주노동당-국민참여당 경남도당, 민주노총 경남본부, 6·15공동선언실천 남측위원회 경남본부와 전국농민회총연맹 부산경남연맹, 경남겨레하나, 민족화해협의회 마산교구, 경남통일농업협력회, 파티마병원, 마산장애인복지관, 통일마중, 통일촌, 오성사노동조합 등이 참여한 단체이다.

3. 박지원: "북한 자존심 상하게 하지 말고 즉각 줘야"

민주당 박지원 원내대표는 對北 쌀 지원을 가장 맹렬히 주장해 온 인물이다. 朴대표는 8월23일 정부가 對北 쌀 지원 재개를 검토하고 나섰다는 언론보도가 나오자 "환영한다"면서 "우리 쌀 농가의 어려움도 해소하고 인도적 차원에서 세계적 존경을 받을 수 있다"고 말했다. 朴대표는 이날 非對委(비대위) 모두 발언에서 "對北 쌀 지원은 북한의 자존심을 상하게 하지 말고 조건 없이 즉각 이뤄져야 한다"고 강조했다.

朴대표는 8월30일 "이명박 대통령은 지금 對北정책을 다시 한 번 고려해야 한다"며 "그 출발은 쌀 대란을 앞두고 인도적 혹은 경제적 차관 차원에서라도 과감한 對北 쌀 지원으로 대화의 물꼬를 트는 것"이라고 말했다. 그는 9월9일 100억 원 한도 내에서 對北 쌀 지원을 검토 중이라는 현인택 통일부 장관의 발언에 대해 "여야와 시민단체 모두가 요구하고 대통령도 진전된 마음을 갖고 있다"면서 "이런 통일부는 反(반) 통일부로, 정부조직 개편 때 없애버리는 게 낫다"고 말했다.

4. 김황식: "對北 쌀 지원 주저하면 가혹하다"

김황식 국무총리는 9월30일 국무총리 인사청문회에서 '대북 쌀지원이 필요하다고 보느냐' 는 한나라당 고승덕 의원 질문에 "완벽한 모니터링을 통해 (流用을 막을) 확실성이 확보되지 않았다고 해서 인도적 지원을 주저한다면 가혹하다. 부분적으로는 속더라도, 일부 流用(유용)되더라도 동포를 돕는 방향으로 적극적으로 해야 한다"고 주장했다.

5. 안상수: "對北 쌀 지원은 농민에게 좋은 일"

한나라당 안상수 대표는 정부를 상대로 對北 쌀 지원을 하라며 계속 압박해왔다. 安대표는 8월22일 열린 당·정·청 9인 회의에서 소위 인도적 지원을 통한 남북관계 개선 등을 이유로 對北 쌀 지원 재개를 주장했다. 安대표는 8월23일 문화일보와의 전화통화에서도 "어제 9인 회동에서 정부 측에 검토해보라고 얘기했다"며 "對北 쌀 지원은 남북대화의 물꼬를 틀 수 있고 쌀 재고량도 줄일 수 있어 농민들에게도 좋은 안"이라는 의견을 밝혔다.

安대표는 9월7일 청와대 회동에서 "한나라당의 對北문제 해결방안에 대해 국민 일부에서 지적하는 목소리가 있다. 이 문제도 좀 더 전향적이면 좋겠다"며 쌀 지원을 비롯한 對北지원을 좀 더 적극적으로 해줄 것을 요구했다. 安대표는 9월8일 여의도 당사에서 열린 당 회의에서도 "북한의 수해지원 요청은 경색된 남북관계의 물꼬를 틀 수 있는 기회"라며 "특히 쌀 지원 문제는 정부도 긍정적 결론을 내리기 바란다"고 말했다.

6. 이재오: "가급적 많이 지원해주는 게 좋다"

與圈(여권) 실세로 불리는 이재오 특임장관은 8월23일 국회 운영위 인사청문회에 출석, "추석도 가까워 온 만큼 인도적 차원에서 쌀 지원문제를 검토해볼 필요가 있다고 본다"고 밝혔다. 李장관은 9월9일 국회 운영위 전체회의에서도 "수해가 심하다고 하니 개인적 생각으로는 인도적 차원에서 가급적 많이 지원해주는 게 좋다고 생각한다"고 말했다.

7. 김문수: "쌀이 좀 더 지원되는 것이 바람직"

유력한 차기 대권후보인 김문수 경기도 지사도 對北 쌀 지원 주장을 거듭해왔다. 그는 8월31일 "남한은 쌀 과잉생산으로 농민들이 어려움을 겪고 있고, 북한은 쌀이 없어 굶어 죽는 사람이 많다"며 "쌀이 좀 더 지원되는 것이 바람직하지 않겠냐"는 경기도의 취지를 정부에 전달하고 있다"고 말한 바 있다. 金지사는 9월1일 경기도청 제1회의실에서 진행된 직원 월례조회에서도 "남북 분단의 특수성을 감안해 인도적 차원에서 북한에 대한 쌀 지원은 바람직하다고 본다"며 對北 쌀 지원의 필요성을 재차 강조했다.

8. 이회창: "넘치는 쌀 지원 바람직"

자유선진당 이회창 대표는 8월23일 對北 쌀 지원 논란과 관련, "수해가 식량 상황이 열악한 북한에 飢餓(기아)상태를 가져올 것"이라며 "북한 주민이 입을 재난에 대한 인도적 지원으로 남한의 재고량 넘치는 쌀 지원방안을 정부는 강구해야 할 것"이라고 말했다. 李대표는 이날 주요 당직자회의에서 "對北정책의 상호주의 원칙 하에서도 인도적 식량지원은 예외"라며 "이러한 식량지원은 어디까지나 인도적 차원의 조치이며 천안함 사건의 출구전략과 관련시켜서는 안 될 것이다. 식량지원과 천안함 폭발, 침몰에 대한 제재 및 사과와 재발 방지 요구는 별개의 것"이라는 주장을 폈다.

9. 유정복: "쌀 對北 지원, 검토할 가치"

유정복 신임 농림수산식품부 장관도 對北 쌀 지원을 주장해왔다. 柳장관은 8월31일 조선일보와 인터뷰에서 "쌀 對北 지원은 남북 관계에 대한 정부의 종합적인 판단이 우선이지만, 인도주의적 입장에서는 검토할 가치가 있다"고 말했다. 그는 이날 인터뷰에서 쌀을 對北지원 대신 飼料(사료)로 쓰자는 견해에 대해 "쌀은 전통적으로 문화와 정신의 문제다. '피땀 흘려 농사 짓는다' 고 하지 않나. 농업인들의 노고가 스며들어 있는 걸 감안할 때 사료화는 정서적 반감이 있고 국민의 공감을 얻지 못하는 정책이 될 수 있다. 더 나아가 정부 불신으로 이어질 수 있어 검토하지 않고 있다"고 주장했다.

10. 조선일보

조선일보 역시 對北 쌀 지원에서는 예외가 아니다. 9월8일 조선일보는 '北 동포에게 긴급히 필요한 지원은 크게 늘리라' 는 사설을 실었다.

이 사설은 "문제는 북한이 도발한 천안함 폭침 사건과 변화 기미를 보이지 않고 있는 북한의 핵에 대한 집착이 초래한 남북 대치 국면 속에도 북한 동포에 대한 인도적 지원을 실천할 길을 어떻게 찾아야 되느냐 하는 것이다"라며 정부와 국민을 상대로 對北 쌀 지원을 하라고 부추겼다.

이 사설은 "정부도 그런 고민을 안고 있기에 군사목적 등으로 轉用(전용) 가능한 쌀이나 중장비, 시멘트 등을 지원하는 데 대해서는 신중하다고 한다. 그러나 더 크게 보면 수재복구용으로 지원하는 물품들이 군사적으로 전용되는 데는 일정한 한계를 지니고 있다"며 북한이 요구한 쌀, 중장비, 시멘트 지원의 군사적 轉用 가능성이 낮다고 주장했다.

연평도 도발 직후 소위 진보인사들의 발언모음

"도발의 元兇은 미국이다!?"
武力도발 북괴에 武力응징 말라고 입 모으다

북한의 도발에 이어 남한 내 좌파의 선동도 거세지고 있다. 요약하면 소위 평화협정과 6 · 15, 10 · 4선언 등 북한의 요구를 들어주라는 것이다.

북한은 停戰(정전)협정을 平和(평화)협정으로 바꿔 주한미군이 철수해야 하며, 6 · 15, 10 · 4선언 이행을 통해 고려연방제를 실천하고 궁극적으로 "온 사회의 주체사상화"라는 적화통일을 이뤄야 한다고 주장해 왔다.

11월30일 서울 프레스센터에서 개최된 '한반도 평화실현을 위한 비상시국회의' 에는 김영춘 민주당 최고위원, 이정희 민주노동당 대표, 이재정 국민참여당 대표, 박용진 진보신당 부대표, 신석준 사회당 사무총장 등 야권과 좌파단체 관계자들이 대거 참석했다.

이들은 소위 '한반도 평화를 위한 비상 시국회의 공동 선언문' 을 통해 북한에 대한 규탄 대신 韓美연합훈련을 비판하며 ▲"군사력을 앞세워 또 다른 무력 충돌을 야기하는 모든 말과 행동은 즉각 중단되어야 한다", ▲"모든 문제를 평화적 대화로 풀어나갈 것", ▲"10·4 선언에서 합의한 '서해평화협력특별지대 구상' 을 이행할 수 있도록 다시 협의에 나설 것", ▲"6자 회담의 즉각 재개"를 촉구했다. '서해평화협력특별지대 구상' 은 서해5도 인근 해역을 남북이 공동관리한다는 것인데 이에 따르면 해상경계선인 NLL은 사실상 無力化(무력화)되고 북한의 도발에 대한 수도권 방어는 불가능해진다.

이날·비상시국회의 발언자들은 ▲"불안정한 휴전상태 종식시키고 항구적으로 평화체제로 전환하는 노력이 시작되어야 한다(김영춘 민주당 최고위원)", ▲"미국에 의해 57년이나 이어져 온 정전체제가 종식되어야만 한다(배종렬 평화와 통일을 여는 사람들 회장)", ▲"한반도에 평화체제를 구축하기 위해 노력하겠다(김선수 민변 대표)", ▲"서해협력평화특별지대 합의사항을 이행함으로서 무력충돌의 바다가 아니라 상생협력하는 바다로서 나가야한다(이재정 국민참여당 대표)", ▲"이성을 찾고 6·15공동선언 이행에 힘을 모아야 한다(정동익 사월혁명회 의장)"는 등 소위 평화체제 구축, 6·15와 10·4선언 실천, 서해평화협력특별지대 실현 등에 입을 모았다.

심지어 在野(재야)인사 백기완은 "한반도에서의 전쟁은 1945년부터 전쟁이 도발되었다. 도발원흉은 미국이다. 미국이 한반도 지배전략 철

회하지 않으면 전쟁도발의 위험한 상태는 종식되지 않을 것"이라고 주
장했다. 아래는 보도자료로 배포되고 민노당 홈페이지에 게재돼 있는
비상시국회의 주요참석자 발언요지와 명단이다.

●**이정희 민주노동당 대표**: "…평화만이 함께 살아갈 수 있다. 평화로
가는 길은 대화다. 먼저 만나서 대화하고 앞으로 나갈 길을 모색하는 것
이다."

●**김영춘 민주당 최고위원**: "…이런 저런 비판과 비난을 면책하고자
정부가 또 다시 무력으로 보복한다든지 그런 일 있어서는 안 된다. 북한
에 대해 가장 강력한 분노로서 규탄합니다만, 무력으로 또다시 보복하
는 것 마찬가지로 반대한다. 불안정한 휴전상태 종식시키고 항구적으로
평화체제로 전환하는 노력이 시작되어야 한다."

●**이재정 국민참여당 대표**: "…북한의 책임과 사과를 분명하게 요구
해야 할 것이고 북한은 이에 대한 응분의 답변을 해야 한다. 그러나 문
제 해결을 위해 몇 배로 응징해야 한다든가 무력증강만으로는 답이 없
다. 서해협력평화특별지대 합의사항을 이행함으로서 무력충돌의 바다
가 아니라 상생협력하는 바다로서 나가야 한다."

●**박용진 진보신당 부대표**: "전쟁불사론자들, 강한응징론자들에게
한마디 하겠다. 전쟁을 치렀다. 600만이 넘는 어마한 사상자가 생긴 전
쟁을 치렀다. 여당대표가 초토화라는 단어 동원하면서 전쟁불사 주장을
앞세우는 것은 철면피다. 노동자 서민의 자녀들이 군대갔다 올 때 군대
다녀오지 않았고, 안보라인에도 다 군대 안 다녀왔던 사람들이 전쟁불
사를 외칠 수 있나."

●**신석준 사회당 사무총장**: "…전쟁은 아무도 책임질 수 없다. 일어나
서는 안 된다. 남북 당국자들, 전쟁하자는 많은 사람들이 인류의 오래된

고전 경구를 익혀야 한다. 사람이 귀기 둘이고 입이 하나인 이유는 말하기보다 듣기를 하라고 했다. 즉각 대화에 나서야 한다."

●**백기완**: "이 어려운 때 많이 오셔서 가슴 뭉클하다. 전쟁반대 대화로 해결 범위 내에서 얘기하겠다. 한반도에서의 전쟁은 1945년부터 전쟁이 도발되었다. 도발원흉은 미국이다. 미국이 한반도 지배전략 철회하지 않으면 전쟁도발의 위험한 상태는 종식되지 않을 것이다. 요즘도 조지워싱턴이라고 하는 핵항모가 떠 있다. 한반도에 비핵화라는 것은 없다. 미국 놈들이 핵 항모를 띄웠다. 전쟁반대를 얘기하려면 미국에 요구해야 한다. 또 하나 이명박 정부에 요구해야 한다. 해방이후 평화라고 하는 것은 분단을 반대한 우리들의 피나는 싸움으로 평화가 유지되어 왔다. 이정부가 들어서면서 남북대결을 우선하는 정책을 써 왔다. 이명박 정권은 이 시각부터 당장 한반도 분할전략 지지를 집어 치워야 한다"

●**이강실 한국진보연대 상임대표**: "우리 정부는 걸핏하면 북에서 남침할 것이라며, 적화통일얘기를 하고 있다. 정부가 진심으로 그런 것을 걱정한다면 서해에서 전쟁훈련을 할 수 없다. 북한이 응징하겠다고 하는데 우리 정부는 공격하지 않을 것이라고 생각하고 있다. 북한이 세 번에 걸쳐 경고했음에도 우리 군이 사격훈련을 계속했다. 더 강도 높은 북의 대응이 뭐겠냐. 전면전까지도 갈 수 있다는 것이다."

●**김선수 민변 대표**: "한반도에서 극한 대립상태가 유지되고 전쟁 상황까지 발생된다면 가장 희생을 받고 큰 고통당하는 사람들은 남과 북을 불문하고 이땅의 민초들이다. 양쪽 정부가 손바닥을 칠 때 이런 상황이 발생할 수 있다. 포기할 것을 강하게 바란다. 세계적인 화약고로 떠오르고 있는 한반도에 항구적인 평화체제를 구축하기 위해 노력하겠다."

●**이학영 YMCA 사무총장**: "국민여러분께서 이럴 때 일수록 감정 자제하고 언론이나 권력자들이 요구하는 대로 따라가서는 안 된다. 역사 속에서 항상 권력자들은 전쟁을 이용해왔다. 국민들이 전쟁 원하지 않는다. 평화를 원한다고 하는 순간 전쟁이용하지 않을 것이다. 눈치 보지 말고 우리는 무력대응을 반대한다. 남북 불문하고 무력대응 하지 말라. 우리는 평화를 바란다는 목소리를 높여야 한다. 용기를 내자. 평화를 외치자."

●**정동익 사월혁명회 의장**: "지금처럼 전쟁불안에 떤 적이 없다. 지난 10년 동안 한번도. 6·15, 10·4가 있었기 때문이다. 이 정부 들어서서 남북이 합의한 선언을 헌신짝처럼 팽개치고 대결정책으로 들어섰기 때문에 불안이 가중되고 있다. 언론과 정부는 이성을 잃고 있다. 지금이야말로 이성을 찾고 공동선언 이행에 힘을 모아야 한다. 전쟁 막는 첩경이다. 공동선언 이행을 위해 전 국민이 나서야 한다."

●**김영훈 민주노총 위원장**: "천안함 사태 때는 무고한 어민들이 돌아가셨다. 이번에는 인부들이 돌아가셨다. 결국 전쟁의 피해자는 무고한 국민이다. 선무당이 사람 잡는다는 말이 있다. 뭘 모르는 자들이 전쟁으로 몰아가고 있다."

●**배종렬 평화와 통일을 여는 사람들 회장**: "평화체제위해 노력해 왔다. 연평도 사건을 보면서 그간의 노력이 무산된 것이 안타깝다. 국회는 국방예산 증액얘기, 헛발질하고 있다. 국방부 앞에서 규탄집회도 할 예정이다. 전쟁이 종식되지 않은데 있다. 미국에 의해 57년이나 이어져 온 정전체제가 종식되어야만 한다. 대화를 통해 평화협정을 꼭 실현해야 하고 비핵화를 통해 평화롭게 살 수 있는 통일세상을 맞을 수 있도록 남북이 다 같이 노력해야 한다."

2010년 1월17일 親노무현계 인사를 중심으로 창당. 現 당 대표 이재정(前 통일부 장관).

국민참여당의 노무현스러운 논평

노무현 세력이 만든 국민참여당은 예상대로 북괴편을 드는 논평을 내고 있다. 양순필 대변인은 11월29일〈'북한이 우리를 한 대 때리면 우리는 북한을 열 대 때리겠다'는 식의 엄포는 한반도 평화 정착에 아무런 도움이 되지 않는다. 절대 다수 국민들은 무력 응징이나 보복은 결코 선택 가능한 해법이 아니라는 것을 잘 알고 있다. 평화를 이룰 수 있는 길은 평화적 대화밖에는 없다. 그런데도 대통령은 대북 강경 발언만 늘어놓았다〉고 했다. 대포로 얻어맞아도 武力(무력) 대응하지 말고 말로 하라는 건 북괴군에 투항하라는 말을 복잡하게 한 셈이다. 그는 또〈민주정부 10년 동안 우리 국민들이 전쟁 걱정 없이 안심하고 생활하고, 한국 경제가 비약적으로 발전한 것이 '굴욕적 평화'라는 것인가?〉라고 반문하였다. 그 10년 간 NLL에서 敵(적)의 도발이 두 차례 있었고, 무엇보다 북한이 핵실험을 했다는 사실은 생략하였다. 그는 또 연평도에서 敵의 포격으로 죽은 두 민간인들에 대하여〈남북한의 무력 충돌로 한반도에서 우리 국민과 장병들이 희생되는 불행한 일은 결코 다시 일어나서는 안 됩니다〉라고 했다. '북의 포격'으로 죽었는데 '남북한 무력충돌로' 죽은 것처럼 왜곡, 한국군에 책임의 반을 떠넘겼다.

2008년 2월17일 대통합민주신당과 열린우리당 합당으로 창당. 現 당 대표 손학규(前 경기도지사).

"햇볕정책 계승·발전이
이런 불행 막는 길"

북한의 연평도 도발 이후 민주당이 연일 햇볕정책으로의 對北 정책 전환을 촉구하고 있다.

북한은 좌파정권 시절 햇볕정책 아래서 핵무장에 성공했고 한국의 對北지원에 힘입어 미사일 세계 6위, 생화학무기 세계 3위, 잠수함 세계 4위라는 대량살상무기 능력을 보유케 됐다.

북한은 1999년 6월15일 1차 연평해전, 2002년 6월29일 2차 연평해전 등 햇볕정책 아래서도 끊임없이 도발했고 결국 2007년 10·4선언에서 소위 '서해평화협력특별지대 구상' 을 노무현 측으로부터 이끌어냈다.

소위 서해평화협력특별지대는 서해5도 수역을 북한과 공동 관리하는 것으로서 사실상 우리 측 영해를 북한에 넘기고 NLL을 무력화시키는 내용이었다.

북한은 2010년 3월26일 천안함 폭침과 11월23일 연평도 포격으로 도발의 강도를 높이며 서해5도 장악과 NLL무력화를 기도하는데 민주당은 여전히 햇볕정책에 매달리고 있다. 민주당의 對北인식이 학습효과를 통해 바뀌지 않는 신념임을 보여주는 대목이다.

아래는 민주당 고위 당직자들의 최근 주요 발언이다.

●**11월25일 정동영 최고위원 CBS 〈변상욱의 뉴스쇼〉인터뷰**: "…주

민들에 대한 생명과 안전을 중시했다면 저는 주민들 대피, 또 안전대책을 먼저 고려했어야 한다고 생각합니다. 그런데 사격연습을 한 구역이 우리는 우리구역이라고 주장하지만, 북은 자기들 해상분계선 내라고, 즉 자기들 영해라고 주장하는, 서로 분쟁 있는 지역입니다. 그 지역에 사격연습을 퍼부은 것이 그 민감한 시기에 이 민감한 지역에서 과연 적절한 행위였는가. 꼭 그게 그렇게 긴급한 것이었는가에 대해서 근본적 의문이 있습니다."

●**11월26일 국회 민주당 확대간부회의 정동영 최고위원 발언:** "…연평도 사태는 민주정부 10년의 햇볕정책이 한반도 평화를 보장하는 유효한 정책임을 입증했다. 기우이지만 민주당의 햇볕정책에 틈새를 벌리려는 일부 언론의 보도가 있다. 햇볕정책은 민주당의 정체성이다. 2006년 북한의 1차 핵실험 때 당시 여당이 흔들린 적도 있지만 자세를 바로잡았다. 절대 햇볕정책의 정체성은 흔들려서는 안 된다.

햇볕정책 핵심은 두 가지다. 하나는 대화정책이고, 두 번째는 적대를 포기하고 포용하는 정책이다. … 햇볕정책의 목표는 간단하다. 한반도 문제가 누구의 문제이고 누가 당사자인가 하는 것이다. 그 대답은 우리 민족끼리다. 즉 자주적으로 문제를 해결하겠다는 대원칙이다. … 또 포용정책의 핵심목표는 전쟁 불용이다. 어떤 경우도 전쟁을 반대한다는 것이다. 연평도 포격이 확전되는 것을 절대로 반대한 것이 이 같은 입장의 연장선에 있다. 전쟁을 각오해야 평화가 온다는 전쟁불사론은 무책임하고, 사실 그럴 능력과 의지도 없는 허장성세일 뿐이다. 우리는 정부에 크게 정책의 대전환을 요구한다."

●**11월26일 국회 민주당 확대간부회의 손학규 대표 발언:** "이명박 정권은 결국 한반도를 분쟁지역으로 만들 것인지 이명박 정권의 대북정

책, 한반도정책에 대해 묻지 않을 수 없다. 이럴 때일수록 우리는 냉정함을 유지해야 한다. 한편으로 철저히 대비하고 단호한 대응을 해야 한다. 그러나 또 다른 한편 결코 전쟁이 해결책은 아니며, 우리가 갈 길은 평화의 길이다. 평화를 이길 전쟁은 없으며, 평화를 능가하는 안보는 없다는 것을 분명히 확인해야 한다. … 평화의 길을 모색해야 한다. 전쟁의 길은 안 된다.”

●**11월26일 국회 민주당 확대간부회의 정세균 최고위원 발언**: “…우리는 제2의 유사한 사태를 막아야 한다. 그 방법은, 지난 민주정부 10년간 우리가 추진해온 햇볕정책을 더 계승 · 발전하는 길만이 이런 불행을 막을 길이다. 민주당은 어떤 경우도 흔들리지 않고 햇볕정책을 계승 · 발전해야 한다.”

●**11월26일 국회 민주당 확대간부회의 이인영 최고위원 발언**: “…대통령은 안보위기를 초래한 정부에 대한 국민의 분노를 벗어나기 위해 또다시 군사적인 무리수를 자초하지 말기 바란다. 확전 반대, 무력 중단으로 임했으며 한다. 평화적 해결 노력을 요청하고 싶다. 군사적 긴장을 고조하는 어떤 조치도 재고하고 신중한 조치를 요구한다. 기존의 강경일변도 대북정책을 재검토하고, 지금 국면을 진정하기 위한 평화적 노력을 다시 시작해야 한다.”

●**11월26일 국회 민주당 확대간부회의 조배숙 최고위원 발언**: “…이번 사태 계기로 MB정부 대북정책의 한계가 드러났다. … 이번 사태에 대해서 여당 쪽에서 햇볕정책 탓이라는 엉뚱한 얘기를 한다. MB정부가 집권하지 3년이 됐다. 더이상 햇볕정책의 결과라고 운운할 때가 아니다.”

●**11월28일 민주당 부대변인 성명**: “…어떤 경우에도 한반도에서 전

쟁은 없어야 한다. 이명박 정부는 오늘의 위기상황이 초래된 데 대해서 반성하기는커녕 지난 정부의 탓으로 돌리는 어리석음을 계속하고 있다. 전 세계가 평가한 대북햇볕정책을 바탕으로 평화관리체제를 복원하라.”

●11월28일 민주당 대변인 성명: “…한국과 미국이 오늘 서해상에서 대규모 연합훈련에 돌입하면서 군사적 긴장감이 최고조에 달한 상태다. … 대통령의 임무는 국가를 화약고로 만드는 것이 아니라 국민의 생명과 재산을 평화 속에서 보호하는 것이다.”

떼죽음 부른 김대중의 利敵 지침을 격찬한 민주당

우리 해군은 2002년 6월29일, 김대중의 지침, 즉 ‘(1) NLL을 지킬 것 (2) 선제공격하지 말 것’ 대로 하다가 떼죽음을 당하였다

연평도 도발 하루 뒤에 나온 민주당 부대변인의 논평엔 기가 막힌 자백이 들어 있다.

〈이명박 대통령은 어제(11월23일) 합동참모본부를 방문한 자리에서 “몇 백배의 화력으로 응징해야 한다. 다시 도발할 수 없을 정도로 막대한 응징을 해야 한다”고 말했다. 듣기에 따라선 화끈해 보인다. 전쟁을 각오하자는 것으로 해석될 수 있을 정도이다.

2002년 서해 북방한계선(NLL)인근에서 남북 군사갈등이 고조될 때 당시 김대중 대통령은 (1) NLL을 지킬 것 (2) 선제공격하지 말 것 (3) 북이 발사하면 교전수칙에 따라 격퇴할 것 (4) 전쟁으로 확대시키지 말 것

등의 지침을 내렸다. 한 뼘의 영토 침범을 용납해선 안되지만 확전으로
가서도 안된다는 것이었다. 이명박 대통령의 '몇 백배 화력'으로 응징
해야 한다는 것과는 차원이 다르다. (2010년 11월24일, 김영근 부대변
인 논평)》

　우리 해군은 2002년 6월29일, 김대중의 지침, 즉 '⑴ NLL을 지킬 것
⑵ 선제공격하지 말 것' 대로 하다가 떼죽음을 당하였다. 북한 함정이
砲身(포신)을 조준자세로 내린 뒤 NLL을 침범, 南下(남하)하는 데도 한
국 함정은 김대중 지침에 묶여 경고사격도 하지 못했다. 겨우 한다는 게
敵(적)의 함정에 접근(이는 사격 표적을 자임하는 것이다), 확성기로 경
고하려다가 집중포격을 당하여 침몰하였던 것이다. 6명의 戰死者(전사
자) 등 수십 명의 사상자가 발생하였다. '⑴ NLL을 지킬 것 ⑵ 선제공
격하지 말 것'이란 지시는 김정일에게 건네준 기습의 초대장이었다. 이
지시 자체가 반역이다. 민주당은 김대중의 利敵(이적) 지침이 이명박의
응징 지시보다 더 나은 것, '차원이 다른 것'이라고 격찬하였다. 민주당
이 利敵집단이란 고백 아닌가? 〈趙甲濟〉

김대중 지침을 따라간 청와대

　김대중: "북한의 도발을 허용해선 안 된다. 그러나 먼저 쏘면 안된다."

　(한국 해군 고속정은 이 지침에 따랐다가 격침되었다. NLL을 넘어서 砲身을 조준
자세로 내리고 다가오는 북한 함정에 경고사격도 하지 못하고 다가갔다가 당한 것이
다. 여섯 명의 한국 해군이 죽었다.)

　李明博의 청와대: "단호하게 대응하되 擴戰(확전) 말라."

(연평도 해병은 200발을 얻어맞고, 80발만 쏘았다. 네 명의 한국 국민들이 죽었다.)

惡黨(악당)과 결투하러 나가는 보안관에게 판사가 이렇게 명령한다.

"惡黨을 체포하라. 그러나 절대로 먼저 쏘면 안 된다."

보안관은 이런 판사를 먼저 쏴야 惡黨을 처지할 수 있다. 〈趙甲濟〉

민주노동당

1997년 11월18일 '국민승리21'로 창당. '민주노동당'으로 당명 변경·창당(2000년 1월 30일). 現 당 대표 이정희(前 민노당 정책위의장).

얻어맞고 가만 있으라는 주문 연발

탈당파로부터 從北(종북)세력이 주도한다는 평을 들은 민주노동당은 2010년 11월25일 '對北결의안 기권'에 대한 대변인실 논평을 통하여 이렇게 주장하였다.

〈오늘 국회 결의안은 오직 안정과 평화를 바라는 국민의 뜻을 받들어 한반도 긴장완화를 위해 항구적인 평화체제를 구축하기 위한 대화 노력에 정부당국이 적극 나설 것을 촉구하는 내용이 반드시 포함되어야만 했다. 서해상 일촉즉발의 위기국면에서 평화적 해결 방안 없는 규탄은 책임 있는 국회의 모습이 아니다. 민주노동당은 확전 억제와 한반도 문제의 평화적 해결을 위해 최선의 노력을 다 할 것이다.〉

11월24일 대변인 논평도 韓美연합훈련을 비판하는 것이었다.

〈연합위기관리팀에서 데프콘을 3단계로 격상하게 되면 작전통제권은 한미연합사령부로 넘어가게 된다. 전시작전통제권 이양으로 한반도 운명이 우리 손을 떠나 미국의 선택에 따라 좌우되어서는 안된다. 상황이 더 악화되는 것만은 반드시 막아야 한다. 평화를 위해 절제하고 자제할 것을 촉구한다.〉

평화를 이야기하지만 요컨대 얻어맞고 가만 있어야지 반격하면 안 된다는 주문이다. 김정일 정권을 위한 놀라운 충성심이자 本色(본색)이다.

민주노동당 이정희 대표는 24일 오전, 자신의 트위터http://twitter.com/heenews에 북한의 연평도 포격의 원인이 남북관계를 악화시킨 남한 정부 때문이라 내용의 글을 올렸다.

"연평도에서 군인이 사망하고 주민들이 불길 속에 두려움에 떨었습니다. 북이 이래서는 안 됩니다. 전쟁은 불행을 가져올 뿐입니다. 남북관계를 악화시킨 결과를 정부는 똑똑히 봐야합니다. 대결로 생겨나는 것은 비극 뿐입니다."

참여연대

1994년 9월10일 '참여민주사회와 인권을 위한 시민연대' 로 발족. 1999년 2월6일 참여연대로 명칭변경. 총선 낙천운동(2000, 2004). 現 공동대표 임종대 · 정현백 · 청화.

협동처장, "이명박 정부가 북한의 군사주의를 부추겼다"

자칭 진보세력은, 김정일이 나쁜 짓을 하면 피해자인 한국을 끌어들여 兩非論(양비론)을 폄으로써 물타기를 하는 수법을 써왔다. 연평도 포격 이후에도 이어지고 있다. 천안함 폭침이 북한소행이 아니란 주장을 해온 참여연대의 이태호 협동처장은 오마이뉴스와의 인터뷰에서 "연평도 포격 사건은 명백한 북한의 잘못이지만, 지난해 발생한 대청해전은 남한의 과잉대응이라는 게 분명하다", "천안함 사건 이후 한미가 함께 해온 훈련은 '북한 대량살상무기 해체' 와 '북한 상륙훈련' 이었다"며 "유사시 북한에 들어가 북한을 안정시키겠다는 목적으로 훈련을 펼치는 것은 결과적으로 미국의 이라크 안정화 전략과 같은 맥락"이라고 억지를 부렸다. 폭침 主犯(주범)에 대하여는 침묵하면서 훈련까지 트집을 잡았다.

오마이 뉴스 보도에 따르면, 그는 천안함 폭침을 당하고도 무력 보복을 자제한 이명박 정부에 대하여 《(정부의) 대북정책은 북한의 군사주의를 부추긴 측면이 있다고 지적했다〉는 것이다.

천주교정의구현사제단

1974년 9월23일 발족. 국가보안법 폐지를 위한 단식기도(1999). 한반도 평화실현·불평등한 SOFA 개정·美軍 장갑차 희생 여중생 사건 해결 촉구 시국기도회(2002). 이라크파병반대행동(2003). 평택미군기지확장저지 범대위 참여(2005). 現 대표 정종훈.

"이명박의 천박함이 평화를 무너뜨렸다"

●**"국민여론 제압하려 시민들 패고 내리찍어"**: "국민이 그토록 간절하게 호소했건만 정부가 미국의 압박에 자진 굴복하여 문제의 쇠고기와 위험한 부속물 수입을 전면 허용해버렸기 때문입니다. 게다가 들끓는 국민여론을 제압하기 위하여 몽둥이와 방패로 시민들을 패고 내려찍으며 무참히 폭력을 행사했습니다. 이로써 촛불에 담겼던 간곡한 뜻은 짓밟혔고 우리는 대통령과 정부의 존립근거에 대하여 묻지 않을 수 없게 되었습니다." (2008년 6월30일, 서울광장에서 열린 '미국산 쇠고기 재협상 촉구' 시국미사 성명서. 출처-뉴스윈)

●**"盧 前 대통령 분향소에 戰警(전경) 세운 건 수구 기득권의 공포"**: "예수를 처형한 장소에 로마가 경비병을 세웠듯이 노 前 대통령 분향소에 조문 온 시민들을 전경으로 둘러쌌다. … 수구 기득권 세력의 공포를 보여주고 있다. … 20억 명 크리스천들의 기도문에는 예수를 죽인 로마인 정치가가 나온다. 인류 역사가 끝날 때까지 그 이름은 사라지지 않을 것…. 이명박 대통령이 기획수사를 통해 노 前 대통령을 죽였다는 사실 역시 몇 백 년 동안 기억될 것이다." (2009년 5월28일, 노 前 대통령이 자살 이후 서울 명동성당에서 추도미사에서 사제단 소속 김병삼 신부의 말. 출처-코나스)

●**"부엉이바위는 부활과 승천의 자리"**: "부엉이바위는 '부활과 승천의 자리'였습니다. 사람들이 존엄사 문제로 시끌벅적 논쟁을 벌이다 잠든 그 시간, 대한민국 제16대 대통령님은 세상 아무도 모르게 '외롭고 슬픈 작별'을 준비하고 계셨습니다." (2009년 5월28일, 봉하마을에서 사제단 김인국 신부가 낭독한 노 전 대통령 추모사 중. 출처–오마이뉴스)

●**"이명박 정부는 강도집단"**: "죽음을 부르는 전염병이 창궐하고 있다. 불의가 검은 강물처럼 넘실거리고, 죄악의 독버섯은 활짝 꽃을 피웠다. 권력자들의 추악한 거짓과 노골적인 탐욕이 갈수록 당당하고 뻔뻔스러워지는데 허다한 생명들은 무참히 시들어간다. … (이명박 정부는) 국민의 보편적 권리를 위해 마련된 갖가지 권능을 특정 자본권력과 극소수를 위해서 그릇되게 남용하고, 이의를 제기하는 국민에게는 가혹한 철퇴를 휘두르고 있으니 도저히 정부라고 볼 수 없고 차라리 강도 집단이라고 해야 옳을 것이다. 바야흐로 신앙과 양심의 이름으로 국민 불복종을 선언할 결정적인 때가 닥친 것이다." (2009년 11월2일, 서울광장에서 발표된 '대한민국 경찰 · 검찰 · 법원은 자본권력의 용역인가?'라는 시국 선언문에서. 출처–프레시안)

●**"이명박 정부의 천박함은 평화마저 무너뜨리게 된다"**: "그 동안 우리는 매일 저녁 사람의 길과 우리의 미래를 물으며 미사를 봉헌하였다. 그러던 지난 11월23일, 연평도 포격사건이 벌어졌다. 그동안 위태롭게 유지되던 평화가 와르르 무너지고 만 것이다. 참변의 책임이야 말할 것도 없이 북쪽이 짊어져야 할 일이지만 이번 사태는 이명박 정부의 통치 역량의 총체적 한계를 드러내 준 사건이기도 했다. 강은 제 모습을 잃고 흙탕물로 변했다. 바다는 푸른 빛을 잃은 채 검붉은 화염에 휩싸이고 말았다. 생명을 그 자체로 경외하지 않고 돈으로 환산하는 천박함은 반드

시 평화마저 무너뜨리게 되어 있다. 이것이 생명의 법칙이며 평화의 원리이다.” (2010년 11월29일, ‘우리는 재앙을 향해 달리고 있다’ 성명서에서)

●**“우리 국민들은 곧 연평도에서 벗어날 거예요”**: “왜 그렇게들 포기가 빨라? 4대강 이렇게 어이없이 뺏기면 다른 건 더 빠른 속도로 뺏기게 될 걸? 매일미사 중단한 건 연평도 포격 때문인데 우리 국민들은 곧 연평도에서 벗어날 거예요. 매주 월요일 국회 앞에서 할 미사는, 뜻이 죽지 않았다는 반딧불 같은 거지, 뭐.” (2010년 12월2일, 오마이뉴스와 사제단 김인국 신부와의 전화인터뷰에서. 출처–오마이뉴스)

●**“(정진석 추기경을 가리켜) 미움이나 부추기는 골수 反共주의자 면모 과시”**: “추기경은 파괴를 위한 개발과 발전을 위한 개발은 구분되어야 한다며 현행 4대강사업이 ‘파괴적 개발’ 인지 ‘발전적 개발’ 인지 결과가 나올 때까지 기다리자고 하셨다. 이렇게 ‘노골적으로’ 정부를 편드시는 혹은 꼭 그래야만 하는 남모르는 고충이라도 있는 것인지 여쭙고 싶다. … 새삼스레 지도자의 덕목이 어떤 것인지 생각해 본다. 분단체제 극복을 위한 ‘평화의 경륜’ 이나 벼랑 끝에 몰린 생태계를 살리는 ‘생명의 지혜’ 는 기대하지 않았다. 그러나 남북대화를 촉구하고 인도적 지원을 호소하던 교황들의 심정을 대변해야 할 추기경이 대중의 흥분을 누그러뜨리지 않고 미움이나 부추기는 골수 반공주의자의 면모를 과시하고 있으니 이는 교회의 불행이다.” (2010년 12월10일, 사제단이 발표한 ‘추기경의 궤변’ 이란 성명서에서)

문정인

제주 출생(1951). 現 연세대 정치외교학과 교수(1994~). 노무현 대통령 당선자 북핵대미
트사단(2003). 대통령 자문 동북아시대위원장(2004~2005).

"10 · 4선언 이행했으면
이런 문제 안 생겼을 것?!"

"정부가 2007년 10 · 4 선언과 같은 해 12월11일 남북총리회담의 45 개 합의사항을 그대로 이행했으면 이런 문제가 안 생겼을 것이다. 이해가 안 된다. 이 합의에는 서해평화협력특별지대 구상과 해주에 경제특구를 만들고 공동어로작업을 하는 등의 방안이 이미 다 나와 있다. (이 내용은) 북한에서도 반대했지만 우리 정부가 설득해서 합의한 것인데 그것을 무시하면서 이런 결과가 나온 것."(프레시안, 통일뉴스 12월2일자 보도)

以上(이상)은 문정인 연세대(정치외교학) 교수가 2010년 12월1일 저녁 연세대 김대중도서관에서 '행동하는양심' 이라는 단체가 주최한 강연서 한 말이다.

문 교수가 북한의 연평도 도발의 원인으로 지적한 10 · 4선언은 북한의 연방제 통일을 수용한 6 · 15선언을 계승한 것이다. 북한은 6 · 15와 10 · 4선언에 대해 북한의 한반도 赤化(적화)방안인 고려연방제를 남측이 수용한 것이라 주장한다. 10 · 4선언에는 특히 서해평화협력특별지대라는 개념이 있는데, 이는 서해5도 인근 해역을 남북이 공동관리한다는 명분 아래 해상경계선인 NLL을 無力化시키는 것을 상정한다. 문 교수는 북한에 대한 비판 대신 남한이 10 · 4선언을 이행하지 않은데 문제

가 있다는 궤변을 편 것이다.

문 교수는 또 "이번 연평도 포격은 지난 천안함 사건도 마찬가지다. 김대중 대통령은 아마 그랬을 것이다. '그때 어떤 상황에서 그것이 벌어졌는지 시퀀스(sequence, 연속 과정)를 한 번 봐라, 우리가 자극한 것은 없었나' 라고 했을 것이다. 이 부분이 상당히 중요한데 그냥 지나가 버렸다"고 말했다. '우리가 자극한 것은 없었나' 라고 운운하며 책임의 화살을 남한에 돌렸다.

문 교수는 북한人權(인권)에 대한 견해도 늘어놓았다. 주민이 아닌 정권이 독식하는 소위 인도적 지원을 역설하며 "휴먼 라이츠(rights)"보다 "휴먼 니즈(needs)가 우선"이라는 황당한 논리를 폈다. 햇볕정책 10년의 결과가 북한의 개혁·개방은커녕 핵무기·미사일·생화학무기 등 대량살상무기 개발로 실패가 확인됐음에도 "외부의 위협이 없을 때 북한의 개혁·개방도 가능할 것"이라고 주장했다. 북한인권에 대한 문제 제기 등 외부의 위협이 없어야 개혁·개방이 된다는 요지이다. 프레시안의 보도를 인용하면 이러하다.

〈이번 강연에서는 북한 인권과 관련된 내용도 포함됐다. 문 교수는 "김 전 대통령도 북한 인권 때문에 상당히 괴로워했다"고 말했다. 이와 관련해 문 교수는 "가장 기본적인 인권은 의식주가 해결돼 먹고 사는 것, 교육을 받아 노동할 수 있고 의료혜택 받을 수 있는 것 등에 해당한다"며 "북한 주민들은 헐벗고 굶주리고 있는데 인권을 이유로 북한에 대한 인도적 지원을 거부 할 시 결국 희생되는 것은 이 주민들이기 때문에 '휴먼 라이츠(rights)' 보다 '휴먼 니즈(needs)' 가 우선이라는 접근을 한 것이 아니겠나"고 해석했다. 문 교수는 북한에 인권과 민주주의 개념이 들어서기 위해서는 시민사회가 있어야 하고, 시민사회가 성립되기

위해서는 시장이 생겨야 하고, 이를 위해서는 북한이 개혁·개방을 해
야 한다며 결국 외부의 위협이 없을 때 북한의 개혁·개방도 가능할 것
이라고 설명했다.〉

박주선

전남 보성 출생(1949). 現 국회의원(18대, 민주당). 現 민주당 최고위원(2010~). 서울대
법대 졸업(1974). 대검 중수부 수사기획관(1997~1998). 청와대 법무비서관(1998~1999).

"강경 일변도로 가서
북한도 자극을 받을 만큼 받았다"

"동냥을 주는 거지도 안 주는 순간부터 토라져서 섭섭하게 생각하는
데 이명박 정권 3년 동안 북한에 지원한 것이 뭐가 있습니까? 햇볕정책
타령만 하면서 강경 일변도로 가서 북한도 자극을 받을 만큼 받았고 반
발을 할 만큼의 대북 정책이 있었다고 생각합니다. 그래서 이명박 정권
이 3년 동안 해온 대북정책이 잘 됐다고 한다면 이번 연평도 사건이 나
고 천안함 사건이 났겠습니까? … 한반도 긴장을 완화시킬 수 없고 향후
도발을 막을 수 없다는 측면에서 6자 회담을 주장하는 겁니다.

…햇볕정책이 천안함 도발 시킬려고 있었던 정책입니까? 햇볕이라는
것은 북한의 도발을 막아볼까 하는 측면에서 도입된 정책이고 햇볕정책
은 대화와 신뢰를 구축하는 정책입니다. 서로 총뿌리를 겨누면서 너 죽
고 나 죽자 식의 강경 일변도의 정책을 가지고 북한의 달라진 모습을 무
엇을 봤으면 앞으로 뭘 기대할 수 있느냐 이것으로 반문하고 싶습니다.

…햇볕정책이 하루 아침에 결과가 나올 수 없지 않습니까? 북한을 데워서 옷을 벗으려는 순간에 끊어주고 끊어주고 해서 햇볕 쬐었던 것이 열기가 어디 가고 寒氣(한기)만 느끼는 정책을 쓰고 있는 데…. 햇볕정책이 지속됐다면 천안함이나 연평도 사건이 없었지 않느냐 생각하고 6자 회담이 진행돼서 서로 대화의 형국에 있었다고 한다면 또 이 사건은 막을 수 있었다고 봅니다.”

박주선 민주당 의원은, “햇볕정책 타령만 하면서 강경 일변도로 가서 북한도 자극을 받을 만큼 받았고 반발을 할 만큼의 대북 정책이 있었다고 생각합니다”라고 이명박 대통령을 비방하였다. ‘강경일변도’ 라니? 이명박 정부가 학살정권에 뜯어먹히지 않으려 애쓴 걸 ‘강경일변도’ 라고 한다. 그의 論法(논법)대로라면 피해시민이 살인범을 신고하는 것도 ‘강경일변도’ 이다. 형사가 살인범을 잡는 것은 자극하는 것이 된다. 북한정권이 금강산 관광객 사살, 임진강 무단방류로 6명의 피서객 죽이기, 천안함 폭침으로 46명 죽이기, 연평도 포격으로 6명 죽이기를 거듭해도 무력대응을 하지 않은 물렁한 정부를, 금강산 지구내의 한국측 재산 약 4억 달러어치를 압수해도 참으면서 수해복구 물자를 지원해준 얼빠진 정부를 ‘강경일변도’ 라고 욕한다면 민주당이 집권할 경우 북한측에 백령도는 물론이고 인천공항까지 내주지 않는다는 보장이 없다.

전남 고흥 출생(1963). 現 인천시장(2010.7~). 前 국회의원(16~18대). 前 열린당 사무총장(2007.2~.). 前 연세대 총학생회장(1984). 前 전국대학생대표자협의회(전대협, 한총련의 전신) 대변인. 제2건국위원회 중앙위원(1999).

"(호국훈련에 자극받아)
북한이 집중공격한 것으로 보여진다"

● **"한총련에 대한 격려가 필요한 때"**: "해방 이후 지금까지 한국의 학생운동은 민주화와 통일을 위해 노력해 왔다. 때때로 법의 테두리를 넘어서고 국민여론과 유리되기도 했으나 그 비판의 열정과 변화의 에너지는 이 나라를 전진시키는 추동력이 되어왔다. 이런 학생운동이 지금 치열한 자기반성을 바탕으로 근본적 전환을 통해 변화 발전을 모색하고 있다. 한총련 대학생들의 모습에 사회의 따뜻한 관심과 격려가 그 어느 때보다도 필요한 때이다." (2003년 4월18일 프레시안, 한총련 합법화 촉구 성명서)

● **"개성공단 폐쇄는 민족 앞에 저지르는 죄"**: "한나라당과 이명박 정부가 10년의 민족적 성과를 통해 만들어진 개성공단을 폐쇄시키는 것은 민족 앞에 죄를 저지르는 것임을 강력한 규탄과 경고를 한다." (2008년 11월24일, 민주당 최고위원회의에서)

● **"(호국훈련에 자극받아) 북한이 집중공격한 것으로 보여진다"**: "팀 스피리트 훈련의 다른 명칭인 호국훈련을 우리군이 연평도 일원에서 수행하는 도중 북측의 훈련중지 경고 통지 등이 있었으나 우리군에서 북측이 아닌 방향으로 포사격 훈련을 하자 이에 자극받은 북이 우리군 포진지 등을 집중적으로 공격한 것으로 보여집니다." (2010년 11월23일,

트위터에 게재한 글)

●**"어! 이거 진짜 폭탄주네!"** (2010년 11월24일, 연평도를 방문해 그을음이 묻은 소주병을 집어들며)

●**"연평사태의 원인은 李明博 정부의 對北 강경책":** "이번 연평 사태의 원인은 지난 3년간 李明博 정부가 펼쳐온 對北 강경책 때문이지 햇볕 정책 때문은 아니다. … 백령도를 비롯해 서해5도서를 관광단지로 조성해 중국인을 유치할 경우 군사시설을 통하지 않고도 평화적인 서해 5도서를 만들 수 있다. 백령도를 제2의 제주도로 조성할 경우 중국 관광객들이 많이 찾아오고 이렇게 되면 북한이 어떻게 (서해5도)에 포격을 하겠냐." (2010년 12월21일, 제189회 인천시의회 제2차 정례회에서 이재병 의원 등 시의원들의 질의한 포괄적인 對北 정책에 대한 답변. 출처–뉴시스)

※송영길 인천시장의 위와 같은 발언을 보도한 기사가 조선닷컴에 실리자 네티즌들은 송영길을 격렬하게 비판하는 댓글을 달았다. 이재원(attorlee)씨는 〈강간범죄가 생기는 것은 여자가 너무 예쁘기 때문이라는 헛소리보다 더 정신 나간 망발이다. 어째 저런 인간이 시장이 될 수가 있었을까〉라고 개탄했다. 김휘중(juho911)씨는 〈인천 시민 여러분 송영길 시장을 주민 소환제에 회부하여 시장을 탄핵합시다〉라고 제의했다. 김도형(kimpossible)씨는 〈송시장, 연평도 포격날 본인이 트위터에 북한포격이 정부 탓이라 했다가 여론에서 욕을 먹자 … 본인 생각이 아니라 그런 언론보도를 인용한 것이라고 둘러대더니… 그때 그말은 진심이었나? 송시장과 민주당 말대로 비정상적인 관리대상인 북에게 10년간 퍼다준 게 진짜 관리한 건가? 정신 나간 관리대상에게 민족,평화,협력 운운하며 돈바치는 게 이율배반 아닌가?〉라고 나무랐다.

동아닷컴에 실린 김태대(ktdcj267)씨의 댓글은 직설적이다.

〈저런 북측 대변인 같은 ○○○를 대한민국의 3대 도시 시장이라니…. 10년 동안 퍼준 代價(대가)가 무색하리만치 철면피 북한의 주장을 그대로 지껄이는 송영길, 국민의 이름으로 규탄하노니 당장 시장을 사퇴하고 북한으로 가서 살아라〉

임동원

평안북도 출생(1934). 現 한겨레 통일문화재단 이사장(2008~). 육군사관학교 졸업(13기), 육군 소장 예편(1980), 통일원 차관(1992~1993), 통일부 장관(1999), 국가정보원장 (1999~2000), 대통령 외교안보특보(2001~2003).

"북한에도 책임이 있지만…"

임동원 전 국정원장은 11월26일 통일뉴스와 인터뷰한 자리에서 "지금은 분노의 시기"라며 "어떻게 우리 영토에 대해서 포격을 가할 수 있느냐. 더구나 민간인 피해도 생겼다. 용납될 수 없는 일이다"고 한 뒤 책임을 이명박 정부에 떠넘겼다.

"북한에도 책임이 있지만 우리 정부가 북한에 대해서 과거 정부가 했던 화해협력 정책 집어치우고 대결정책을 써왔기 때문에, 북한한테 고개 숙이고 들어오라 굴복을 강요하는 정책을 써왔기 때문에 결국은 계속 관계가 악화돼 온 것이다."

금강산 관광객 사살사건, 임진강 無斷(무단)방류 사건, 천안함 爆沈(폭침), 연평도 포격의 범인인 북한정권을 피해자로, 당한 李明博 정부를 가해자로 모는 논법이다. 이런 사람이 국정원장이었다니 소름이 끼친다. 그는 2000년 6월 김대중·김정일 회담 직전, 김대중 정권이 현대그룹과 공모, 김정일의 해외비자금 계좌로 2억 달러를 불법송금할 때 간첩 잡는 국정원 직원에게 송금 업무를 맡긴 이다.

임동원의 論法(논법), 語法(어법)을 관찰하면 북한식 또는 從北 쓰레기들의 그것과 비슷하다.

국정원장 시절 對北불법송금 사건에 가담, 김정일의 해외비자금 계좌로 국정원이 수억 달러를 보내게 하였던 임동원이 '북 우라늄 은폐 주장에 대한 반박문' 이라는 글을 통해 "(이명박 정부는) 2009년 초까지만 해도 없었던 (북한) 영변의 농축 우라늄 핵시설을 저지하지 못하고 심지어 제대로 문제 제기조차 하지 못하지 않았는가"라며 "자기의 책임을 모두 지난 정부에 뒤집어씌운다고 책임을 모면할 수는 없을 것"이라고 비판했다고 한다. 청와대 고위 관계자가 11월23일 김대중 노무현 정부 시절 당국자들을 겨냥해 "북한의 고농축우라늄(HEU) 핵무기 개발 사실을 알면서도 묵인했다"고 비판한 데 대한 반박이었다.

김대중 정부 시절인 2002년 美 정보기관에서 '북한이 우라늄 농축시설을 건설 중' 이라는 정보를 알려온 것에 대해 임 전 장관은 "확증되지 않은 첩보 수준의 정보에 대해 신뢰성을 우려하고, 한미 양국 정보기관이 확증을 확보하려는 노력을 계속할 것을 미국 측에 요청했다"고 설명했다. 그는 이어 "분명한 것은 북한이 미국 과학자에게 보여준 농축우라늄 관련 시설들이 최근의 것이라는 점"이라며 "이 정부는 지난 정부를 탓하기보다는 북한 농축우라늄 계획이 최근 1, 2년 사이에 진행된 사실에 대해 책임을 져야 할 것"이라고 주장했다.

존 볼튼, '임동원은 진짜 북한정권 변명가(real DPRK apologist)'

임동원은 그러나 자신의 회고록에서 '미국이 핵의혹을 조작, 제네바 협정을 일방적으로 파기하였다' 고 주장한 적이 있다. 미국이 核의혹을 조작한 것이 아니라 북한정권이 스스로 '우리가 우라늄 농축을 추진하고 있다' 고 미국측에 자백하였던 것이다. 김정일보다 김정일을 더 펀드는 이런 임동원에 대하여 前 미국 유엔 대사 볼튼씨는 '북한정권의 진짜 변명가'라고 불렀다.

존 볼튼은 미국 부시 정부 시절 국무부의 군축 담당 차관보 및 유엔대사를 지냈다. 2006년 10월9일 북한이 제1차 핵실험을 하자 유엔안보리의 對北제재를 이끌어낸 사람이다. 사치품의 對北수출을 금지시키면서 그가 한 말은 "김정일도 다이어트가 필요하다"였다.

그가 2007년 11월에 쓴 회고록 〈항복은 선택이 아니다〉엔 2002년 가을에 있었던, 북한정권의 불법적인 우라늄 농축에 대한 미국 정부의 대응과정이 자세히 소개되어 있다. 미국 정보기관은 이해 여름 북한이 파키스탄 칸 박사의 도움을 받아 우라늄 농축을 추진하고 있다는 확증을 잡았다. 2002년 10월3일, 이 증거를 가지고 訪北(방북)한 켈리 국무부 차관보의 추궁에 북한의 외교부 副相(부상) 김계관은 "反北세력의 조작"이라고 반박하였다. 다음날 강석주 제1副相은 켈리 특사에게 폭탄선언을 하였다. 그 요지는 북한이 우라늄 농축을 추진하고 있는 것은 사실이며, 이는 부시 대통령이 북한을 '惡의 軸(악의 축)'이라 부른 데 대한 직접적인 조치라는 것이었다.

강석주는 미리 정리한 내용을 읽어가면서 "이는 黨(당)과 정부의 입장에 의거한 것이다"고 몇 차례 강조하였다. 그 자리에 참석한 미국 관리 8명은 대화록의 정확성을 확인한 뒤 워싱턴으로 보고하였다. 나중에 한국과 미국에선 북한정권이 자신들의 불법활동을 인정할 리가 없다면서 이는 통역의 잘못일 것이라고 주장하는 '쓸모 있는 바보들'이 등장한다.

고농축 우라늄으로 핵폭탄을 만드는 프로그램의 존재를 인정한 북한은 제네바 합의가 금지한 불법활동을 자백한 것이 되어 합의를 깬 법적 책임을 지게 되었다. 그럼에도 소위 햇볕정책의 실무책임자였던 임동원은 회고록에서 "미국이 核의혹을 조작, 제네바 합의를 일방적으로 파기하였다"고 거짓말하였다. 북한정권의 자백이 제네바 합의 파기로 이어진 역사적 사실을 부정한 것이다. 임동원은 김정일보다도 김정일 편을 더 든 사람이다.

켈리 팀은 평양에서 서울로 와서 한국측에 訪北 결과를 설명하였다. 임동원은 이들의 설명을 들은 뒤 이렇게 말하였다는 것이다.

"북한사람들의 과장되고 격앙된 발언을 그대로 받아들이는 데는 신중을 기할 필요가 있을 것이다. '왜 우린들 핵무기를 가질 수 없느냐'는 식의 표현이 고농축 우라늄 계획을 시인하는 것인지, 핵무기를 가질 권리가 있다는 것인지 모호하다. 북한은 최고당국자와의 회담을 통하여 일괄타결을 바라는 것일 가능성이 높다."

그는 '미국의 네오콘 강경파들이 불순한 정치적 의도를 가지고 이 첩보를 과장 왜곡하는 것이 아닌가 하는 의구심을 갖고 있었다'고 했다. 북한측이 명백하게 우라늄 농축 추진 사실을 인정하였는데도 임동원은 미국을 의심하고 김정일 정권을 감쌌다.

이런 임동원에 대하여 존 볼튼은 자신의 회고록에서 '진짜 북한정권 변명가(real DPRK apologist)'라는 경멸적 표현을 했다. 'apologist'는 변명을 대신해주는 이를 가리킨다. '변호'와 '변명'은 語感(어감)이 다르다. 변호는 억울한 사람을 지키기 위하여 설명하는 것이고, '辨明(변명)'은 '잘못에 대하여 구실을 대는 것'이다.

북한정권이 농축우라늄 시설까지 공개한 지금 임동원은 아직도 '미국이 核의혹을 조작, 제네바 합의를 일방적으로 파기하였다'고 믿는가? 북한정권보다도 북한정권을 더 감싸고 도는 임동원이, 사회적으로 매장되지 않고 자유롭게 활동할 수 있는 나라가 대한민국이다. 〈趙甲濟〉

전북 순창 출생(1953). 現 국회의원(민주당). 서울대 국사학과 졸업(1979). MBC기자 (1978~1992). MBC뉴스데스크 앵커(1994~1995). 통일부 장관(2004~2005).

"민감한 지역(연평도)에서의 砲 사격훈련, 적절했는지 의문"

●**"北 선박의 제주해협 통과가 허용돼야"**: "장관급회담 합의를 앞두고 부처 간 회의가 열렸을 때 북측의 제주해협 통과 문제에 관해 참석자 대부분이 부정적이었다. 안보적 관행으로 통과 허용은 시기상조라는 의견과 국방당국의 입장이 완강하다는 이유 등이 거론됐다. 이러한 반대 논리는 이해하기 어려운 점이 많았다. 쿠바 국적의 선박도 이라크 국적의 선박도 제주해협을 통과할 수 있는데 유독 북한 국적의 선박만 안 된다는 논리는 합리적으로 설명하기 어려운 대목이었다. … 실무 당국자 수준에서는 해답을 찾기 어려웠다. 나는 해군 출신인 윤광웅 국방장관에게 직접 전화를 걸어 문의했다. 다행스럽게도 윤 장관은 제주해협은 제3국 선박에도 무해통항권이 인정되는 지역인 만큼 북측 상선에 대해서도 동등한 권리를 인정할 수 있다는 입장을 전했다." (정동영 著, 〈개성역에서 파리행 기차표를〉)

※ 2005년 8월15일 당시 NSC상임의장인 그는 주변의 완강한 반대를 물리치고 '북한商船(상선)의 제주해협 통과'를 허용했다. 북한은 停戰體制(정전체제) 무력화를 위해 'NLL 무효화'와 함께 '북한상선의 제주해협 통과'를 주장해 왔다. 북한의 소위 商船은 북한 정부 임무를 수행하는 官用(관용) 또는 軍用(군용) 선박일 뿐이다. 간첩·테러·납치 공작을 벌이는 북한 선박 역시 商船 형태를 취하고 있다. 정부 실무자들 역시 '북한 商船 통과'는 결국 '북한 軍艦(군함) 통과'라며 제주해협 개방을 반대했었다.

●**"국가보안법 체제가 終焉을 고하길 기대했다"**: "나는 참여정부 들어 국가보안법 시대가 終焉(종언)을 고하리라 기대했다. 2004년 말 야당도 국가보안법 폐지와 대체입법안에 동의하면서 여야 정파 간 합의에 의해 보안법 시대를 끝내는 역사적 계기가 마련됐다. 그러나 국회는 이에 부응하지 못했고 아쉬움과 안타까움으로 범벅된 채 남북 간의 냉전체제는 답보하고 있다."(上同)

●**"冷戰반공주의를 기반으로 살아 온 한국의 왜곡된 보수집단"**: "冷戰(냉전)반공주의를 기반으로 살아 온 한국의 왜곡된 보수집단 … 한국에서만 아직까지 극우세력이 기득권을 누리고 있는데, 이런 시대착오적 집단의 '힘을 빌려' 국민의 대표자가 되려는 사람이 있다면 참으로 안타까운 일."(上同)

"김 위원장(김정일)은 대단히 시원시원하고 결단력을 갖춘 지도자라는 인상이었다."(上同)

"(헨리 하이드 미국 하원 국제관계위원장이 '한국은 누가 敵(적)인지 분명히 말해야 한다'고 말한 것과 관련) 적절하지 않고 동의하지도 않는다." (2005년 3월14일, 통일부 간부회의를 주재한 자리에서)

"인도주의적, 인권적·인간적 도리 차원에서 非전향장기수 중 희망자에 대해 北送(북송)을 검토할 용의가 있다." (2005년 9월22일, 국회 통일부 국정감사에서 열린당 신기남 의원의 질의에)

※ 그는 통일부 장관 임기 중인 2004~2005년간 기존의 放北(방북) 불허 대상자인 이적단체 조국통일범민족연합(범민련), 한국대학생총학생회연합(한총련) 소속 인물들이 민족화해협력범국민협의회(민화협) 등 단체의 구성원 신분으로 방북할 수 있도록 허용했다. 이후 범민련·한총련 등 이적단체 구성원들은 금강산 등지를 자유롭게 오가며, 북한 김일성청년동맹 등 조선노동당원들과 함께 남한 내 보수세력 척결 및 각종 反美·反韓 회합을 할 수 있게 됐다.

"국가보안법 7조 '찬양고무' 조항은 이미 죽어있는 법인데 그 법의 망령이 이 사회를 지배하고 있다. … 국회에서 보안법 문제가 정리됐으면 이런 파동도 없었을 것." (2005년 10월17일, 열린당 여성위원회 워크숍)

"平和體制(평화체제) 구축을 넘어서서 남북연합을 내다본다면 헌법 3조의 영토조항을 손질해야 한다."(2005년 10월24일, 국회 연설에서)

"김정일 위원장은 통 큰 지도자라고 밑에서 이야기 한다." (2005년 10월31일, 서강대에서 열린 특강에서)

"국제정세에 관심이 높고 정통한 지도자." [2005년 11월25일, 마이니치(每日)신문과의 회견]

●**"(강희남은) 不義 앞에 불꽃같이 살다가신 분"**: "세상을 떠난 강희남 목사의 숭고한 정신을 받들어야 한다. … 강 목사께서는 不義(불의) 앞에 불꽃같이 살다 가신 분이다. … 특히 민족문제를 가슴 아파하고 분단의 벽을 허물기 위해 온 몸을 던졌던 분이다." (2009년 6월7일, 강희남 목사 자살 당시 전북대병원 장례식장에서)

※ 강희남 목사는 '김일성 永生(영생)론' 과 '김정일 先軍(선군)정치'를 옹호하며 "以北(이북) 내 조국이 核(핵)을 더 많이 가지면 가질수록 양키들의 콧대를 꺾을 수 있다"(2004년 7월29일 'COREA'), "우리 7000만 민족도 제2의 베트남이 될 날이 머지 않았습니다"(2006년 12월2일 'COREA')는 등의 주장을 해 온 골수 從北(종북)주의자였다.

●**"북한인권법이 아닌 뉴라이트 법이다"**: "남북관계 발전은 국민 합의에 따라 한다는 취지의 노태우 정부의 남북교류협력법과 노무현 정부의 남북관계발전법에 이 법(북한인권법)은 정면충돌한다. … 북한인권법이 아니라 뉴라이트법이다. …(현인택 장관에게) 북한에 삐라 날리는 단체를 지원하는 법을 통과시키는 것이 남북정상회담을 하려는 시점에 적절하느냐?" (2010년 2월11일, 국회 외교통상통일위원회 북한인권법

통과를 반대하며 나온 발언. 출처–민중의 소리)

●**"민감한 지역에서의 포 사격, 적절했는지 의문"**: "북한이 우리 군의 군사훈련에 대해 공격으로 간주한다고 공언했고 도발 당일 오전 전통문도 보냈다. 그런데 이것을 심각하게 생각하지 않고 주민 대피·안전대책을 먼저 세우지 않았다. … 남북 긴장감이 계속 높아지는 민감한 시기에 북한 해안포로부터 불과 10㎞ 떨어져 있는 대단히 민감한 지역에서 포사격 훈련을 하는 게 적절한 행위였는가 근본적인 의문이 든다. … 국민들이 보따리를 싸서 피난가게 만든 데에 대해서 정부가 국민 앞에 사과해야 한다." (2010년 11월25일, CBS라디오 '변상욱의 뉴스쇼' 인터뷰)

●**"거기(북한의 포격)에 대해 응사한 것 역시 증오심이 묻어있는 것이다"**: "연평도를 포격한 그 포탄속에는 상대방을 죽이려는 증오와 적개가 서려있지 않습니까? 또 거기에 대한 정당방위였지만 거기에 대해 응사한 것 역시 증오심이 묻어있는 것입니다." (2010년 11월28일, 국회의원 회관 사무실에서 가진 '정동영의 시국대담' 동영상에서)

●**"(연평도 요새화는) 시대착오적인 생각"**: "요새를 만들면 만들수록 불안해서 못 살게 되는 것이거든요. 토목공사로 요새화한다고 해서 서해 평화가 정착되는 것이 아니라 다시는 그런 일이 재발되지 않겠다는 믿음을 가질 수 있도록 평화의 바다를 만드는 것이 근본적인 해결책이지요. 콘크리트로 만드는 요새가 우리를 지켜줄 수 있다고 착각하는 것은 오산이고 시대 착오적인 생각입니다. 국민들 눈으로, 국민들 가슴으로 생각할 필요가 있지 않나 하는 생각입니다." (2010년 12월8일, 평화방송 라디오 '열린세상, 오늘' 인터뷰 발췌)

●**"對北 확성기 방송은 내가 NSC위원장 할때 없앤 것 … 하필 이 예민한 시기에 확성기 트는지…"**: "평화를 관리할 것인가 이런 시점일텐

데, 이런 확성기 방송, 왜 이게 빌미를 주느냐면 북은 늘 우리 한다면 한다, 이렇게 허풍을 떨어왔고 실제 그런 점도 있어요. 뭐냐면 확성기 방송, 제가 NSC 위원장할 때 없앤 것이거든요. 2005년도예요. 그걸 5년 만에 다시 비용을 들여서 대북 확성기를 설치하고 틀겠다는 것인데 지난 번에 천안함 이후에 설치하니까 북쪽에서 '확성기 틀기만 해봐라, 조준해서 격파 사격을 하겠다' 고 긴장이 높아갔어요. 그래서 위기 관리 차원에서 확성기를 켜는 시기 자체를 조절해온 것으로 아는데, 하필 이 예민한 시기에 틀어서… 글쎄요. 이게 오기가 될 지는 모르지만 이것은 의연한 자세는 아닙니다. 이렇게 정권을 관리하고 이렇게 국가를 운영 해서는 안 되지요.” (上同)

●**“대포 얻어맞고 안보 사태 터지는게 진정한 평화인가”**: “대통령께 서 對국민담화에서 굴욕적 평화는 안 된다고 하시는데, 지난 10년의 평화를 굴욕적 평화로 폄하하면서 진정한 평화, 뭐 어떤게 진정한 평화입니까? 대포로 얻어맞고 날이면 날마다 안보 사태가 터지는 것이 진정한 평화입니까? 이것은 극우냉전세력의 논리를 대변하는 것입니다.” (上同)

●**“6·15선언 한 점, 한 획도 건드려서는 안 된다”**: “6·15와 10·4를 계속 해왔다면, 다른 말로 하면 정권을 빼앗기지 않고 민주당 정권이 계속 됐다면 연평도 사태는 없었습니다. 그리고 한반도는 이미 평화체제를 향해서 질주하고 있을 겁니다. 그리고 개성공단은 이미 2단계를 넘어서 3단계로 가고 있고, 해주 공단이 만들어지고 원산 공단, 남포 공단으로 그리고 남북 간에는 경제 공동체를 향해서 그런 협력과 사업들이 활발하게 전개되고 있었을 겁니다. 이걸 생각해보면 얼마나 이 정부의 대북 일방적인 강경정책과 큰 차이를 느낄 수 있습니까? 6·15선언 저는 한 점, 한 획도 건드려서는 안 된다고 봅니다.” (上同)

64

2

천안함 폭침

강기갑
김용옥
김용현
김효석
노회찬
박선원
박영선
박한식
백낙청
서갑원
손학규
양무진
이대근
이정희
정세균
정세현
정욱식
최문순

과학을 무시한 억지와 궤변

2010년 3월26일 천안함 爆沈(폭침) 이후 자칭 진보·좌파는 온갖 음모론을 제기하며 북한의 도발을 감싸고 나섰다.

지금도 계속 나오는 천안함 음모론은 거짓과 선동일 뿐이다. 북한의 천안함 폭침은 5월20일 공개된 북한의 CHT02D 어뢰 잔해와 어뢰에 쓰여진 '1번'이란 글자로 결론이 났지만 사건 직후 북한의 도발사실은 이미 확인됐었다.

이는 천안함 침몰 당시 측정된 리히터 규모 1.5의 地震波(지진파) 때문이다. 리히터 규모 1.5는 소위 피로파괴설 등에 의해 나올 수 있는 지진파보다 1000배 가량 강한 규모였다. 이 정도 규모는 어뢰 중에서도 버블제트 효과를 만들어내는 重(중)어뢰가 터져야 나올 수 있다. 작전 지역에서 중어뢰를 터뜨려 천안함을 폭침시킬 수 있는 敵(적)은 오직 북한뿐이다.

실제 사건 당일 국방부는 A급 對潛(대잠)경계령을 내렸고, 속초함은 물론 對潛헬기 링스, KF-16까지 출격했었다. 기타, 천안함 절단면, 사건 당시 잡힌 音波(음파), 생존한 승조원들의 증언 등 모든 증거는 북한의 도발을 입증했었다.

북한은 천안함 폭침과 같은 발악적 도발에 나서고 자칭 진보·좌파는 온갖 억지와 궤변을 부리며 대한민국 해체에 '공조'하고 있다. 역사상 가장 실패한 체제를 감싸는 자칭 진보·좌파의 수구적·꼴통적 행태는 악취가 날 정도다. 외부의 敵과 그보다 더 위험한 내부의 敵이 합쳐 벌이는 소동은 지금도 멈추지 않고 있다. 〈金成昱〉

경남 사천 출생(1953). 現 국회의원(17~18대) 前 민주노동당 대표. 한국진보연대 2기 상임대표.

"한나라당 種子(종자) 심으면 전쟁 난다"

●**"(북한이 금강산 관광객을 조준 사살하였더라도) 그럴수록 더 적극적으로 끊임없이 노력해야 되는 관계다"**: "지금의 무역 체계, WTO 세계화 같은 기조는 반대한다. 새로운 무역 체계와 질서를 구축해야 한다. 쿠바나 베네수엘라처럼 서로 잡아먹는 게 아니고 상생관계를 지속하면서 부족하고 취약하고 없는 것을 도와주고 보완해 주고 함께 성장 발전시키는 무역 체계로 가자는 거다. 제3세계에서 그런 주장을 많이 한다. … (북한이 금강산 관광객을 조준 사살하였더라도) 저는 그렇더라도 단절이라든가, 우리도 못한다는 식보다는 끊임없이 노력해야 한다는 것이다. 핵하고 똑같은 것인데, 북한이 그럴수록 더 적극적으로 끊임없이 노력하는 해야 되는 관계다." (2009년 1월19일, 중앙일보와의 인터뷰)

●**"내가 공중부양 안하면 직무유기"**: "지역구(경남 사천) 주민들이 '제발 싸우지 마라' 합니다. 그런데 이게 국회 돌아가는 꼬라지를 보면 제가 아무 그런 걸 안하면 내가 직무유기에요. 내가 국회의 모가지가 날아가는 한이 있더라도…" (2010년 1월18일, 부천 가톨릭대에서 가진 '지역활동가를 위한 인문학 강의'에서 공중부양 사건을 언급하며)

●**"천안함의 북한 연계 가능성 언급은 위험천만한 일"**: "정부와 군 당국의 미숙한 대응을 놓고 논란이 커지고 있는 가운데 북한의 연계 가능성을 언급하는 것은 책임 회피일 뿐만 아니라 위험천만한 일입니다. 남

북관계가 악화일로인 현 상황에서는 더욱 그렇습니다. 섣부르게 북한을 연계시키는 것은 옳지도 않고 어리석은 일이라고 봅니다." (2010년 3월 31일, 민주노동당 의원단 총회)

"일각에서는 북한 공격 가능성을 계속 제기하고 있는데 여러 정황으로 볼 때 북한의 공격이 아니라는 것이 대체적인 분석 아닌가? 그런데 이렇게 북한이 이번 사고와 관련 되어서 가능성이 희박해지는데도, 북한 공격 가능성 운운하는 것은 신중하지도 또 옳지도 않은 태도라고 본다." (2010년 4월1일, 평화방송 라디오 '열린세상 오늘 이석우입니다'에 출연해)

●**"10 · 4선언을 이행해 서해를 죽음의 바다에서 평화의 바다로":** "천안함 사고의 북한의 연계 가능성을 언급하는 것은 책임 회피일 뿐만 아니라 위험천만한 일입니다. … 10 · 4선언의 이행을 강조하지 않을 수 없습니다. 10 · 4선언에서 밝힌 서해평화협력지대 구상을 하루빨리 실현해야 합니다. … 지금이라도 정부는 10 · 4선언을 이행해 서해를 죽음의 바다가 아니라 平和(평화)의 바다로 만들어야 합니다." (2010년 4월 9일, 임시국회 비교섭단체대표 연설)

●**"천안함도 4 · 3, 노근리처럼 은폐되지 않을까…":** "4 · 3항쟁기념식에 참가했었다. 4 · 3제주항쟁은 오랫동안 가려진 진실이었고, 노근리 문제는 아직도 그렇다. 공포와 고통 속에서 살아야 했던 세월이 있었다. 천안함 사건을 접하면서 또 가리고 덮고 은폐시키려고 하는 일이 재현되는 것은 아닌가 하는 생각이 든다. 상식적으로 이해가 되지 않는다. 손바닥으로 하늘을 가리려고 해서는 안 된다." (2010년 4월6일, 민주노동당 최고위원회의)

●**"10 · 4선언 이행만 했으면 천안함 비극은 아예 없었을 것":** "정부

여당은 북한 공격설을 노골적으로 흘리고 있다. 일부 수구세력은 이에 발맞춰 '북한이 아니라면 누가 어뢰를 쐈겠냐'며 對北 증오감을 부추기고 있다. 개탄스럽다. … 10·4선언만 제대로 이행했다면 천안함의 비극은 아예 일어나지도 않았거나 그 피해를 최소화했을 것이고 지금 같은 국민불안은 생겨나지 않았을 것이다." (2010년 4월20일, 민주노동당 최고위원회 현안발언)

●**"할머니가 북한소행이라고 생각한 것은 정부 때문"**: "우리 한국 정부와 또 한나라당 일부 측에서는 계속 (천안함이) '북한의 소행이다' 라고 이렇게 몰아붙이고 있는 것이 역력하게 드러나고 있지 않습니까? 그러니까 할머니(故 민평기 상사의 모친)께서 이렇게 ('북한이 천안함을 폭침했을 것이다') 생각하셨다는 것이 아니겠습니까? … 햇볕정책을 정말 잘한 것이다. 특히 10·4선언만 이행을 했더라도, 저는 '이런 사태가 안 왔을 것이다' 이렇게 생각하는 사람입니다. 이 10·4선언 이행만 이명박 정권이 제대로 해도 서해 지역에는 韓美군사훈련을 그렇게 강도 높게 할 필요도 없었고, 이런 일(천안함 사고)도 생길 일이 없었던 것이지요." (2010년 4월30일, 평화방송 라디오 '열린세상 오늘 이석우입니다'에 출연해)"

※4월29일 평택2함대에서 열린 천안함 전사자 영결식에서 故 민평기 상사의 어머니 윤청자 여사가 민주노동당 강기갑 대표에게 "의원님 북한에 왜 퍼주십니까. 쟤들이 왜 죽었습니까. (우리가) 주면 무기만 만들어서. 우리 국민 더 죽으라고 이거(對北지원) 주장합니까. 以北(이북) 놈들이 죽였어. 이북 주란 말 좀 그만하세요. 피가 끓어요"라고 항의한 바 있다.

●**"정부의 천안함 발표는 급조된 선거용, 분노를 감출 길이 없다"**: "오늘 정부의 발표는 급조된 선거용 억지보고서에 불과하다. … 신뢰도 가지 않고 초라하기 짝이 없는 조사결과이다. 분노를 감출 길이 없다."

(2010년 5월20일, 민주노동당 긴급현안 대책회의)

●**"한나라당 종자 심으면 전쟁 난다"**: "선거농사에서 중요한 것은 종자를 잘 선택하는 것이다. … 한나라당 1번 종자를 심으면 전쟁이 싹튼다. … 전쟁이냐 평화냐, 생명이냐 죽음이냐의 선택에서 6월2일 한나라당 종자를 시멘트 바닥에 버려버리자. … 선거만 되면 나오는 공안, 北風(북풍)세력을 막아 남북관계를 평화로 나아가는 종자를 꼭 심자." (2010년 5월29일, 광화문 광장에서 열린 '한반도 평화를 위한 비상시국 선거유세' 출처-통일뉴스)

김용옥

충남 천안 출생(1948). 現 세명대, 중앙대 석좌교수. 現 중앙일보 기자(2007.4~) 前 문화일보 기자(2002.12~2003.8).

"패잔병들이 개선장군처럼 앉아 국민들에게 겁을 줬다"

●**"미국이 남북 간 대화채널을 달갑게 생각하지 않는다"**: "우리는 우선 對北송금 4억 달러의 최초의 발설자가 국내 정가의 인물이 아닌 미국 의회 조사국 연구원, 래리 닉시라는 미국인이었다는 사실부터 주목할 필요가 있다. 다시 말해서 이 단순한 사실은 발설자의 배후조종세력들이 남북 간 경제협력의 직접적 대화채널을 달갑게 생각하고 있지 않다는 것을 입증한다는 것이다."(2003년 2월10일, 문화일보에 실린 도올의 글 〈언론은 '민족자결'에 눈떠라〉)

●**"6·15는 획기적인 사건"**: "2000년 남북정상회담이 우리나라가 세계분쟁지역 리스트에서 벗어나기 시작한 매우 획기적인 사건이었다." (上同)

●**"愚衆(우중)이 동포에게 2235억을 송금했다고 야단법석을 떤다"**: "로또복권 판돈으로 순식간에 2600억 원을 거는 광란의 축제를 서슴지 않는 愚衆(우중)이 한편으로는 북쪽 동포에게 2235억 원을 송금했다고 성토하는 야단법석을 떨고 있다." (2003년 2월12일자, 문화일보 기사)

●**"김정일은 자기 나름대로의 견해가 대단하다"**: "내가 만나서 나도 진지하게 대화를 해봤으면 오죽 좋겠나. 민족의 문제를 위해서 당신(김정일)도 사상가고 나도 사상가인데, 여기 김정일 위원장이 쓴 주체철학의 대화라는 책을 가지고 왔는데 이 양반도 사상가란 말이다. 유물 철학에 대한 자기 나름대로의 견해가 대단하다." (2007년 10월7일, KBS 일요 스페셜 '남북정상회담 특별기획·도올의 평양이야기' 中)

※김정일이 쓴 논문은 1964년에 나온 '사회주의 건설에서 郡(군)의 위치와 역할'이라는 대학졸업 논문뿐이다. 김정일 명의로 된 나머지 모든 논문들은 모두 황장엽을 비롯한 철학자들과 당 선전선동부, 문서관리실에서 썼다. 대학졸업 논문도 지도교수가 대신 써준 것이다.

●**"김정일 위원장이 북한 사회를 이끌어 주길 바란다"**: "국민대중(북한주민)이 당의 지도를 받는다. 당의 지도는 수령의 지도를 받는 것이다. 이는 너무나 명백한 것이다. 북한은 모든 국정을 한 사람의 판단력으로 움직인다. 그런 의미에서는 김정일 위원장이 판단력이 있는 분이니 북한사회를 이끌어 주길 우리는 바란다." (上同)

●**"盧 대통령의 김정일 위원장의 건강을 기원한 것은 현명한 발언"**: "盧 대통령이 김정일 위원장의 건강을 기원한 것은 현명한 발언이었다.

… 그런데 이번에 보니 김정일 위원장의 건강이 좋아 보이지 않았다. 나는 그를 태음인으로 봤는데 포도주를 절제해 주셨으면 좋겠다." (上同)

●**"북한 사람들은 남한 사람들을 답답하게 생각"**: "북한 사람들은 왜 그렇게 남한사람들이 주체적으로 살지 않고 왜 그렇게 미국사람들의 눈치만 보느냐며 참 답답하게 생각한다. 남한 사람들의 행태가 이해가 안 되는 것이다. (북한 주민들은) '우리는 대포동 미사일 하나로 세계를 움직인다'고 믿는다." (上同)

●**"남북 평화협정은 인류의 냉전이 끝나는 것"**: "남북한 문제는 종전 선언하고 평화협정 들어가면 우리 문제로 끝나는 것이 아니라 인류의 냉전이 끝나는 것이다. 이것은 대단한 사건이다. … 이런 문제에 있어 보수다 진보다 개똥같은 말은 없으면 좋겠다." (上同)

●**"아리랑공연은 어마어마한 가치의 세계"**: "아리랑 축제 한번 봐야 한다. 인간이 하는 쇼로서는 최상의 쇼다. 그런데 아리랑은 쇼가 아니다. 그 사람들의 삶이다. 이를 위해 매일매일 훈련할 것이고, 이같은 참여를 통해 일체감을 얻고 그들의 가치관이 형성된다. 모든 전국의 인민들이 모여 쇼를 보면서 우리는 주체적으로 의식적으로 자발적으로 창조적으로 능동적으로 이 세계를 개혁해나간다. '굶어죽어도 좋다 우리는 도덕적으로 명예롭게 살자. 잘사는 게 뭐가 중요하냐'고 북한주민들은 느낀다. 어마어마한 가치의 세계다. 이는 쇼가 아닌 삶의 양식이다. 여러분들이 꼭 가서 봐야만 이해가 된다." (上同)

※ '아리랑' 공연은 북한정권의 체제선전극일 뿐만 아니라 아동까지 체제선전과 외화벌이 수단으로 삼는 '아동착취극' 내지 '아동학대극' 이라는 평가를 받는다.

●**"패잔병들이 개선장군처럼 앉아 국민들에게 겁을 줬다"**: "정부의 조사 결과를 지켜봤지만 0.0001%도 납득할 수 없었다. 천안함 사고원

인 조사 결과를 발표할 때 군 장성들이 개선장군처럼 당당하게 말하는 모습을 보고 구역질이 났다. 패잔병들이 마치 개선장군처럼 앉아 국민들에게 겁을 주는 모습에서 구역질이 났다. 일본 사무라이라면 할복자살을 해야 하는 자리였다. 노태우 정권 때도 선거 직전에 김현희가 들어왔다. 이건 사기다. 세상이 허위로 돌아가고 있다.” (2010년 5월23일, 봉은사에서 열린 ‘부처님 오신 날 특별 대법회’ ‘코뿔소의 외뿔처럼 홀로 가거라—동서남북 회통의 깨달음’ 강연에서)

●**“북한이 공격을 안했다면 北이 얼마나 억울하겠느냐”**: “천안함 침몰 당시 서해에 머물고 있던 미국 이지스함 2대와 13척의 함대를 뚫고 들어와 어뢰를 쏘고 달아났다는 게 말이 되느냐. 정부는 천안함 사태의 진실을 위장하고 있다. 권력자들의 말에 속으면 안 된다. 기뢰설·암초설·미국개입설 등 여러 가지 가설이 있는데 만일 북한이 공격을 안했다면 북한 사회가 얼마나 억울하겠느냐.” (上同)

●**“4대강은 미친 짓”**: (4대 강 사업에 대해) “국민 세금 몇십 조를 강바닥에 퍼붓는 미친 짓이다. 짐승인지, 사람인지 모르겠다. 토목공사를 통해 돈을 벌려는 사람들 때문에 4대강도 죽이고 우리 삶도 죽이고 있다. 순전히 토건 사업자와 위정자들 때문에 이같은 일이 발생하고 있다.” (上同)

김용현

전남 담양 출생(1967). 現 동국대학교 북한학과 교수(2006~). 前 경남대 극동문제연구소 객원연구위원(2002~2006).

"천안함 사고 북한 소행으로 보기 어려운 구석 많아"

●**"화폐개혁은 실패하지 않아"**: "(북한의) 화폐 개혁은 북한체제의 위기이자 기회이다. … 북핵 문제 해결을 통한 외부 세계의 경제 지원만이 북한 경제 회생의 길이다. 때마침 7년 만에 미국 특사가 평양을 방문했다. 화폐 개혁 직후, 스티븐 보즈워스 특별대표가 평양에 가 있는 것은 상징하는 바 크다. 이번 화폐 개혁이 북미 관계와 남북 관계 정상화에 기폭제 역할을 하길 기대한다." (2009년 12월10일, 한국일보 기고문)

"화폐개혁이 실패했다고 두 달 만에 딱히 규정할 수 없다. 북한은 물자 공급을 외부에서 확보할 수 없어 현재 어려움에 처해 있다고 봐야 한다. 실패라고 예단하기는 아직 성급하다." (2010년 2월9일, 매일경제신문)

●**"천안함 사고, 북한의 소행으로 보기 어려운 구석 많아"**: "김정일 국방위원장 방중 임박 등 북한이 대외 관계 개선을 서두르는 상황에서 군사적 도발(천안함 폭침)을 감행했을 가능성은 낮다." (2010년 3월28일, 매일경제신문에 논평)

"이번 사고(천안함 폭침)의 성격과 파장 등을 고려할 때 북한의 소행으로 보기 어려운 구석이 많다. 북한은 이런 상황에서 '우리가 안 했다'는 식의 입장 표명이 불필요한 오해를 살 수 있다고 보는 듯하며, 당분간 계속 대응하지 않을 가능성이 높다." (2010년 3월28일, 연합뉴스에

논평)

　"6자회담 재개, 북중 관계, 경제상황 전반을 고려한다면 북한의 (천안함) 도발은 합리적 차원에서 설명하기 어렵다. 객관적 증거 없이 북한의 공격이라고 몰고 가는 것은 중장기적 남북관계나 한반도 문제 해결에 도움이 안된다." (2010년 4월7일, 기자협회보)

　"(천안함 민군합동조사단의 발표와 관련해) 타격을 가한 어뢰에 대한 증거는 상당 부분 제시가 됐지만 북한 잠수함이 이동했다 돌아간 대목은 명확한 물증 제시가 없었다. 잠수함 이동 경로에 대해서는 추정만 내놓았기 때문에 중국의 동의를 얻기 어려울 수도 있다." (2010년 5월20일, 동아일보)

　"북한이 유엔사 정전위 등을 통해 검열단 파견을 공식 제의한다면, 정부가 대범하게 수용해 진상 규명을 확실히 하는 것도 필요하다고 본다." (2010년 5월21일, 한국일보)

　"국민 불안을 가중시키는 대북 응징론은 정제될 필요가 있다. … 북한도 천안함 국면에서 빠져 나오기 위해 6자회담 조기 재개로 방향을 틀 가능성이 높다. 우리 정부도 천안함 진상규명과 6자회담 재개를 병행하는 쪽으로 입장을 수정할 필요가 있다고 본다. 반전의 계기가 나와야 열기가 식고 희망이 보인다." (2010년 5월27일, 한국일보 기고문)

　"대북 심리전을 하겠다는 건 북한에 상처를 주겠다는 의사 표현인데, 이는 단기적 접근 방식. 단호한 대응이 필요한 부분도 있겠지만, 그렇다 해도 '출구'를 염두에 두면서 남북관계를 펼칠 필요가 있다." (2010년 6월4일, 한겨레21)

　"천안함 대북조치로 남북 간 긴장이 고조된 상황이지만 통일부는 남북관계 주무부처로서 향후 남북관계 재개도 염두에 둬야 한다. (6 · 15

선언) 10주년이라는 상징성이 큰 만큼 기념행사에 장관이 참석하지 못하면 차관이라도 가는 게 맞다." (2010년 6월14일, 연합뉴스)

●**"對北심리전 재개하면 안 돼"**: "우리 군 당국의 대북 심리전 재개도 신중할 필요가 있다. 대북 확성기 방송 재개와 선전 전광판 설치, 전단지 살포 등은 과거 회귀적이다. 냉전시대 방식으로 돌아가 대북 심리전을 전개하겠다는 것이 찜찜하다. 북한이 신경질적으로 반응하는 분야를 선택해 압박효과를 거두겠다는 정부의 입장을 이해하지 못하는 것은 아니나 너무 과거지향적이다. … 어제 새벽, 월드컵 축구 북한과 브라질 경기에 앞서 북한 국가가 연주되는 동안 눈물로 범벅이 된 정대세 선수를 봤다. 천안함 사건 때문에 북한을 많이 싫어하게 된 시청자들도 그 장면을 보고 어쩔 수 없는 한 민족임을 느꼈을 것이다. 정대세의 뜨거운 눈물이 한반도의 얼음장을 녹아내리게 하는 계기가 되었으면 하는 바람은 나만의 것이 아니었을 것이다." (2010년 6월17일, 한국일보 기고문)

●**"戰作權 연기는 북한 입장에선 상당히 불만스러울 여지가 있다"**: "전작권 연기의 결정적 명분과 배경이 천안함 사건과 북한 2차 핵실험에 있다는 점에서 북한 입장에선 상당히 불만스러울 여지가 있다. 북한은 과거부터 주한미군 문제에 있어 민감한 입장을 보였던 점 등을 감안하면 전작권 연기는 향후 남북관계에 부정적 역할을 할 가능성이 크다." (2010년 6월28일, 서울신문)

"DJ의 부재가 짙은 아쉬움을 주고 있다. 이명박 대통령의 다소 뜬금없는 통일세 논의 제안에 북한이 '전면적 체제대결 선언'이라고 비난할 만큼 남북관계는 헝크러지고 있다. 전반적인 정세는 DJ의 遺志(유지)와 정반대 길로 가고 있다." (2010년 8월19일, 한국일보 기고문)

"식량지원이 가장 현실적이면서 인도적이고 북측도 받아들이기 쉬운

부분인 만큼 정부가 적극 나서야 한다." (2010년 8월23일, 연합뉴스)

"금강산 관광문제 등 그동안 쌓였던 남북관계 현안을 해결하는 방식은 제 3차 남북정상회담밖에 없다." (2010년 10월5일, 위클리 경향)

"쌀과 정치를 분리해야 한다. 대북 쌀 지원은 이산가족 상봉과 국군포로 · 납북자 문제를 해결할 수 있는 훌륭한 지렛대이다." (2010년 10월13일, 한국일보)

김효석

전남 장성 출생(1949). 現 국회의원(16~18대, 민주당). 대통합민주신당 원내대표 (2007.8~2008.2). 제2건국 범국민추진위원회 위원(1998.10~2000.10). 前 중앙대 경영학 교수(1993.9~2008.4).

"정부의 천안함 조사는 官製(관제)조사여서 인정하기 어렵다"

●**"북한인권문제 제기는 남북관계에 부정적 영향"**: "인권문제를 먼저 제기하는 것은 남북관계에 부정적인 영향을 미칠 우려가 있다. 미국이 대선을 앞두고 갑자기 이 법안을 처리한 이유는 북핵문제에 대한 국내 비난여론을 덜기 위해서인 것 같다." (2004년 7월22일, 북한인권법 저지 성명서. 출처-연합뉴스)

●**"정부의 모습을 보면 군사독재정권 시절이 재현되는 것 같아 우려"**: "정부가 국민들하고 소통하는 방식이 봉준호 감독의 영화 '괴물' 에 나오는 정부 태도와 흡사하다. 영화를 보면 괴물의 공격에서 살아남은 시민들에게 정부가 아무런 설명도 하지 않고 격리하는 장면이 나온다.

정부가 하는 일을 보면 군사독재정권시절이 재현되는 것 아닌가 하는 우려가 생기는데 이같은 우려는 외국 언론들의 글을 통해서도 제기되고 있다.” (2010년 4월13일, 민주당 원내대책회의에서)

●“정부가 북한 소행설을 즐기고 있다”: “근래 언론의 동향을 보면 사고 원인을 북한 쪽으로 몰아가는 것 같다. 정부도 이를 즐기고 있는 게 아닌가 싶다. 종착점을 어디로 몰고 갈 것인지 우려하는 시각도 있다. 신북풍이라는 지적을 하는 사람이 있다는 것을 알아야 한다.” (2010년 4월14일, 원내대책회의 모두발언에서)

●“천안함, 양심선언은 시간문제”: “저는 이런 부분들에 대한 진실이 밝혀질 것이라고 본다. 두고 보면 여러 곳에서 양심선언이 있을 수 있으며 이것은 시간문제다. 민관합동조사단 이라는 것은 모양을 그럴 듯하게 만들어 놨지만 지금 조사상황을 보면 관제조사의 성격이 굉장히 농후하다.” (2010년 4월20일, 민주당 원내대책회의에서)

●“천안함이 좌초가 아니라고 결론내리는 것은 성급한 일”: “정부가 천안함 사고 관련 문제에 접근하는 태도에 문제가 있다. 천안함 사건 이후 한 달 이상의 은폐 시간이 흘러가고 있다. 좌초가 아니라고 결론을 내리는 것은 성급한 일이다. 이 부분에 관해 정부가 당당하게 확실하게 조사를 진행해 달라.” (2010년 4월26일, 민주당 최고위원회의에서)

●“천안함 결과 발표는 官製조사여서 인정하기 어렵다”: “정부가 20일 발표하는 천안함 결과는 관제조사이기 때문에 인정하기 어렵다. 조사주체도 사고당사자인 군이 주도하고 있고 정부도 당사자이고, 조사단이 누구인지조차도 모르고 있다. 국회가 주도해서 원점부터 다시 조사해야 한다.” (2010년 5월17일, 민주당 선거대책회의에서 천안함 관련 발언. 출처—아시아경제)

노회찬

부산 출생(1956). 前 국회의원(17대). 前 진보신당 대표(2009.3~2010.10). 제5회 동시지방선거 서울시장 후보자(2010.5).

"정부의 발표는 추측으로 가득 차"

●**"2020년 코리아연방을 창설하자"**: "2012년 남북 정상의 정치적 결단에 의해 '코리아연합'을 건설하고, 2020년 '서울·평양 공동 올림픽'을 거치면서 '코리아연방'을 창설하자. … 2020년 '코리아연방'을 건국하기 위해 임기 내 연례적으로 남북정상회담을 갖고, 김정일 국방위원장과 함께 '2020 서울·평양 통일올림픽' 유치전에 나서 '코리아연방' 건국의 기초를 닦을 것이다." (2007년 7월12일, 국회에서 열린 'P+1코리아 통일방안' 토론회 기조 발제에서)

"국가보안법 폐지를 기정사실화해야 한다." (2004년 9월13일, 국회에서 열린 국보법 폐지추진모임 4당 간사회의에서)

●**"북한인권법은 대한민국 헌법 부정"**: "미국의 북한인권법이 대한민국의 헌법을 부정하고 있다. 남북 고위급 회담 이후 남북 상호 비방 방송을 중단했는데 미국은 대북 방송에 재정적 지원을 하게 된다. 이런 예산 지원이 남북 화해 협력에 도움이 된다고 생각하나." (2004년 10월4일, 국회에 출석한 국가인권위원장에 대한 질의에서)

●**"정부의 천안함 발표는 추측으로 가득차 있다"**: "오늘 발표된 천안함 사건 조사결과 발표를 들어보면 중요한 부분들이 추측으로 가득차 있다. 길거리에서 돌 하나를 주워 가지고 구석기 시대부터 사용되던 돌

이라고 주장하는 것과 무엇이 다른가." (2010년 5월20일, 정부의 천안
함 조사 결과 발표와 관련해)

●**"이명박 정부가 온갖 평화번영를 송두리째 흔들고 있다"**: "3월26일
천안함이 의문의 침몰을 당하는 비극… 불충분한 가설들로 가득한 의문
투성이의 조사결과를 국민 앞에 발표했다. 이명박 정부의 조급한 군사
경제 보복조치들. 한반도 21세기의 미래를 보장할 온갖 평화번영의 구
조들이 송두리째 흔들리고 있다."(2010년 5월26일, 백범기념관에서 열
린 '한반도 평화를 위한 시민종교단체, 정당 비상시국회의' 성명에 참
여해)

●**"천안함은 평화가 두려운 사람들이 조성한 것"**: "이 상황은 자연스
레 조성된 것이 아니라 평화가 두려운 사람들이 조성한 것이자, 전쟁이
날지도 모른다는 불안감이 국민들 사이에 팽배하기를 바라는 사람들이
조성한 것이다. 저 노회찬은 이명박 정부의 북풍 정치기도에 당당히 맞
서 싸우겠다. 국민여러분도 함께 해주시길 빈다." (上同)

●**"동물들의 지지를 얻으려는 것인가"**: "지금 쌀 가격이 작년 대비
13%나 하락해서 80kg 한 가마가 칠팔만 원 대이다. 남아도는 쌀이 있
는데도 빨리 쓸 생각은 하지 않고 2005년도 쌀 36만 톤을 사료용으로
쓰겠다고 한다. 국민들의 지지를 잃어가니까 이제는 동물들의 지지를
얻으려고 하는 건가. 즉각 대북지원으로 50만 톤 쌀을 보낼 것을 강력히
권고한다." (2010년 8월26일, 전국여성농민대표자대회 연설에서)

박선원

전남 나주 출생(1963). 연세대 삼민투 위원장(1985). 서울 美문화원 점거 농성 주도, 구속 (1985). 前 민주당 천안함 특별위원회 자문위원. 前 청와대 통일안보전략비서관 (2006.2~2008.2). 前 국가안전보장회의 전략기획실 행정관(2003.1~2006.2). 現 美브루 킹스 연구소 초빙연구원.

"과거 우리측이 깔아놓은 기뢰 격발시킨 게 아닌가"

● **"한국 정부가 공개하지 않은 자료, 미국이 갖고 있다"**: "한국 정부 가 갖고 있으면서 국민들에게 공개하지 않은 자료, 이것은 미국이 갖고 있다. 사고가 났다고 하는 9시15분부터 22분 사이에 천안함이 어디에서 어디로 이동하고 있는지, 속도는 얼마였는지 하는 정확한 정보와 항적 정보를 공개하고 있지 않다." (2010년 4월22일, MBC 라디오 '손석희 의 시선 집중'에 출연해)

● **"남한 기뢰 때문에 천안함 사고가 일어났을 수도"**: "과거 우리 측이 연화리 앞바다에 깔아놓은 기뢰를 격발시킨 게 아닌가 생각한다. 안보 태세 상황으로 봐도 우리가 북한에 당했다기보다는 우리의 사고가 아닌 가, 이렇게 생각을 한다. 생존자나 희생자들의 상태, 이런 것을 보면 좌 초일 가능성도 우리가 배제할 수 없다." (2010년 4월28일, CBS 라디오 '김현정의 뉴스 쇼'와 인터뷰에서)

"백령도 지역은 (서해 최북단이라는) 지역특성상 우리 레이더가 많이 깔려 있고 초계함 자체도 音探(음탐)이 잘 돼 있다. 그 정도 정보능력이 있고, 사고 당일 조류도 매우 빨랐다는데 소형 잠수정 정도의 가벼운 배 가 고속으로 움직이면서 천안함을 일격에 격침시켰을 가능성은 낮다.

('전시작전통제권 전환 연기에 대한 목소리가 나온다'는 기자의 질문에) 제정신이 아니다. 전작권은 예정대로 갖고 오고 이번에 뚫린 구멍은 극복해서 안보태세를 튼튼히 하겠다고 해야지, 이번 사건 때문에 전작권을 못 갖겠다고 한다면 이명박 정부와 한나라당은 안보를 책임질 능력도 의지도 없음을 실토하는 것 아닌가?" (2010년 4월5일, 오마이뉴스와의 인터뷰에서)

●**"기뢰만이 버블제트로 배를 두 동강 낼 수 있다"**: "기뢰만이 버블제트로 배를 두 동강 낼 수 있기 때문이다. LA타임즈의 대니엘 핑크스톤은 많은 정부 관계자들이 기뢰로 보고 있다고 밝힌 바 있다. 나도 워싱턴에서 간접적으로 들은 바로는 중간 실무자급 인사가 어뢰가 아니라 기뢰라고 강하게 주장했다고 하더라." (2010년 5월7일, 미디어오늘과의 인터뷰에서)

※기뢰만이 버블제트로 배를 두 동강 낼 수 있다는 식의 주장은 사실이 아니다. 버블제트는 기뢰든 어뢰든 관계없이 수중에서 폭발하면 자연히 발생되는 현상이다.

●**"참여정부 대양해군 정책 뒤집은 현 정부가 침몰원인"**: "기뢰에 의한 쉐이킹이펙트(Shaking Effect, 흔들기 효과)가 (천안함 사고) 원인이다. 기뢰 때문에 사고가 잦은 것은 부끄러운 것이 아니다. 그에 준하는 대책을 세우고 책임을 질 문제이지 대책 없이 어뢰에 당했다는 주장은 잘못이다. … 북한 공격설이 맞다고 한다면 참여정부(노무현)의 대양해군 정책을 뒤집은 현 정부가 침몰원인. (현 정부는) 참여정부의 안보시스템을 망가뜨린 것에 대해 사죄해야 한다." [2010년 5월11일, 한반도평화포럼 (공동대표 임동원·백낙청) 월례토론회에서. 출처-인터넷 통일뉴스]

●**"국군 지휘부의 처벌이 불가피하다"**: "군 형법상 적의 내습 가능성이 있는 상태에서 경계 작전을 펼치고 있는 상황에서 단 한 발의 어뢰에

피격됐다는 것은 도저히 이해되지 않는다. … 군 핵심 지휘부들에 대한 군 형법에 입각한 처벌이 불가피하다고 봤다. 결국 우리 군이 우리의 영해를 지키지 못했을 뿐만 아니라, 공격 직후에도 아무런 대응을 못했다는 것으로, 사전 정보 파악부터 기습, 도주, 추격 및 격멸 파괴까지 군의 안보가 총체적으로 무너진 것이기 때문에 적법한 절차에 따라 추궁이 필요하다."(2010년 5월20일, 민군합동조사 발표 이후 통일뉴스 인터뷰)

박영선

경남 창녕 출생(1960). 現 국회의원(17~18대, 민주당). 前 열린우리당 대변인(2004.1~2004.5). 前 MBC 기자(1982.11~ 2003.12). 前 KBS 기자(1981~1982).

"천안함 침몰이 美 핵잠수함과 관련 있는 것 아니냐"

●"북한에 대한 봉쇄와 압박은 제2, 제3의 핵실험·미사일 발사로 연결": "PSI에 따른 해상 검문, 검색과 해상봉쇄는 원치 않는 물리적 충돌을 불러올 위험성이 있다. 일방적인 봉쇄와 압박은 제2, 제3의 핵실험과 미사일 발사로 연결될 가능성이 높다. 북핵사태의 해법은 대화와 협상이며 하루속히 미국과 북한이 대화 테이블에 마주앉기를 촉구한다."(2006년 10월13일, PSI 참여 반대 성명에서)

"국정원이 국민들로부터 불신을 받는 행태를 보이게 된 것은 국가기밀을 취급한다는 이유로 적절한 통제장치 없이 권한 확대가 정권 차원에서 묵인되었기 때문이다. 개정안은 국정원이 국가의 안전보장과 직접 관련되는 본연의 임무에만 충실하게 할 수 있도록 했다." (2009년 2월 24일, 국가정보원 수사권 폐지 법률안 국회 제출시. 출처-뉴시스)

"우리는 군사정권과 보수언론이 이런 사건이 나면 하나의 적의 소행으로 단정하고 공포 분위기를 확산했던 경험이 있다." (2010년 3월31일, 민주당 최고위원회의에서 천안함 침몰 관련 발언)

●"기뢰가 딸려와 천안함이 폭파된 것으로 보는 전문가들이 많다": "해군이 제공한 데이터를 분석한 결과 천안함은 사고가 난 3월26일 오후 9시5분부터 9분 사이 남동쪽으로 항해하다가 북서진하기 위해 유턴하는 과정에서 속도를 6.5노트에서 9노트로 급격히 올린 것으로 확인됐다. 회전을 하면서 그물망에 스크루가 걸렸거나 어떤 장애물이 나타나, 거기서 빠져나오기 위해 속력을 올린 것으로 보인다. 이를 근거로, 그물망에 걸려 있던 스크루가 감기면서 그 해저 밑바닥에 있던 機雷(기뢰)가 딸려와 나중에 폭파된 것 아닌가 보는 전문가들의 견해가 많다." (2010년 10월15일, 군사법원에 대한 국회 법제사법위원회의 국정감사에서)

●"천안함 침몰이 美 핵잠수함과 관련 있는 것 아니냐": "천안함 침몰이 한미 연합 독수리훈련이나 수리 중인 美 해군 핵잠수함과 관련이 있는 것 아니냐." (2010년 4월23일, 국방부를 방문해 김태영 국방부 장관에게 한 질문. 출처-동아일보)

●"미군사령관이 왜 금일봉을 줬느냐": [월터 샤프 한미연합사령관이 4월3일 해군 수중파괴대(UDT) 요원 고 한주호 준위의 영결식장에서 유가족에게 '흰색 봉투'를 전한 것에 대해] "왜 연합사령관이 금일봉을 줬느냐." (上同)

중국 하얼빈 출생(1939). 서울대 정치학과 졸업(1963). 現 美 조지아대 부설 세계문제연구소 소장.

"천안함 논란을 묻어버리자"

●3년 전엔 "3代 세습 없다"고 하더니 2010년엔 "9월 中 김정은 후계체제 가시화": "金 위원장 가족 가운데 후계자가 나올 가능성은 거의 없다. … 그들(정남, 정철, 정운 형제) 중 누구도 김 위원장과 같이 후계자로 훈련받지 않았다. … 북한이 식량난 등 많은 어려움 속에서도 무너지지 않고 있는 것은 정권의 지도력이 뛰어나서라기보다 '새 둥지' 처럼 상호 의존적이고 촘촘히 짜여 있는 사회·정치체제 때문… 북한의 선군 정치는 미국의 군사 위협과 대북 강경책에 의해 조장된 면이 크다." (2007년 5월24일, '자유아시아방송' 인터뷰)

"북한에서도 김정은이 김정일 국방위원장의 후계자로 알려져 왔지만 공식화되지는 않았다. 하지만 9월 초 열릴 당 대표자회의에서 후계문제가 가시화될 것." (2010년 7월9일, 연합뉴스와의 전화 인터뷰)

●"北核은 금물이 아닌 국력을 신장할 수 있는 요소": "북한이 핵을 포기하지 않는 것이 슬픈 시나리오는 아니다. … 내 생각에 북한이 핵을 포기하지 않을 것이고 북한의 핵은 통일 조국의 힘을 준다. 우리를 위해서 (북한 핵이) 반드시 금물은 아니라고 생각한다. … 북핵은 큰 위협이 아니고 먼 장래에서 국력을 신장하는 요소가 될 수 있다." (2007년 7월 19일, 통일연구원 국제회의실에서 열린 제7차 KINU 라운드테이블 '최

근의 북향 동향변화' 토론회에서)

 ●**"북한이 핵을 가졌기 때문에 세계 비핵화에 ─翼(일익)할 수 있다"**:
"북한이 핵을 잡아야 한다는 생각은 민족과 통일조국을 위해서가 아니
고, 인류의 운명을 위해서 잡아야 한다고 생각한다. 북한이 핵을 가졌기
때문에 세계 비핵화를 설득시킨다고 해야 할까, 일익을 할 수 있다. 핵
이 없는 국가는 그 역할을 못한다. 북이 핵이 있기 때문에 핵을 없애겠
다는 것. … 기존에 핵을 가진 국가들도 가만히 있지 말라. … 북한이 핵
레버리지(지렛대)를 (핵 폐기를 위한) 글로벌 캠페인으로 써 주길 바란
다." (上同)

 "선군 사상에서 정책을 세워 이행하고 인민들이 무조건 따르게 하기
위해 군은 덕망 있는 엔티티(존재), 軍은 이타주의, 인민 속에서 인민을
사랑하는 것 … 북한에서 民은 군사훈련을 하고, 軍은 민간이 필요한 훈
련을 습득한다. … 전기 고치는 사람, 집짓는 사람, 농사, 운전하는 사람
심지어 예술분야까지 군이 앞장서야 한다는 것 … 군이 인민들 속에 들
어가서 같이 살면서 인민들을 움직이지, 군이 앞장서서 인민을 당기고,
총칼로 하고, 그렇게 생각하면 북한을 이해하지 못하는 것이다."(上同)

 ●**"對北 전단 살포는 한국 정부가 적극 나서 중지시켜야 한다"**: "(대
북 전단 살포에 대해) 북쪽에서는 매우 심각하게 받아들이고 있다. 남쪽
사람들은 상상을 못할 정도이다. 북한이 최근 노동신문을 통해 방관하
지 않겠다고 했는데 이를 너무 안이하게 받아들여서는 안 된다. 한국 정
부도 적극 나서 중지시켜야 한다." (2008년 11월5일, 연합뉴스와의 '오
바마 시대 진단' 인터뷰 중에서)

 "북한에서는 지금 이 시각에 아이들이 굶어죽고 있는데 남한에서는
식량이 남아돌아 술을 만들다가 이젠 비료로 쓰는, 천벌 받을 일이 일어

나고 있다.” (2010년 7월14일, 연세대 김대중 도서관 컨벤션홀에서
‘김대중을 사랑하는 사람들’ 주최로 열린 ‘박한식 교수 초청강연회’)

●**“천안함 논란을 묻어버려야 한다”**: “李 대통령이 직접 나서서 북한
이 자기 소행이라고 인정하고 사과하라고 했으니, 출구가 없다. 천안함
문제를 과학자들이 탐구하고 기자들이 탐사보도를 하니 결국 진실은 나
타날 것이다. 그러나 이 불안한 상황을 진실 탐구와 조사를 마칠 때까지
그냥 둘 수 없다. 가능하면 이 시점에서 천안함 논란을 묻어버리자. 만
족하지 않더라도 다른 묘안이 없다. 묻어버리지 않으면 출구가 없다. 천
안함 이전의 상황으로 돌아가야 한다.” (2010년 7월19일, 건국대학교
새천년관에서 열린 ‘제1회 석학들의 대화, 한반도 분단체제를 넘는 인
문학의 모색’ 토론회 중에서)

백낙청

대구 출생(1938). 現 서울대 명예교수(2000~). 〈창작과비평〉 편집인(1996.5~). 6 · 15공
동선언실천 남측위원회 위원장(2005).

“천안함, 정부가 적당히 장난치려고 했는데 장난이 너무 심해서…”

●**“(미국이) 한반도 평화에 찬물을 끼얹으려는 움직임으로 볼 수 있
다”**: “저는 이번 북한 인권대회(注- ‘북한인권국제대회’, 프리덤 하우스를 비롯
한 미국 NGO들 주관으로 2005년 12월8일 서울에서 개최된 대회)를 보편성과 특
수성의 차원에서 접근할 문제는 아니라고 봅니다. 주동이 된 미국의 新

보수주의자들이 오히려 북한 인권을 특수성의 차원에서 접근하고 있지, 가령 남측에서 민주화운동을 할 때 보편적인 인권 차원에서 관심을 보여준 사람들이 아니거든요. 또 미국이 이라크를 비롯한 세계 곳곳은 물론 심지어 자기 나라 안에서도 인권유린이 전에 없이 커졌지 않습니까. 그런 사람들이 인권을 들고 나오니까 北에서는 정권 전복을 위한 음모로 받아들이는 거죠. 그 해석이 100% 정확하지는 않을지라도 최근 정세 흐름을 볼 때 핵문제가 지난번 6자회담에서 가닥이 잡히니까 인권문제, 위조지폐 문제를 계속 들고 나와서 한반도의 평화기운에 찬물을 끼얹으려는 움직임의 일부로 볼 소지가 많습니다." (2005년 12월22일, '경향신문' 인터뷰)

"북한 인권대회 공동위원장을 맡았던 이인호 교수도 北의 인권문제는 사상이나 표현의 자유 이전에 생존권의 문제가 제일 크다고 했던데, 그렇다면 지금 북쪽 주민의 생존권에 대해 가장 큰 위협을 주는 건 누군가? 이것도 검토해봐야 합니다. 모든 책임이 미국에만 있다고는 않하지만 미국의 경제봉쇄 정책, 또 여차하면 공격할 수 있다는 위협적인 자세야말로 실질적으로 인민들의 생활개선에 큰 지장을 주는 거 아니겠습니까. 인권이라는 말이 너무 정치화돼 있어요." (上同)

●**"북한 인권만 들먹이는 이런 대회가 과연 도움이 되겠는가"**: "유엔 인권 고등판무관을 지낸 메리 로빈슨 여사가 한국에 와서 강연하면서 '인간안보(Human Security)'라는 표현을 썼습니다. 인간안보라면 그야말로 생존권을 포함하는 넓은 의미의 인권인데요. 북측 주민들의 인간안보를 증진시키는 최선의 방법이 뭘까. 아무래도 가장 중요한 것은 한편으로는 긴급구호가 필요할 때 해주는 것이고, 동시에 한반도 문제를 평화적으로 해결해서 사람들의 생활을 개선하게 해주는 것이 아닐까

해요. … 보편적인 인권에 대해서는 실질적인 관심을 안 보인 국내외의 특정세력이 지금 평화와 화해협력 체제를 만들어가려는 한국 땅에 와서 북한인권만 들먹이는 이런 대회가 정말 도움이 되겠는가. 저는 동의하지 않습니다." (上同)

"(천안함 사태는) 정부가 장난치려다 커져버린 것": "5월11일 시점에서 '북한-어뢰 프레임'에 갇히지 말자고 말할 때만 해도 나는 정부가 어떤 결론을 내리지 않고 일종의 永久未濟(영구미제) 상태로 끌고 가면서 北의 소행이라는 냄새만 잔뜩 피우다가 선거가 끝나면 적당히 물러설 것이라고 예상했는데, 어찌 보면 우리 정부의 과감성이랄까 저돌성을 내가 과소평가했다. 스스로 반성하고 있다. … 그러니까 나쁘게 보자면 적당히 장난치려고 했는데 장난이 너무 심해서 장난이 아니게 돼버린 것이다. 이제 정부는 추가 자료를 제시해서 국민과 국제사회를 납득시키거나, 대한민국 역사에 유례가 없는 망신을 당하거나 둘 중 하나밖에 길이 없어졌다." (2010년 6월10일, '프레시안' 인터뷰)

●**"김정일 위원장의 정책적 판단이라고 생각하기 어려운 망동"**: "북한 체제는 근본적으로 대단히 문제가 많은데다가 지금 어려운 고비에 와 있다. 또 내부에 극렬분자의 존재도 배제할 수 없다. 그러므로 김정일 위원장의 정책적 판단이라고 생각하기 어려운 망동을 누가 저질렀을 수 있다. 따라서 북의 소행일 가능성이 全無(전무)하다고 주장하지는 않는다. … 다만 모든 가능성을 열어두고 정부가 발표한 사실을 포함해 관련 사실을 하나씩 좁혀가다 보면 北 공격설의 입지가 점점 위축되지 않는가 한다."(上同)

●**"(천안함 사태로) 미국이 얻는 이득 많아…당장 무기파는 데 도움"**: "단기적으로 (한국 정부의 태도를 미국이 전폭 지지해서) 미국에 이득이

되는 게 너무 많다. 천안함 사건의 진상이 한국 정부의 발표와 다르다는 걸 미국이 알고 있다고 해도 그걸 미국이 밝힐 의무가 없다. 한국 정부가 우기면 '그래, 너희들이 그렇다고 하니 우리가 우방으로서 밀어 주겠다'고 하면 되고, 그렇게 해준 만큼 한국 정부에 대해 채권 하나를 더 확보하게 되는 것이다. 다른 방면에서 나중에 한국 정부를 압박해서 대가를 받아낼 수 있다. 당장 무기를 파는 데에도 도움이 될 것이다. 해군력 증가하겠다고 하면 어디서 무기를 사오겠나?" (上同)

●**"(이명박 정부가) 대한민국의 헌정질서 변질시키려 한다"**: "이번 대통령 담화(2010년 5월24일)는 거의 초법적인 조치였다. … 1988년 노태우 대통령이 내놓은 7·7선언 이래 남북관계 22년의 성과를 단번에 없애버리는 것이다. 동시에 남북관계의 발전과 맞물려 진행되어온 한국 민주주의를 다 뒤엎을 수 있는 엄청난 행위다. … 박정희는 말하자면 일시불로 정변을 일으켰고, 전두환은 12·12와 5·17의 2회 할부로 헌정질서를 뒤집었다. 이번 정권은 군사쿠데타를 안하는 대신 5년 장기 할부제로 야금야금 대한민국의 헌정질서를 변질시키려 하고 있는 것이다." (上同)

"대통령이 한때 '전쟁을 두려워하지 않는다'고 하다가 요즘 와서는 이후 '전쟁을 원하지 않는다', '전면전은 절대 없다'고 말할 수밖에 없는 것도 결국 한국에서는 6·15선언이 만들어놓은 경제적 기반을 흔들 수는 없었기 때문이다. 6·15선언은 그만큼 우리 안에 깊숙이 스며들어 있고, 그것의 폐기는 절대 쉽지 않을 것이다." (上同)

●**"(천안함) 합조단 발표는 조작 가능성"**: "이런 부실한 보고를 바탕으로 남북간의 모든 합의를 뒤엎고 北에 대한 적대행위를 불사하겠다는 방침에 이의를 제기하지 않을 수 없다. … 합조단의 중간발표가 진실이

라는 대전제로 감사를 진행하다 보니 감사원 발표는 새로운 의혹을 낳을 수밖에 없었다. 본질은 어디까지나 합조단 발표 내용의 진실성 여부이다. 실물 증거나 정황증거에 그토록 어긋나는 (합조단의) 발표가 이뤄졌으며 만약 발표가 조작이라면 누가 어떻게 그런 엄청난 짓을 했느냐를 감사해야 하는 것이다." (2010년 6월15일, 서울 조계사 한국불교역사문화기념관 '6·15공동선언 10주년 기념 평화통일민족대회' 격려사)

●"(천안함 폭침과 관련해) 미국 당국도 監査(감사)받아야": "사고 시각에 최고위급 장성이 술에 얼마나 취해 있었느냐는 것은 부차적인 문제이다. … 가령 당시에 북측에 특이동향이 있는데도 없다고 보고서를 조작했다고 했는데 그렇다면 특이동향이 없었다고 발표한 미군 당국도 감사해야 하는 것 아닌가. … 이 자리에서 이런 문제제기를 할 수밖에 없는 것은 6·15시대가 우리 삶의 일부로 체질화된 결과 이제는 과도한 무리수를 두지 않고서는 6·15정신을 파괴할 수 없다는 자신감을 우리가 갖자는 것이다." (上同)

●"나도 북한 공작원과 접촉했다": "한충목 대표가 北의 공작원 김지선, 리창덕, 양철식과 접촉했다고 구속됐는데, 전부 제가 아는 이름이고, 저도 접촉을 많이 했다. 공개적으로 자수한다." (2010년 8월12일, 서울 종로 5가 기독교회관 '한충목 석방을 위한 후원의 밤' 행사에서)

전남 순천 출생(1962). 現 국회의원(17~18대, 민주당). 前 국회의원 노무현 보좌관. 前 청와대 의전비서관(2003.2~2003.8).

"천안함의 모든 책임은 정부에 있다"

●**"흡수통일 포기를 대내외에 천명해야 한다"**: "통일의 길로 가기 위해선 북한에 경제적 안정을 가져다 줘야 한다. 이를 위한 '다자간 경제협력개발 구상'을 우리가 주도하고, '북한 경제개발을 위한 동북아민관협의체'와 '북한개발은행'을 구성하자. 차제에 흡수통일의 포기를 대내외에 천명해야 한다." (2005년 10월25일, 국회 대정부질문에서. 출처–한국일보)

●**"한총련 전원 사면 이뤄져야"**: "한총련 대의원이라는 이유만으로 수년째 수배받고 수감되어 있는 학생들 전원의 사면이 이루어져야 한다. 통일시대에 살아야 할 후배들이 국가보안법의 피해자로 사는 것을 방관할 수 없다. 한총련 관계로 수배받고 있는 48명의 학생과 수감돼 있는 6명의 학생 전원은 반드시 사면되어야 한다." (2005년 11월29일, 한총련 수배해제 촉구 성명서)

●**"개성공단은 계속돼야"**: "개성공단 개발사업이 북한의 변화유도와 국민경제 활성화에 기여한다는 점에서 지속되어야 하며 돌발적인 상황에 대비한 자체적인 대처방안도 마련해야 한다." (2006년 10월22일, 한국산업단지공단 국정감사에서)

●**"천안함에 좌우이념을 갖다 대는 것은 굉장히 위험"**: "(천안함 사건

에) 조금이라도 진실이 아닌 게 있다면 그걸 밝혀내야 하는 게 정부의 역할이기도 하지만 정부가 감추고 있을 수도 있다. 그 진실을 찾기 위한 국민과 시민사회 노력에 대해 그렇게 일방적으로 과거 좌우이념에 갖다 대서 무조건 빨갱이로 몰아붙이는 식의 잣대는 굉장히 위험하다." (2010년 6월17일, 참여연대의 유엔안보리 서한과 관련해)

●"**천안함의 모든 책임은 정부에 있다**": "국민적 의혹이 여전히 해소되지 않았다. 모든 책임은 정부에 있으며 의혹을 해소하고 국민을 안심시키는 것이야말로 가장 큰 안보이다." (2010년 9월16일, 국방부의 2010년 9월13일 '천안함 피격사건 합동조사결과 보고서'와 관련해. 출처-파이낸셜뉴스)

손학규

경기도 시흥 출생(1947). 現 민주당 대표(2010~). 서울대 정치학과(1965~1973). 서강대 교수(1990~1993). 14,15,16대 국회의원(1992~2004). 前 경기도지사(2002~2006). 2007년 한나라당 탈당.

"천안함 사태에 대해
(정부가) 윽박지르는 게 더 문제"

●"**햇볕정책의 결과로 핵개발 이뤄졌다고 할 수 없다**": "(햇볕정책으로 핵문제가 발생했다고 국민들이 생각하는데 여론과 어긋나는 것 아니냐 는 지적에) 北의 핵실험을 단지 햇볕정책의 결과로 보는 것은 폭 좁게 남북관계를 보는 것이며 햇볕정책의 결과로 (북핵실험이) 되었다는

것은 아니다." (2007년 2월8일, 기자간담회에서)

"내가 만약 대통령이었다면 유엔 북한인권 특별보고관 임기 연장에 찬성표를 던지지 않았을 것이다" (2008년 4월2일, 관훈토론회에서)

"이명박 대통령은 전직 대통령을 죽음으로 몰아넣고, 부관참시까지 하는 패륜적인 언행을 서슴지 않고 있다. … 이명박 정부는 아무리 말해도 듣지 않는 마이동풍이고, 우이독경이어서 민주당은 이 정부의 패정과 폭정을 비판하는 데 만족할 수 없다." (2010년 8월30일, 부산시의회에서의 기자간담회에서)

●"서해는 평화의 바다…거기서 전쟁연습을 하고 있다"

—손학규 대표: 오늘은 또 10 · 4 선언 3주년이다. 노무현 대통령이 그때 휴전선을 걸어서 넘어가지 않았나. 10월2일 넘어가고 10월4일 양측 정상이 선언을 했다. 그것이 6 · 15 공동선언의 구체적인 실천이다. 처음 평화수역을 만들었다.

—이희호 여사: 선언한 것을 실현했으면 참으로 좋을 뻔했는데 그것이 거의 무효화된 것처럼 돼버려서 안타깝다.

—손 대표: 서해를 평화의 바다로 바다의 길을 만들어놨는데 그것이 실천이 안 되니까 거기서 전쟁연습을 하고 있다. … 북한의 동포가 우리 민족이라는 생각을 해야 한다. 북한 땅은 우리 땅이고, 동족이고, 민족 공동체라는 생각을 가져야 한다. 그러나 북한을 밀어붙이고 압박하고 조여서 붕괴하고 접수하는 식의 시대에 맞지 않는 생각을 가지고 있지 않나 싶습니다.

—이 여사: 좁은 땅에서 그렇게 할 것 같으면 우리 땅이 어떻게 되겠는가. 동포애를 가지고 살아갈 수 있는 방법을 생각하고 그 길로 나가야 하지 않겠는가.

―손 대표: 김대중 대통령님은 전혀 여건이 안 되어 있을 때 4대국 보장론을 말씀하시고 3단계 통일론을 말씀하셨다. 지금 이 정부는 우리가 다 열어놨던 것을 차단하고 덮어버리고 부정 하고 있다. 우리가 안 가본 길도 상상을 하는데 가본 길이 있는데 그것을 닫으려고 하니 답답하다. 앞으로 2년 동안 달라질 것으로 보이지도 않는다. 민주당이 집권하고 정권교체를 해서 김대중 대통령께서 열어놓으신 길을 다시 활짝 열어야겠다는 생각이다. (2010년 10월4일, 김대중 도서관에서 이희호 여사와의 환담내용)

●**"(천안함이 북한 소행이라는 것에 대해) 강압적인 입장 강요는 부적절"**: "천안함 사태와 관련해 유감스러운 것은 천안함을 언급하기만 하면 기다렸다는 듯이 '북한 소행이 아니란 말이냐?', 아니면 '북 소행임을 확인하는 것이냐?' 는 식으로 나오는 것이다. 그런 식으로 강압적으로 입장을 강요하는 것은 적절하지 않다. 우리는 한편으론 한국 국민으로서 한국의 공식적인 입장과 발표를 신뢰한다는 자세를 갖고 있다. 그럼에도 여러 의혹이 정부에 의해 밝혀지지 않고 있는 것도 사실인 만큼 그러한 문제를 제기하는 것은 야당의 당연한 임무다." (2010년 10월6일, 광주센트럴호텔에서 열린 광주지역 간담회)

"이것저것 조건 달지 말고 우선 쌀부터 보내야 한다. … 북한을 압박하고 코너에 몰아넣으면 손들고 나오지 않겠느냐 하는데 그것이 현실적이지도 못하고 결국 전쟁으로 가는 길을 자꾸 강요하는 것." (2010년 10월8일, 이재정 국민참여당 대표를 방문한 자리에서)

●**"천안함 발표 왜 안 믿느냐고 윽박지르는 게 더 문제"**

―최영범(문화일보 정치부장): 정부 합동조사단에 발표에 의해 계속적으로 지금까지도 나오고 있는 천안함 문제에 대해 묻겠습니다. 손 대

표께서는 천안함 침몰사건이 북한 어뢰의 공격에 의한 정부 조사기관의 발표를 믿으십니까?

—손학규(민주당 대표): 정부가 그렇게 조사를 하고 발표를 했으면 국민으로서 믿어야죠. 그런데 문제는 국민이 전부 정부의 발표를 아주 흔쾌하게 한 점의 의혹이 없이 받아들이지 못하고 있는 현실에 있다고 생각합니다.

—최: 그럼 100% 믿지 못하는 이유… 뭐라고 생각하십니까?

—손: 제가 여기서 뭐 일일이 열거할 필요는 없다고 봅니다. 그런데 그동안 언론을 통해서 시민사회단체에서 이의를 제기한 여러 가지 문제들 그런 것들이 충분히 설명이 되지 않은 것이 그런 논란을 불러왔다고 봅니다.

—최: 천안함 침몰사건은 형식이나 내용면에서 다소 그러한 논란이 있기는 했지만 UN안보리 차원에서도 사실상 북한의 소행이라고 인정을 했습니다. 최근의 원자로 처리도 중국의 그런 입장을 말씀하신 게 언론을 통해서 보도가 됐는데 중국조차 이런 입장인데 국내에 있는 정치인들 특히 야당의 정치인들은 못 믿겠다고 지금 계속 의혹을 제기하고 있는데….

—손: 그러나 제가 다시 여쭙겠습니다. 우리 야당이 언제 거기에 대해서 천안함 문제 있다고 공개적으로 큰소리로 떠들고 있습니까? 왜 자꾸 그걸 문제를 제기를 하느냐 오히려 저는 그게 더 문제라고 봅니다.

—최: 최근 박영선 의원 같은 경우에는 천안함 침몰 사건 원인이 수중에 묻혀 있는 기뢰를 건드려서 폭발해서 일어났다… 정부발표에 상당한 의문을 제기하고 있지 않습니까….

—손: 의원 개개인이 그런 문제를 제기할 수 있는 거 아닙니까? 그렇

게 문제 제기한다고 해서 천안함 사태와 관련해서 무슨 큰 변고라도 일어납니까? 저는 말이죠. 천안함 사태는 북한에서 했다, 근데 너희들은 왜 안 믿느냐, 너희들은 왜 문제제기를 하느냐 이렇게 오히려 윽박지르는 게 더 문제라고 봅니다. 그냥 천안함 사태가 그렇게 일어나서 정부가 발표를 하고 UN에서 그런 결의를 했으면 되는 겁니다.

—**최**: 그런데 이게 단순히 의원 개개인의 의견통일의 문제가 아니라 국가 안보에 관한 문제라고 저는 생각합니다. 그래서 그런 질문을 드렸다고 생각하고. 국민들 중에 헛갈려 하는 분이 많으세요. 처음에 이 천안함 침몰사건 발생했을 때 여론조사하고 최근의 여론조사하고 프로테이지가 달라져 있거든요. 그런 부분에서 당 대표로서 어떤 입장이랄까 이런 것을 밝혀주십시오.

—손: 저는 말이죠. 천안함 사태가 일어났을 때 최초에 이것이 永久未濟(영구미제)가 될 것이다 이런 얘기들이 많이 있었죠. 우리가 진정한 민주주의 국가라면 정부는 정부대로 성실하게 조사하고 또 그것에 대해서 발표를 하고 정부의 역할은 끝났다고 생각합니다. 또 그것에 대해서 일부 국민들이 문제를 제기하는, 또 그것을 받아주는 것도 민주주의 국가의 모습이라고 생각합니다. 우리가 그것 때문에 그것이 아주 현저하게 걸림돌이 되어서 더 이상 나가지 못하는 것이 있다 그렇다면 모르지만 그것 때문에 국가 안보 사회생활이나 경제 생활에서 더 이상 진전을 못해야 하는 다른 이유가 있는 게 아니지 않습니까? (2010년 10월26일, 관훈토론회에서)

●**"(북한 군인들이 쌀이 없으면) 북한 주민들의 쌀을 빼앗아 먹을 거 아니냐"**: "쌀을 우리가 보내면 그것을 군용미로 쓸 것 아니냐고 하는데… 아니 설사 그것이 군용미로 쓰인다고 하더라도 만약에 그 쌀이 없으면 군

인들이 일반 주민들이 먹는 쌀을 빼앗아 먹을 거 아니냐? 결국은 굶주리
는 것이 북한동포들이다. 쌀이라고 하는 것을 어떻게 군용미, 일반미로
나눠서 생각할 수 있겠습니까?" (2010년 10월26일, 관훈토론회에서)

양무진

경남 양산 출생(1960). 現 경남대학교 북한대학원대학교 교수. 前 통일부장관 비서관
(2000~2003.2).

"버블제트 기술은 미국밖에 없다"

● **"화폐개혁이 북한의 의도대로 흘러가고 있다"**: "화폐개혁 뒤 어느
정도 혼란이 벌어지는 것은 당연한 일. 평양 등에서 특이 동향이 크게
나타나지 않는 것으로 볼 때 큰 틀을 흔드는 혼란상은 없는 것 같다."
(2009년 12월6일, 경향신문)

"화폐개혁 이후 후속 법을 제정하는 등 어느 정도 시스템을 갖춰가고
있는 것 같다. 북한 당국의 의도대로 흘러가는 것 같다." (2009년 12월
29일, 경향신문)

● **"북한 인권 문제 제기는 남북관계를 악화시킬 것"**: "북한 인권에 문
제가 있지만, 남북이 서로 불신하는 현재 상태에서 인권문제를 제기하
는 것은 시기상조. 법안이 북한을 자극함으로써 남북관계를 악화시킬
수 있다." (2010년 2월11일, 경향신문)

● **"북한이 (천안함) 논평하지 않는 것은 괜한 오해를 살까봐"**: "북측은 (천안함이) 자신과 관계없는 사고에 대해 반응하는 것이 오히려 남측과 국제사회로부터 오해를 살 수 있다고 보고 논평을 하지 않는 것 같다. … 과거 북측의 서해상 도발은 내부체제의 결속을 다지거나 한반도에 긴장을 고조시켜 남한과 미국을 압박하기 위한 목적이었다. 최근 북측이 6자회담 재개 등을 위해 중국 미국 등과 접촉점을 찾아가는 과정이라는 점을 고려하면 도발 의도는 없는 것 같다." (2010년 3월28일, 한국경제신문)

● **"북한 개입 가능성 거론은 남남갈등, 남북갈등 야기"**: "북한의 행동 징후가 전혀 없는 상황에서 북측의 개입 가능성을 거론하는 것은 한반도 상황의 안정관리에 도움이 되지 않고, 남남갈등과 남북갈등만 야기시킬 수 있다." (2010년 3월30일, 경향신문)

"우리가 북한의 소행임을 떠들고 있는 중에도 북한은 침묵으로 일관하고 있다. … 북한은 어쩌면 사실이 밝혀지는 순간을 위해 남측에 보낼 전화통지문이나 성명을 미리 준비해 두었을지도 모른다. 그 속엔 분명 같은 민족을 근거 없이 의심한 남측의 행동에 대해 그동안 남북간 합의를 내세워 논리적으로 따지고 사과를 요구할 것이다. 그럴 경우 언젠가 남북관계를 위해서는 반대로 우리가 사과를 해야 하고 남북관계 주도권마저 잃고 끌려가는 일이 생길까 하는 걱정이 든다." (2010년 4월16일, 프레시안 기고문)

● **"북한이 거짓주장을 하고 있다는 방향으로 예단할 수 없어"**: "아웅산 사건이나 KAL기 폭파사건 등은 냉전시대에 일어났던 사건이고 북한이 아직도 부인하고 있는 부분이다. 반대로 1990년대 동해잠수정 사건 때 북한이 유감을 표명하기도 하고 서해교전 때에는 사건과정을 공

표하기도 했던 점 등을 들어 아직은 북한이 (천안함 사건에 대해) 무조건 거짓주장을 하고 있다는 방향으로 쉽게 예단할 수는 없다." (2010년 4월18일, 뉴시스)

●**"버블제트 기술은 미국밖에 없다"**: "아직까지 북한의 어뢰공격을 단정지을 수 있는 상황은 아니다. 5월15일 사고해역에서 수거돼 군 당국이 북한도발의 결정적 증거로 내세우고 있는 어뢰파편에도 석연치 않은 점이 있다. … 범인이 이렇게 허술하게 자기 흔적을 남기는 것이 가능할까. 한반도 정세에 외세가 중심이 될 수 있다. 한국이든 북한이든 버블제트를 흉내내는 이런 어뢰는 있을 수 있다. 이런 고도의 기술은 미국밖에 없는 것으로 이미 얘기했다." (2010년 5월20일, 뉴시스)

※양 교수는 "버블제트는 미국만이 가진 기술"이라고 주장하나 버블제트는 어뢰 폭발하면 자연히 발생되는 현상일 뿐, '미국만이 가진 기술'이 아니다.

●**"북한에서는 '번'이라고 안 쓰고 '호'라고 쓴다"**: (서해에서 건져 올린 북한産 어뢰 추진부에 적힌 1'번'이라는 표현에 대해) "북한에서는 일련번호로 '1번'이라고 잘 안 쓰고 '1호'라고 쓴다. 명확한 증거를 제시해야 국내외, 특히 유엔 안전보장이사회에서 중국을 설득할 카드가 된다." (2010년 5월20일, 서울경제신문)

"북중과 한미일 이런 대립관계가 형성된다면 한반도에서 안정은 상당부분 어려워질 것이다. 이것은 신 냉전시도를 하게 될 것이다." (2010년 5월20일, MBC뉴스와의 인터뷰에서)

"대북제재를 하더라도 남북관계를 돌이킬 수 없는 파국으로 몰고가는 것은 정부 스스로 향후 입지를 좁히는 일. 그런 점에서 교류협력의 창구 역할을 하는 통일부 명의로 대북제재를 하는 것은 차후 남북관계 복귀를 더 어렵게 할 수 있다." (2010년 5월20일, 내일신문)

"결정적 증거 부분에 대한 설명에서 설득력이 좀 떨어지는 것 같다. 군사기밀의 범위를 벗어나지 않는 한도에서 교신이나 항적 기록 등과 같은 부가적 설명이 아쉬웠다." (2010년 5월21일, 연합뉴스와의 인터뷰)

"평화를 지키고 만들어 가려면 '튼튼한 안보'와 '활기찬 남북교류협력'이 중요하다. 그러나 천안함 사건 이후 정부의 대응은 튼튼한 안보에만 초점을 맞춘 것으로 탈냉전 시대에 맞지 않다. 오히려 북한의 소행이라는 명확한 증거를 제시하면서 북한과 대화할 수 있는 통 큰 제의도 생각해볼 수 있다. … 정부는 이번 천안함 조사결과를 국제사회에 발표함으로써 6자회담의 의미는 희석시키고 천안함 사건을 부각시켜 북한이 위험스럽다는 인식을 부활시켰다." (2010년 5월21일, 연합뉴스와의 인터뷰)

●**"북쪽과 만나 (천안함) 공동조사단으로 발전시켜야"**: "남쪽도 북쪽의 천안함 검열단 제의를 처음부터 거부할 게 아니라 위기를 기회로 풀어가야 한다. 일단 북쪽을 만나 공동조사단으로 발전시켜 나갈 방안을 찾는 적극적인 태도를 보일 필요가 있다." (2010년 5월23일, 한겨레신문)

"명칭에 구애받지 말고, '현장 조사단'이라고 받아들여서 적극적으로 나설 필요가 있다. '故 박왕자 씨 피격사건' 때는 남측의 공동 현장조사 요구를 북한이 거부했는데 이번에 북측의 요구를 수용할 경우 이후 선례가 될 수 있다는 점에서, 잘 활용하면 위기를 기회로 만들 수도 있다." (2010년 5월23일, 오마이뉴스)

●**"남북관계가 더 중요해 대통령이 영결식에 참석하지 않았다"**: (2002년 6월, 제2연평해전 당시 정부의 '홀대' 논란에 대해) "당시 정권

차원에서 전사자들의 예우도 중요했지만 안정된 남북관계가 더 중요하다고 봤기 때문에 여러 가지 점을 고려해 결국 대통령이 영결식에 참석하지 않은 것으로 안다." (2010년 5월24일, 동아일보)

"(천안함 폭침 조사 결과 발표 후 대통령의 對국민 담화는) 한반도 평화와 안정을 위한 목표 설정과 관련해 구체적 대안이 없는 것 같다. 한반도와 동북아 위험요인을 제거하는 데 있어 남북한의 주도적 실행방법이 담겨있지 않은 것 같다." (2010년 5월24일, 헤럴드미디어)

●**"정부의 (천안함) 대응 조치는 즉흥적이고 감정적인 측면이 크다"**: "정부의 (천안함) 대응 조치는 즉흥적이고 감정적인 측면이 크다. 한반도 평화는 튼튼한 안보와 남북교류협력이 선순환 구조와 균형을 이뤄야 성립된다. 탈냉전 시대에 안보에만 초점을 맞춰 대북정책을 진행하는 것은 위험한 방향이다." (2010년 5월25일, 세계일보와의 인터뷰)

"과거에 중단된 적이 거의 없는 판문점의 적십자연락대표부 기능까지 중단하겠다는 것은 냉전 시대로 되돌아간다는 뜻이다. … 군사분계선에 확성기를 설치하면 북한은 예고한 대로 개성공단에서 세게 나올 것이다. 북한은 확성기, 전단 등을 이용한 심리전을 체제전복 기도로 보고 있기 때문이다." (2010년 5월26일, 연합뉴스와의 인터뷰)

●**"남북관계 악화 1차 책임은 이명박 정부"**: "이명박 정부 출범 후 남북관계는 악화되어 왔다. 악화의 1차적 원인은 6·15공동선언에 대한 이명박 정부의 불명확한 태도에 있는 듯하다. … 6·15공동선언의 정신은 상호체제 존중에 토대한 화해협력 정신이다. 그동안 이명박 정부의 언행을 보면 6·15공동선언에 대한 부정적 입장을 엿볼 수 있다. 포용정책 재검토와 선제타격론, 대북전단 살포에 대한 느슨한 대처, 공개적인 자유민주주의체제로의 통일 주장 등은 상호체제 존중을 저버린 체제

경쟁의 언행이 아닐 수 없다. … 북한이 굴복하고 붕괴하는 그날을 출구의 시작으로 본다면 그것은 오판이다. … 남북한 모두에게 고통을 주지 않는 것이 화해협력의 6 · 15정신이다. 6 · 15정신 속에 천안함의 출구 전략이 있음을 남북한 모두 상기하기를 기대한다." (2010년 6월2일, 경향신문 '정동칼럼' 기고문)

●**"(북한의 천안함) 사과와 책임자 처벌만을 요구하는 것은 올바른 정세 판단이라고 말할 수 없다"**: "남측 스스로가 한반도 지역을 안정적으로 관리할 수 있다는 의지와 능력을 보여줘야한다. 천안함 사건을 두고 남북이 접점을 찾지 못하는 상황에서 사과와 책임자 처벌만을 요구하는 것은 올바른 정세 판단이라고 말할 수 없다." (2010년 7월3일, 노컷뉴스)

"남한의 대북 심리전, 한미 연합 군사훈련이 재개된다면 '한반도 안정'을 강조한 의장성명 위반 논란과 함께 북한이 맞대응 조치에 나설 수 있다." (2010년 7월10일, 세계일보)

"정부가 북한에 사과와 책임자 처벌을 요구하는 것은 국내 정치용이다. 외부적으로 우리 정부에 남은 옵션은 강경했던 입장을 누그러뜨리고 대화국면을 준비하는 것뿐이다. 다만 냉각기는 불가피한데 2~3개월이면 족하다." (2010년 7월12일, 국민일보)

●**"미국의 (對北금융)제재는 편법"**: "안보리 의장성명은 남북 양측이 자제하고 직접적인 대화와 협상을 통해 평화적인 수단으로 한반도 현안을 해결할 것을 지시했다. 미국의 행정명령 등에 의한 (금융)제재는 편법. 천안함 문제도 긴장구도 완화 측면에서 다루면 된다." (2010년 7월26일, 파이낸셜 뉴스)

●**"천안함 고집하면 남북관계 절대 안 풀려"**: "쌀 지원을 통해 남북경

색국면을 풀어야 비핵화와 천안함 사건을 해결할 수 있다. 先천안함 後
남북관계를 고집한다면 남북관계는 절대 풀릴 수 없다." (2010년 8월
24일, 아시아경제)

●**"(북한이) 금강산 면회소에서의 (이산가족) 상봉 개최를 양보"**: "김
정은 후계체제가 출범한 상황에서 경제난 해결을 위해 대남관계 개선은
필수적이다. 對南관계를 풀 단초로 금강산 면회소에서의 상봉 개최를
양보한 것이다." (2010년 10월1일, 세계일보)

●**"한반도 평화 위해 남북 교류확대가 우선. 한미동맹은 냉전시대의
방식"**: "우리 헌법의 기본 방향은 한반도 평화를 지키고 남북관계 발전
및 평화 기반을 조성하는 것입니다. 우리가 스스로 평화를 지키고 만들
어야 합니다. 지금까지의 한미동맹 강화, 즉 국방력에만 기댄 평화 유지
는 냉전시대의 방식입니다. … 우선적으로 남북 간 교류협력 확대를 통
해 평화를 만들고 지켜야 합니다. 남북 간 교류협력으로 서로 균형을 맞
춰야 한반도 평화가 지속될 수 있다는 것입니다. 그런데 정부의 외교를
보면 이런 자세가 좀 부족한 것 같습니다." (2010년 10월3일, 서울경제)

"우리나라는 G20국가지만 북한은 G200국가 아닙니까. 이미 체제경
쟁은 끝났고, 국력 차는 엄청납니다. 그런 만큼 북한이 변하지 않는다며
질책하기보다 북한이 변할 수 있도록 환경과 여건을 조성해야 합니다."
(2010년 10월23일, 부산일보와의 인터뷰)

"예방안보가 중요하며 군사적 맞대응은 남북 모두 패자가 될 뿐이
다." (연평도 포격 직후인 11월24일, 경향신문에 기고한 정동칼럼에서)

이대근

경기 파주 출생(1959). 고려대 정치외교학과 졸업(1984). 경향신문 입사(1991). 現 경향신문 논설위원(2009.10~).

"천안함 침몰 北소행 주장은 보수의 상상임신"

●**"北의 先軍정치는 핵 폐기를 전제로 한 핵심 외교전략"**: "북한의 선군정치는 미국과의 대결전에서 승리하기 위함이 아니라 핵 폐기를 전제로 한 외교전략이 핵심이다. … 핵 포기를 목표로 명시하지 않았다면 선군외교는 불가능했을 것이다. 선군정치가 강경고압의 외교라고 해도, 북한과 미국의 군사력 격차로 인해 군사력에만 의존한 선군외교는 그 효과가 나타날 수 없다. 선군외교가 미국에 대해 영향력을 발휘하는 것은 핵 폐기의 약속이다. 이것이 없다면, 북한의 군사력만으로 외교적 영향력이 나타날 수가 없다." (2008년 9월26일, 6·15공동선언실천청년학생연대·한국대학총학생회연합·한국민권연구소 등이 공동주최 한 토론회 '북한 60년 기획 포럼–북한 60년 무엇을 남겼나' 에서)

●**"천안함 침몰 北 소행 주장은 보수세력의 상상임신"**: "한국이 지금 바로 그 상상임신을 하고 있다. 이 사회의 주류인 보수세력은 천안함 침몰이 북한의 소행이었으면 하는 간절함이 너무 깊어 어느 순간 확신하기에 이르렀고, 그 확신은 군사적 조치, 국제 제재, 전력 증강, 전시작전통제권 환수 연기, 북한인권법 제정과 같은 다양한 반응으로 나타나고 있다. 그러나 천안함은 우리 모두가 알고 있는 원인에 의해 침몰했다. 이명박 정부가 10·4남북정상 공동선언을 거부할 때 이미 침몰은 시작

되었다. … 아니, 당장 10·4선언을 수용하지 않더라도 대통령이 대결 유발적 언행을 자제하기만 했어도, 급변사태니 하며 북한 붕괴에 기울인 관심의 일부를 화해노력으로 돌리기만 했어도 그들은 살아서 귀환했을 것이다. 북한 소행으로 밝혀지고 국방부 대응 체계의 허점이 드러난다 해도 이명박이 책임져야 할 몫은 줄지 않는다. 그런데 왜 누구도 이명박에게 대북정책 실패의 책임을 묻지 않는가. 억울한 죽음에 대한 이명박의 책임은 왜 따지지 않는가. 그의 눈물 한 방울로 은폐하기에는 진실이 너무 소중하다." (2010년 4월28일, 경향신문에 게재한 '천안함 침몰에 대한 이명박의 책임' 칼럼에서)

●**"김정은을 무시하고 우습게 봐서도 안 된다"**: "김정은, 아무런 준비 없이 하루 아침에 후계자가 됐다고 생각하지 말자. 김정일이 그런 서툰 모험을 했을 리 없다. 북한 후계자론도 '새 세대'라는 자격을 내세우고 있다. 북한 사정이 이렇다면 3대 세습은 자연스러울 뿐 아니라, 안전하고 쉽고 효율적인 권력 승계 방법이다. 그런데 외부의 관찰은 다르다. 후계 구도가 불안하다느니, 대외적으로 강경해질 것이라느니, 급변사태니 붕괴니 하며 시한폭탄 취급이다. 보수세력 사이에서 요즘 인기 있는 통일 논의도 그것의 한 변종이다. 이런 시선에 대한 김정일의 대응이 바로 당대표자회에 이은 노동당 창건 65돌 열병식이다. 이렇게 손에 쥐어 줘도, 눈앞에 보여줘도 안 믿겠느냐는 것이다. 물론 안 믿기로 작정한 이들은 여전히 안 믿는다. 나쁜 정권에서는 나쁜 일만 일어나야 한다는 고정관념도 영향을 미친다. 그러나 냉정해야 한다. 김정은이 등장한 북한을 외면해서도, 김정은을 무시하고 우습게 봐서도 안 된다. 김정은의 북한은 피할 수 없는 현실이다. 북한의 미래, 한반도의 미래를 김정은과 함께 만들어갈 수밖에 없다. 감이 익어 떨어질 때를 기다려서는 안 된

106

다. 가만히 있으면 저절로 해결되는 일이란 없기 때문이다."(2010년
10월13일, 경향신문에 게재한 '김정은을 우습게 보지 마라' 칼럼에서)

이정희

서울 출생(1969). 現 민주노동당 대표(2010. 7~). 司試 38회. 前 주한미군범죄근절운동본부. 민주화를 위한 변호사 모임 회원. 現 국회의원(18대).

"北을 책임자라고 단정해선 안된다… 6·25가 남침인지, 북침인지는 나중에 답하겠다"

●**"북한인권법안은 어떤 일이 있더라도 통과시켜서는 안 된다"**: "(한나라당이 발의한 북한인권법안은) 남북관계를 발전시키고 인권을 호혜와 평등, 연대의 관점에서 접근하는 게 아닙니다. 인권으로 북을 국제사회에서 망신 주는 수단으로 사용하고자 하는 것입니다. 민간단체에 돈을 지원해서 북에 삐라를 보내고 풍선을 띄워서 남북관계를 오히려 적대적으로 만들겠다는 것에 다르지 않습니다. 지금 북에 가장 필요한 인권은 北美 관계에서 대결의 역사를 청산하고 북의 주민들이 평화롭게 살 수 있는 권리를 확보하는 것이라고 생각합니다. 가장 중요한 북의 평화롭게 살 권리에 대해서 전혀 신경도 쓰지 않고, 오히려 그것을 역행하는 행위를 해 가면서 북한인권법안을 만드는 것 자체가 대단히 논리 모순이라고 생각합니다. 국회가 어떤 일이 있더라도 북한인권법안을 통과시켜서는 안 된다고 저는 생각합니다."(2010년 2월27일, 국회도서관에서 열린 '이명박 정부 2년 대북정책 평가와 제언'에서)

●**"선거 한 번 이겨보겠다고 전쟁까지 불사하고 있다"**: "10·4선언은 서해를 평화와 협력 번영의 공간으로 만들었다. 60년 분단의 역사에서 처음이었다. 대통령이 바뀌어도 남북 정상회담의 약속만큼은 지켜지리라 생각했는데 모두 무너졌다. … 저들은 천안함 사고의 수많은 의문을 입막음하고 미국의 핵잠수함을 불러들이겠다면서 한반도 위기 상황을 극한까지 끌어간다. 선거 한 번 이겨보겠다고 전쟁까지 불사하겠다는 파렴치한 자들이다. 저들을 용서할 수 없다. 당신(노무현)을 죽음으로 몰고 가 놓고도 자신의 한 일을 부끄러운 짓을 모르는 자다. … 자신의 이익을 위해 미래를 짓밟은 저들 앞에서 우리 손을 놓을 수 없다. 빼앗긴 정권 2012년 반드시 되찾아 오겠다. 질기고 깊은 수구 보수를 헤치고, 진보를 뿌리내리겠다." (2010년 5월23일, 노무현 자살 1주기 시민 추모문화제에서 낭독한 '노 전 대통령에게 보내는 편지글')

●**"北에게 천안함 반론권 보장하지 않으면 정전협정 위반"**: (천안함 폭침에 대해 북한이 검열단을 보내겠다고 주장하자) "정전협정을 준수하기 위해서는 (북한의) 검열단 파견이든 시찰이든 어떤 형태로든지 북의 반론권을 보장해야 한다. 정전협정 27항을 근거로 북한에게 반론권을 줘야 한다. 유엔司는 북과 교전 상대방인 유엔군 측의 군사기구이지, 중립적인 조사기관이 아니다. 북에게 교전 상대방이 한 조사에 따라 정전협정 위반임을 시인하라고 요구할 수 없다. … 안 되면 남북 공동조사의 형태로라도 받아들여야 한다." (2010년 5월26일, 민중의 소리 인터뷰)

●**"한나라당 표는 우리 국민 다 죽이는 전쟁 표"**: "국민의 안전과 생명은 안중에도 없는 이명박 정부와 한나라당, 더는 그대로 둘 수 없다. 국민 여러분께 호소한다. 한나라당 찍는 표, 우리 국민 다 죽이는 전쟁

으로 되돌아온다. 막아야 한다. '이러다 전쟁 나는 것 아니냐'는 공포와 불안이 급격히 확산되고 있다. … 이명박 정부에 대한 중간평가 성격을 띤 지방선거에서의 패배를 모면해 정권 유지하겠다고 수많은 젊은이(천안함)와 국민들의 목숨을 제물로 바치는 이명박 정부, 그들에게 우리 국민들의 안전과 생명은 중요하지 않다." (2010년 5월26일, 서울시장 후보 한명숙 선거대책위원회에서 대변인 논평)

● **"천안함 국정조사를 해야 할 국회가 北을 책임자라고 단정해선 안 된다"**: "대북규탄 결의안 채택에 반대합니다. 지금은 국정조사, 공개검증이 필요한 때입니다. 5월24일 대통령 담화는 천안함 사건을 지방선거에 이용해서 선거 한 번 이겨 보겠다는 의도로 확증되지도 않은 사실을 빌미로 남북관계를 대결과 위기의 상황으로 몰고 간 위험천만하고도 잘못된 행동이었습니다. 수정안 3항은 '대한민국 국회는 우리 국민들이 납득할 수 있는 북한의 진심 어린 사죄와 책임자 처벌, 배상 그리고 재발방지 약속을 강력히 요구한다'고 되어 있습니다. 북이 이 사건의 책임자라고 단정한 문구입니다. 국정조사를 해야 할 국회가 이렇게 (천안함 사건이 북한의 소행이라고) 단정할 근거가 없습니다. 수정안 4항은 원안의 8항, '즉 전 국민적 차원에서 일치되고 단합된 대처가 가능하도록 한다는 것', 그대로 넣어두고 있습니다. 공포정치를 합리화시켜 줄 수 있는 조항입니다." (2010년 6월29일, 국회 본회의 대북규탄결의안 반대토론에서)

● **"6·25가 남침인지, 북침인지는 나중에 답하겠다"**: ("6·25가 남침이냐, 북침이냐"는 청취자의 질문에) "(한국전쟁이) 역사적인 논쟁들이 있는 것으로 알고 있습니다. 제가 거기에 대해서 남북관계 문제에 대해서 제가 당 대표로서 말씀드리는 것은 개인적인 견해보다는 그리고 과

거에 대한 어떤 규정보다는 미래를 향해서 나아가는 것이 저는 필요하다고 생각하구요. 그 문제는 좀 더 치밀하게 생각해서 나중에 다시 답을 드리는 것으로 하겠습니다." (2010년 8월4일, KBS 라디오 '열린토론'에 민주노동당 黨 대표로 출연해)

●**"남북관계를 극도로 악화시키는 한·미 천안함 동맹"**: "천안함 사건을 남북관계를 극도로 악화시키는 방식으로 몰고 가는 한·미 천안함 동맹의 문제가 매우 심각. … 긴장과 대결의 바다 한가운데서 모든 전쟁 연습과 무력시위, 공격을 당장 멈추라고 호소하고 싶은 심정. 우리 정부가 긴장고조가 아니라 화해와 평화라는 기조 아래 차분하고 냉정하게 대응해야 한다. 감정적으로 대응해서는 자칫 돌이킬 수 없는 참화를 부를 수 있다. 천안함 사건 이후 대대적으로 벌인 한미군사합동훈련, 강경으로만 치닫는 대북정책 기조 등을 전면 재검토해야 한다." (2010년 8월10일, 민주노동당 최고위원회의)

●**"한반도 긴장 고조의 책임은 미국에 있어"**: "바다에는 한미합동군사훈련이 끊이지 않고, 남북을 잇는 육로는 막혔다. … 지금 한반도 상황이 악화되고 주변국들 사이의 긴장이 높아지는 것은 미국에 큰 책임이 있다. … 민주노동당은 6·15공동선언에 따라 10·4선언을 이행하기 위해 일할 것이다. … 국가보안법이 남아있는 한 오남용을 막을 방법이 없다는 것을 우리는 똑똑히 체험하고 있다. 국가보안법을 폐지시켜, 누구나 함께 민족의 미래를 논할 수 있게 하겠다." (2010년 8월15일, 서울역 광장에서 열린 '천안함 진실규명, 한반도 평화 실현 8.15국민대회'에서)

●**"조건없는 對北지원이야말로 남북관계 개선의 지름길"**: "해마다 40만 톤씩 보내던 대북 쌀 차관이 이명박 정부 들어 끊어진 뒤, 농민들

은 쌀값대란에 내몰렸다. 대북 쌀 차관 제공이야말로 쌀값폭락 대란을 막을 유일한 방법이라는 것이 농민들의 모아진 의견이다. … 천안함 사건 정부 발표를 신뢰한다는 국민이 3분의 1이 채 되지 않을 만큼 상식적 의문도 해소되지 않은 상태에서 천안함 사건에 대한 북한의 사과를 (대북)지원의 전제로 내거는 것은, 남북관계를 전환할 생각이 꿈에도 없다는 말과 같다. 정부는 지금이라도 국민의 상식으로 돌아와야 한다. 물난리로 동포들이 어려울 때 대북 쌀 차관을 조건없이 재개하는 것이야말로 남북관계를 풀어가는 지름길이다." (2010년 9월17일, 임진각 통일쌀 환송 기자회견에서)

●**"(북한의 3대 세습에 대해) 말하지 않는 것이 나와 민주노동당의 판단"**: "미국과 한국 정부는 작은 군사적 충돌에도 곧장 평양으로 진격해 북의 최고위층을 생포하는 시나리오를 공공연하게 발표하고 올 여름 이후 지금까지 서해와 동해에서 끊임없이 군사훈련을 벌이고 있다. 진보정당까지 북은 비이성적인 행동을 했다는 말을 덧붙여 갈등 상황을 더 해야 하나. … 북의 권력구조 문제를 언급하기 시작하면 남북관계는 급격히 악화된다는 것만큼은 분명하다. … 남북관계가 평화와 화해로 나아가도록 노력하는 것이 진보정당의 임무이다. (북한의 3대 세습에 대해) 말하지 않는 것이 나와 민주노동당의 판단이며 선택이다." (2010년 10월8일, 자신의 다음 블로그에 올린 글)

●**"(이명박 정부는) 남북관계 악화시킨 결과를 똑똑히 봐야"**: "연평도에서 군인이 사망하고 주민들이 불길 속에서 두려움에 떨었다. 북이 이래서는 안 된다. 남북관계를 악화시킨 결과를 정부는 똑똑히 봐야 한다. 대결로 생겨나는 것은 비극뿐이다." (2010년 11월24일, 자신의 트위터에 게재한 글)

●**"(연평도 포격 후 한미합동훈련과 관련해) 조지 워싱턴호를 보내 긴장 조성하나"**: "이 불안한 때에 항공모함 조지 워싱턴호를 서해에 보내 한반도의 긴장을 높여야만 하냐. 한국민에게 예고된 참극을 향해 미국이 앞장서 달려가서는 안 된다." (2010년 11월27일, 서울 향린교회에서 열린 '평화를 기원하는 시국기도회'에서)

정세균

전북 장수 출생(1950). 現 국회의원(15~18대). 現 민주당 최고위원(2010.10~). 前 민주당 대표(2008.7~2010.7). 前 산업자원부 장관(2006.2~2007.1). 前 김대중 총재 특보. 前 고려대 총학생회장(1973). 쌍용그룹 상무이사(1995).

"정부가 북한이 했다니까
그럼 북한이 했다고 치자"

●**"강정구 교수의 '6·25는 통일전쟁' 발언 문제 없어"**: "강정구 주장에 동의하지 않지만 주장의 옳고 그름을 따지는 문제와 처벌은 다르다. 강 교수의 주장으로 나라의 국기가 흔들린다는데 동의하지 않는다. 이제 사회의 성숙도와 양심, 표현의 자유에 대해 생각해 볼 때가 됐다. … 이번 논란을 국보법의 존치 근거로 이용하려는 기도를 용납하지 않겠다" (2005년 10월12일, 열린우리당 상임중앙위원 원내대표단 연석회의에서)

"(조평통의 대남협박 성명은) 이명박 정권의 대북정책이 총체적으로

실패하고 있다는 반증이다." (2009년 1월30일, 북한 조평통 대남협박
성명 직후 발언)

※조국평화통일위원회(조평통)는 북한의 대남통일전선기구로, 통일과 관련한 성명
과 제의, 대남비방과 규탄, 기관지 발행 등을 한다.

● **"현 정권 들어 남북관계가 냉전시대로 회귀"**: "현 정권 들어 남북관
계가 냉전시대로 회귀, 후퇴한 것이 오늘의 불행한 사태를 야기했다."
(2009년 3월10일, 북한이 남북 간 軍통신선을 차단한 것에 대해)

"김수행 교수님께서 번역하신 자본론이 수십 년 동안 지식인들에게
가장 영향을 크게 미친 책으로 평가되고 있다고 한다. … 우리나라는 어
떻게 보면 미국에서 공부한 경제학자들이 독점적으로 학생을 가르치고
있어서 너무 편중되어 있다고 생각한다." (2009년 2월26일, 서울대 김
수행 교수의 국회 강연에서, 출처-프리존뉴스)

※김수행 교수는 성공회대 석좌교수로 재직 중이며, 공산당 선언으로 유명한 칼 마
르크스가 집필한 '자본론' 의 국내 번역자다.

"민주 정부 10년 동안 남북문제에 성과를 냈는데 지난 1년간 모든 것
을 원점보다 더 나쁜 상태로 돌려놔 유감이다." (2009년 4월22일, 국회
에서 열린 최고위원회의에서 북한의 로켓발사와 관련해)

● **"천안함은 안보의 실패이자 평화의 실패"**: "이것(천안함 사고)은 안
보의 실패요, 평화의 실패이다. … 천안함 사고를 일으킨 책임 있는 사
람들에 대한 군사법원에서의 재판회부가 필요하고, 정치적으로 내각 총
사퇴를 요구한다." (2010년 5월21일, 민주당 5차 중앙선거대책위원회
모두 발언에서)

● **"정부가 북한이 했다니까 그럼 북한이 했다고 치자"**: (천안함 사태
와 관련해) "정부가 발표를 했으니까 무조건 믿으라는 건 공감하기 쉽지

않다. … 현재는 정부가 (천안함 침몰을) 북한이 했다니까 그럼 북한이 했다고 치자 이런 이야기다. 그래도 책임론이 같이 가야 한다는 것이다. 국민의 생명과 안전을 지키지 못한 것은 그냥 감추어 놓고 저들(북한)이 한 것은 잘못됐다는 것에 집중하는 것은 부도덕하다는 것이다." (2010년 6월11일, 조선일보와의 인터뷰에서)

　※정세균 대표가 말한 '천안함 사고를 일으킨 책임 있는 사람들' 은 국군 지휘부다. 천안함 사고는 북한이 아니라 국군이 일으킨 것이므로 관련된 이들을 군사법원에 넘겨야 한다는 발언이다.

정세현

만주 출생(1945). 現 김대중평화센터 副이사장(2007~) 서울대 외교학과 졸업(1971). 통일부 차관(1998). 제29, 30대 통일부 장관(2002~2004). 이화여대 석좌교수(2004~2007).

"우리의 對北지원이 核무기 자금으로 쓰였다는 주장은 말이 안 되는 선동에 불과"

●"미국이 북한 위조지폐 문제를 터뜨리는 것은 국내정치용": "(북한 위폐 관련한 보고를 들은 적이 있느냐는 질문에) 미국이 10년 넘게 조사해 왔다고 말하고 있지만 언제나 문제제기 하기 직전에나 우리측에 알려 온다. … 문제는 왜 하필이면 지금이냐는 것이다. 농축 우라늄의 경우도 미국이 10년 이상 그 문제를 조사하고 있었다면 아무 때나 터트릴 수 있는 문제였다. 그런데 남북관계가 정상회담 이후 속도를 내고 고이

즈미까지 나서서 日北관계 개선하겠다고 하니까 부시정부나 네오콘들
이 봤을 때 안되겠다는 판단이 든 것이다. … 그 이후 농축우라늄 문제가
터진 것이다. … 위폐 문제도 마찬가지다. 10년 넘게 조사했다는 위폐문
제를 지금 이 시점에서 터트리는 것을 봤을 때 국내 정치용이라고 의심
할 수 밖에 없다. … 핵이든 위폐든 미국이 문제 있다고 하면 문제 있는
것이다. … 미국은 출제자이자 채점자이기 때문". (2006년 1월11일, '인
터넷통일언론인모임' 초청 간담회에서)

●"미국이 북한에 대해서 '목 조르기식' 정책을 폈고…": "부시 정부
가 추진해 온 對北(대북)정책은 그라운드 제로(9·11테러) 사태가 생기
고 난 뒤 북한에 대해서는 '악의 축'으로 간주해 '목 조르기식' 정책을
계속 폈고 핵문제도 이 같은 맥락에서 일관하다 北韓 '核실험'이라는
벼랑 끝 위기 상황을 만들고 말았다. … 우리 정부의 햇볕정책이 북한의
핵문제를 불러 일으켰다는 시각도 있는데 북한에 대한 햇볕정책은 북한
에 핵이 없는 시기에 시작된 것으로 햇볕정책과의 연관성을 짓는 것은
지나친 해석." (2006년 10월25일, 경남 마산시청에서 열린 민주평화통
일 마산시협의회와 마산평화포럼이 공동 주최한 강연)

"미국의 진의가 말로는 한반도 비핵화지만 실질적으로는 북한이 적당
히 핵을 가지므로 해서 한국과 일본이 더 확실한 핵우산을 필요로 하도
록 하는 것이 아닌가 하는 의심이 든다. … 북한은 중국의 지원도 있고
미사일, 마약, 양담배 등으로 돈을 벌어 쓰고 있다. … 우리쪽 대북지원
이 핵무기 자금으로 쓰였다는 주장은 말이 안 되는 선동에 불과하다."
(2006년 10월28일, 프레스센터에서 열린 '언론광장' 포럼. 출처–민중
의 소리)

●북한의 개성공단 300달러 요구는 국제수준?: "북한은 남쪽에 일종

의 특혜를 보장했는데 6·15 공동선언을 남쪽에서 무시한다면 특혜를
줄 하등의 이유가 없다고 해서 국제수준인 아마 300달러, 토지임차료로
5억 달러를 요구한 것 같다. 그러니까 이것을 받든지 아니면 6·15로 돌
아가면 다시 옛날처럼 싼 값에 해 줄 수 있다는 그런 의미". (2009년 6
월15일, KBS 라디오 '안녕하십니까 홍지명입니다')

●"옥수수 가지고 북한을 희롱하고 있다": "상황이 이런데 우리 정부
는 금강산 관광과 관련한 남북 당국 회담도 보즈워스 방북 결과를 지켜
보고 결정하겠다고 하고, 식량 지원 문제도 옥수수 1만 톤을 가지고 사
실상 북한을 희롱이나 하고 있다." (2009년 11월23일, 프레시안 '정세
현의 정세토크')

●"그거 다 돈 나가는 얘깁니다": "韓美동맹 지상주의자들은 우리가
살 길은 한미동맹 강화밖에 없다고 하면서 미국한테 그걸 문서로 보장
해 달라고 했습니다. 그래서 작년 韓美(한미)정상회담 때 나온 게 '확장
된 억지'였습니다. … 사실 '익스텐디드 디터런스'는 '익스텐디드 디펜던
스(dependence, 의존)' 와 表裏(표리)의 관계입니다. 우리가 미국에 군사안
보적으로 더 의존하게 된다는 건데, 달리 말하면 미국산 무기 수입을 더
늘린다는 얘깁니다. '확장된 억지' 가 명문화되는 시점을 전후로 미국산
무기와 군사 장비를 구매하는 한국의 자격(FMS)이 최상위로 격상됐는
데, 그거 다 돈 나가는 얘깁니다." (2010년 4월27일, 프레시안 '정세현
의 정세토크')

"북한이 밉다고 해서 무조건 북한쪽에 책임을 넘기고 북한은 무엇이든
할 수 있다는 식으로 생각한다면 미국의 책임론도 나올 수 있다. 한미합
동군사훈련 중에 이런 일(천안함 爆沈)을 당했다. 그러면 결국 엄청난 예산
을 들여 훈련을 하는데 총 GDP가 100억불도 안되는 북한에 이런 일을

116

당했다고 하면 미국의 체면과 자존심의 문제도 나온다." (2010년 5월1일, 평화방송 라디오 '열린세상 오늘 이석우입니다'에 출연해서)

●**"(천안함) 의장성명이 채택된 들 무슨 효과가 있겠느냐?"**: "중국과 러시아 때문에 현실적으로 제재 결의는 불가능하고 의장성명이 채택된 들 무슨 효과가 있겠느냐? … 지금과 같은 천안함 외교는 시간과 예산 낭비에 불과하다. 천안함 사건에 대한 정부의 先(선)제재 방침 때문에 6자회담 재개가 지연된다면 결과적으론 북한에 유리한 상황이 조성될 것." (2010년 6월7일, 서울 양재동 교육문화회관에서 열린 민주당 '2010년도 하반기 국회 대비 의원 워크숍'. 출처―아시아투데이)

●**"식량 빼돌리는 건 우리도 했던 짓… 북한에게만 완벽한 투명성 요구하는 것은 무리"**: "관리들이 쌀을 빼돌려서 시장에서 판다고 하는데 일부 그럴 수는 있을 겁니다. 그런데 이런 걸 생각해 봐야 합니다. 6·25 후에 미국이 우리한테 옥수수나 밀가루를 무상으로 주면 그게 시장에서 팔렸거든요. 시골 국수 공장에 가 보면 미국에서 온 무상 밀가루가 쌓여 있었어요. 누가 빼돌렸나요? 힘 있는 사람들, 정치인, 공무원들이 그랬을 거 아닙니까? 형편이 어려운 나라에 원조 물품을 주면 일부는 어쩔 수 없이 그렇게 새는 겁니다. 우리도 했던 짓이에요. 그런데 개구리 올챙이 적 생각 못하듯이 북한에게만 유리 상자 안에서 분배하는 것처럼 완벽한 투명성을 요구하는 건 무리지요." (2010년 9월20일, 프레시안 '정세현의 정세토크')

"정부가 차후 당분간이라도 (천안함 사건과 6자회담 연계를)외교정책 기조로 생각하고 있다면 국가안보상 심각한 자해행위가 된다." (2010년 6월7일, 서울 양재동 교육문화회관에서 열린 민주당 '2010년도 하반기 국회 대비 의원 워크숍'. 출처―아시아투데이)

●**"그거(北의 3代 세습) 가지고 매일 규탄대회 열어봐야 소용없다"**:
"우리도 그것(3代 세습)을 옳다고 볼 수는 없지만 그러나 자기들이 이미 결정한 것을 우리가 반대한다고 해서 그걸 되돌릴 수는 없을 것 아니에요. 그러니까 그것을 적극적으로 지지는 못 하되, 그러나 그걸 가지고 매일 규탄대회 열고 해봐야 소용도 없다, 뭔가 그런 북한과 어떤 식으로 관계를 앞으로 전개해나갈 것인가 하는 고민을 심도있게 해야한다고 생각합니다." (2010년 10월14일, PBC라디오 '열린세상 오늘' 인터뷰에서)

정욱식

1973년생. 現 '평화네트워크' 대표. 고려대 정치학과 졸업(1999). 노무현 정부 대통령직 인수위원회 통일 · 외교 · 안보 분과 자문위원.

"(천안함) 결론을 예단해놓고 조작했을 가능성도 충분"

●**"합참의 공세적 작전지침, 한반도 안보정세 불확실하게 만들어…"**:
"보수언론과 한나라당은 이번사태(서해교전, 2002. 6)를 'DJ 때리기'의 일환으로 접근하고 있다. 합참본부가 보수언론과 정치권이 이끌고 있는 강경 여론에 떼밀려 북한의 북방한계선(NLL) 침범에 대한 작전지침을 공세적으로 변경한 것은 한반도의 안보정세를 더욱 불확실하게 만들 소지가 있다." (2002년 7월4일, 연합뉴스)

●**"북한인권법은 (남북관계) 악화만 가져올 것"**: "국회 차원의 북한인권법 제정은 인권 개선의 효과는 없고 관계 악화만 가져올 것이 확실하다." (2008년 6월3일, 국회에서 열린 '출범 100일, 이명박 정부의 위기 18대 국회 무엇을 해야 하나'에서)

"모든 나라는 우주를 평화적으로 이용할 권리를 갖고 있습니다. 그러나 미국과 유엔 안보리는 북한의 로켓 발사를 '위성의 탈을 쓴 탄도미사일'로 규정하고 북한의 위성 발사 권리를 정면으로 부정하면서 제재가 담긴 의장성명을 채택했습니다." (2009년 6월4일, 오마이뉴스에 기고한 '오바마 미국 대통령에게 보낸 서한'에서)

●**"천안함 침몰이 북한의 소행으로 보기 어렵다는 정황적 반론"**: "북한의 소행으로 보기 어렵다는 '정황적 반론'이 가능하다. 침몰 시점인 3월 말은 김정일 국방위원장이 방중을 추진하고 6자회담 재개를 위해 미국과의 양자대화를 저울질하던 때였다. 더구나 사고 해역은 수심이 낮아 수중 작전이 어려울 뿐만 아니라, 사고 시간은 유속도 빠르고 수중에서는 한 치 앞도 볼 수 없는 캄캄한 밤이었다." (2010년 5월17일, 내일신문 기고문)

"(천안함 사건은) 결론을 예단해놓고 조작했을 가능성도 충분히 있다. 외부의 敵(적)을 통해서 (내부의) 책임을 덜고자 한다는 의혹이 있을 수 있다." (2010년 5월20일, '미디어스'와의 인터뷰에서)

"한미 양국의 '동맹쇼'가 공교롭게도 7월27일로 57주년을 맞이하는 정전협정과 조우하고 있는 것도 대단히 씁쓸하다. '냉전은 끝났다'고 여러 차례 선언한 오바마 행정부 들어 냉전의 망령이 또 다시 한반도와 동북아의 상공을 배회하고 있는 것은 참으로 아이러니한 일이 아닐 수 없다. 안타깝게도 이명박 대통령이 운전석에 앉고 오바마 대통령이 보조석에 앉은 한미동맹이 냉전형 대결를 향해 역주행을 거듭하고 있는 것이다." (2010년 7월22일, 프레시안 기고문)

최문순

강원도 춘천 출생(1956). 現 국회의원(18대, 민주당). 강원대 영어교육과 졸업(1978). MBC노조위원장(1995~1996). MBC사장(2005~2008).

"(천안함은) 좌초 후 절단된 것… 지금까진 어떤 것도 확정 지을 수 없다"

● **"(천안함은) 좌초 후 절단된 것…지금까진 어떤 것도 확정 지을 수 없다"**: "저 개인적인 생각으로는 좌초 후 절단이라고 생각을 하고 있습니다. 그러나 조사를 할 수 있는 것이 모두 봉쇄가 되어있기 때문에 확실한 증거를 갖고 말씀 드릴 수 있는 단계는 아닙니다. 이것 뿐만 아니라 버블제트에 의한 폭발, 그 다음에 기뢰, 어뢰, 피로파괴 그 다음에 복합적 요인에 작용. 이런 것들이 많은 이론들이 있는데 지금까지는 어떤 것도 확정 지을 수 없고 어느 이론이든 다 모순을 갖고있고 이 사고를 완전히 설명하지 못하고 있습니다. … 어떤 것도 사실로 확정된 단계가 아니다. 저희들은 그런 입장입니다." (2010년 5월31일, PBC 라디오 '열린세상 오늘' 인터뷰에서)

● **"'1번' 이라고 쓰인 것이 결정적인 증거라고 동의 할 수 없다"**: (외국인 전문가의 합조단 조사결과에 대해) "저희가 명백히 착시라고 보고

있습니다. 그리고 일종의 미신이라고 생각하는데요. … 조사 면담 결과는 사실상 군이 모든 것을 주도했다. 그 다음에 발표된 내용 중 상당수는 동의할 수 없다. 특히 결정적인 거라고 하는 어뢰 잔해물 '1번'이라고 쓰인 것 등 그것이 북한이 한 짓이라고 결정적인 증거라고 동의할 수 없다. 그리고 그 결정적 증거라는 것에 대해서는 미국측 의원들은 놀랐다. 이런 내용들입니다. 그리고 전문성 문제에 대해서 지금 민간 조사단장하고 군 조사단장도 전부 이 문제에 대한 非전문가들이구요. 그 다음에 외국 전문가들이라고 하는 분들이 주로 선박 제조업체 이런데서 들어와 계신 분들도 있다고 듣고 있습니다. 더 조사를 해봐야되겠지만 사실은 이런 분들은 배제가 되어야 되는 대상인데 지금 들어와 있는 걸로 듣고있어서 미국 전문가들이라고해서 이것이 전부 믿어야되는 것은 안 된다고 생각합니다." (2010년 5월31일, PBC 라디오 '열린세상 오늘' 인터뷰에서)

●**"(천안함이 두 동강 난건) 홀인원이 한 다섯 번쯤 연속으로 나는 확률"**: "우선 제가 지난주에 백령도에 가서 2박 3일 동안 현장조사를 하고 왔습니다. 민군합동조사단이 설명하는 피격상황을 보면 3km밖에서 밤 9시22분에 밤늦은 시간입니다. 그리고 그날 해무가 끼어있었습니다. 안개가 끼어있어서 시야가 500m밖에 안 됐고 그 다음에 파도가 2.5m에서 3m로 굉장히 파도가 셌던 날입니다. 그 다음에 거기가 해류가 굉장히 빠른 지점이어서 우리나라에서 3번째 빠른 지점이라고 합니다. 그런 지점에서 3km 밖에서 그러니까 잠망경을 보고 쏴서 한 방에 그것을 두 동강을 냈다는 그런 얘기입니다. 이걸 확률로 얘기하면 골프 좋아하시는 분께 말씀드리면 홀인원이 한 다섯 번쯤 연속으로 난 것 같은 우연의 연속이 나지 않으면 안 되는 것이란 것이죠.

그리고 그 다음에 그 잠수함이 이틀 동안을 그 지역에 있다가 북한으로 돌아갔다. 이런 내용의 설명입니다. 그래서 현장에 가본 바에 따르면 완전히 가능성을 배제할 수는 없지만 너무나 가능성이 낮다. 이렇게 생각을 합니다.” (2010년 6월16일, CBS 라디오 ‘시사자키 정관용입니다’ 인터뷰에서)

●“좌초설이라든가 이런 것에 충분히 근거를 가지고 있고…”: (천안함 폭침에 대해 정부가 거짓말, 혹은 서두른다고 생각하냐는 질문에) “두 가지가 다 있습니다. 우선 서두르는 것은 명백하고요. 거짓말을 한다고 제가 근거를 갖고 있진 않습니다. 그러나 그럼에도 불구하고 다른 여러 가지 좌초설이라든가 이런 것들이 충분히 근거를 가지고 있고 지금 어느 것 하나 완전하게 설명이 되지는 않고 있습니다. 그러니까 더 충분히 조사를 해서 6개월이건 1년이건 충분히 조사해서 여야가 합의로 발표를 할 수 있는 사안인데 이렇게 급히 할 이유가 없다고 생각하고 있는 것입니다. 그리고 더더군다나 문제는 민주당은 사실은 이 일에 개입해 있지 않고 지금 이게 의혹이 제기되고 있는 이유가 처음에 자신들이 발표했던 내용을 지금에 와서 전부 뒤집기 때문입니다.” (2010년 5월 24일, CBS 라디오 ‘시사자키 정관용입니다’ 인터뷰에서)

●“러시아에 뭔가 내줘 천안함을 무마할 것이란 의심이 높아질 것”: (이 대통령의 러시아 방문 동기가 천안함과 관련이 있다고 보냐는 질문에) “사실여부는 제가 정보가 없기 때문에 잘 모르겠습니다. 그러나 사실여부와 관계없이 국민들은 관계있다고 생각할 것입니다. 정치적인 타협이 있을 수 있다고 이렇게 생각을 할 것이고요. 그 정치적인 타협이라고 하는 것은 러시아에 뭔가 내줄 것이다, 그리고 천안함을 무마할 것이 아니냐 이렇게 생각하는 의심이 상당히 높아질 것이라고 생각이 됩니

다. 그렇게 생각해 볼 수 있는 정황이 일부 언론에 보도가 되고 있는데
요. 이번 방문이 예정에 없었던 방문이고 올해 외국 순방 일정에 없었던
방문이라는 것이 하나의 정황이 되고, 최근에 국방부가 최종 보고서를
본래 내일 발표하기로 되어 있었습니다. 그런데 이 보고서 발표를 계속
미루고 있는 것도 이상하게 생각하는 빌미를 제공하고 있습니다. 그러
니까 월요일로 발표를 연기한다고 하는데 대통령께서 돌아온 이후에 발
표하려고 하는 것이 아니냐 이런 의구심이 일어나고 있습니다." (2010
년 9월9일, PBC 라디오 '열린세상 오늘' 인터뷰에서)

國保法폐지 주장

3

고진화
김세균
문국현
박원순
신영복
심재환
안병욱
우원식
임종석
임종인
조국

공산화 활동의 자유를 얻겠다는 것

자칭 진보 · 좌파는 북한의 對南혁명노선인 주한미군 철수 · 국가보안법 철폐 · 연방제 통일을 필사적으로 주장해왔다

남한의 자칭 진보 · 좌파는 북한의 對南혁명노선인 주한미군 철수 · 국가보안법 철폐 · 연방제 통일을 필사적으로 주장해왔다. 이 중 국가보안법(이하 국보법) 철폐의 명분은 '사상의 자유'이지만 실은 국가파괴의 완전한 자유를 얻자는 것이나 마찬가지이다.

과거 국보법은 일부 오 · 남용 사례가 있었으나 여러 차례 개정과 보완을 통해 오 · 남용 가능성은 없어진 상태다.

현재 국보법이 적용되는 사건은 북한 指令(지령)을 받아 '노골적인' 赤化(적화)공작을 벌이는 행태에 국한된다. 그나마 2009년 利敵團體(이적단체) 실천연대 사건에서 나타나듯 利敵행위를 벌여도 법정에서 집행유예로 풀려나는 경우가 대부분이다. 실천연대 조직원들은 중국, 독일 등에서 북한공작원을 만나 '金泳三(김영삼)과 黃長燁(황장엽) 응징 및 탈북자 단체를 짓뭉갤 것' 등의 지령을 받았고, "우리는 장군님의 전사… 장군님 품이 그립다"는 등 對北 忠誠(충성)의 노래와 忠誠의 맹세문까지 만들었던 이들이다.

현재 국보법은 북한의 한반도 공산화 공작을 막는 최후의 방파제 역할을 하고 있다. 만일 국보법이 없어진다면 '사상의 자유'를 빌미로 공산당 활동이 마구잡이로 허용되고 이는 북한의 도발과 맞물려 한국을 赤化(적화)로 몰고 갈수밖에 없다. 〈金成昱〉

126

강원 영월 출생(1963). 前 국회의원(17대, 한나라당). 민주연합청년회 회장(1991~). 성균관대 총학생회장(1984~1985).

"국가보안법은 늙은 망령"

●**"미국의 북한인권법은 북한 붕괴를 위한 제도적 장치"**: (美國의 북한인권법에 대해) "북한주민에 대한 인도주의 구현을 主 목적으로 제정된 것이 아니라 북한 내부에 인권문제를 압박하여 북한을 붕괴시키기 위한 제도적 장치에서 시작되었다." (2004년 10월4일, 미국의 '북한인권법' 제정에 따른 비난 성명서에서)

"미국에 感謝(감사)말고 監査(감사)청구를 수용하라." (2004년 11월4일, 용산미군기지 이전협상 비판보고서에서)

"국가보안법은 수많은 국민의 인권을 탄압해 온 늙은 망령."(2004년 12월9일, '국보법 폐지에 대한 국민의 공감대 형성 도모와 개정을 촉구' 하는 성명서에서)

"냉전의 굿판을 접어야 할 때다." (2005년 10월14일, 평화방송 라디오에 출연해 강정구 교수 논란에 대해)

"강정구 교수가 학문과 사상의 자유의 범위를 벗어났다는 데 동의하지 않는다."(2005년 10월19일, 연합뉴스)

※강정구 교수는 "6·25는 북한 지도부가 시도한 통일전쟁이자 내전"이라는 글을 인터넷에 게재한 바 있다.

"전교조는 민족·민주·인간화 교육 아니냐." (2005년 12월14일, 평

화방송 라디오 '열린세상 오늘 장성민입니다' 에 출연해)

●**"DJ의 모습을 보고 국회의원 모두가 통일의 심부름꾼이 돼야"**: "평화를 제도화시키고자 노구의 몸을 던지는 그(DJ)의 모습에서 민족통일을 위해 몸 바친 김구, 장준하 선생의 그림자가 느껴지기도 한다. 김대중 前 대통령에게만 그 짐을 맡기거나, 그의 역할에 대해 애써 의미를 축소하려는 치졸한 정쟁을 걷어내고 국회의원 모두가 통일을 위한 심부름꾼이 되어야 할 것이다." (2006년 2월13일, 국회에서 가진 기자회견)

●**"포용정책이 동북아 평화 기반을 만들었다"**: "(對北) 포용정책이 동북아시아 평화체제의 기반을 만들어 왔다." (북한의 핵실험 직후 2006년 10월12일 성명에서)

"(북한) 인권 문제 등의 작은 문제에 집착하기보다는 큰 문제에 대한 합의가 중요하다. 남북 간의 신뢰와 이해가 전제돼야 다음 단계로 나갈 수 있다." (2006년 12월11일, 민중의 소리와의 인터뷰에서)

●**"全방위적 남북회담 정례화하고 한반도 평화협정 체결해야"**: "남북한 정상회담·의회회담·고위회담 등 全방위적 남북회담의 정례화해야 한다. 한반도 평화협정을 체결하고 6·15남북공동선언을 실천해야 한다." (2007년 1월4일, 한나라당 정책비전대회 기조연설에서)

●**"DJ는 비전주도형 리더"**: "김대중 前 대통령은 비전주도형 리더십을 가졌다. 국민에게 큰 그림을 그려주고 함께 가자는 리더십이다. 햇볕정책과 대중경제론도 그렇고 IMF가 끝나고 4대부문 개혁을 한 점과 핵문제 위기가 있고 남북교착관계가 계속될 때 큰 틀에서 논리를 제공한 것은 (DJ의) 장점이다." (2007년 1월8일 여의도 기자간담회에서. 출처―미디어오늘)

●**"이명박 정부는 G등급"**: "이 정부는 F학점보다 낮은 G등급. 기본

이 안 돼 있어 처음부터 강의를 다시 수강해야 하는 빈 깡통 정부. (한나라당은) 親朴 세력은 원칙은 있으나 비전은 없고 親李 세력은 원칙도 비전도 없다." (2009년 2월23일, 국회에서 열린 '이명박 정부 1년 평가 토론회'에서 출처—연합뉴스)

김세균

경남 진주 출생(1947). 現 서울대 교수. 민주화를 위한 전국교수협의회(민교협). 전국민중연대 공동대표(2003.6~). 맑스코뮤날레 집행위원장(2001~).

"사회주의 정치활동 보장해야 자유민주주의"

●"국보법은 수구적인 反민주적 惡法(악법)": "이 시대착오적인 법을 유지하는 가운데 북한과의 화해·협력을 추구하는 아이러니를 경험하고 있다. 그러다 보니 북한 방문이나 북한주민들과의 접촉이 정부의 사전 또는 사후 승인을 받았는지 아닌지가 국가보안법 위반 여부를 가리는 기준이 되었다. 때문에 국가보안법의 성격이 변질되었다. 남북한의 화해·협력을 추구하는 모든 행위들을 처벌하는 법이 아니라 정부의 통제를 받지 않은 행위를 처벌하는 법이 된 것이다. … 국가보안법은 '반민주적인 체제유지법'이다. 이 법은 잠재적으로 현존하는 남한체제의 변혁을 추구하는 모든 정치적 행위를 '반국가적 행위'나 '이적행위'로 처벌할 수 있다. 그간 反자본주의 경향의 운동은 물론 민주화를 위한 운동들이 국보법 위반으로 처벌받아 왔다. … 국보법은 자유를 억압하고,

현존 질서 속에서 기득권을 누리는 사람들의 이익을 체제 수호의 이름으로 옹호하는 '수구적인 反민주적 악법'이다." (2004년 6월9일, 경향신문에 기고한 칼럼)

●**"국가보안법은 矛盾(모순)"**: "국가보안법은 북한과의 교류협력을 증진시키기 위해 제정한 '남북교류협력법'과 충돌되고, 그간 이뤄진 남북한 간 각종 교류·협정들과도 모순되는 법률이다. … 이는 국가보안법이 남북관계가 나아가고자 하는 발전방향을 언제든지 위협할 수 있는 법체계로 존속하고 있다는 것을 의미한다." (2007년 10월16일, 민예총 문예아카데미에서 열린 '남북정상회담의 역사적 의의와 국가보안법 폐지' 토론회에서)

●**"사회주의 정치활동 보장해야 자유민주주의"**: "우리 사회가 자유민주주의 체제냐 아니냐의 판별은 사상과 표현의 자유가 있느냐가 관건이고 종국으로는 사회주의 정치활동 보장이 자유민주주의 체제냐 아니냐의 기준이 될 수밖에 없다." (2010년 7월16일, 경향신문과의 인터뷰에서)

문국현

서울 출생(1949). 現 창조한국당 상임고문. 前 창조한국당 제17대 대통령후보(2007). 前 국회의원(18대). 前 유한킴벌리 대표이사 사장(1995~2007.8). 아름다운재단 이사(2000).

"국보법은 舊시대 유물"

●**"6·15, 10·4선언 이행하고, 비핵·개방·3000 폐기해야"**: "이

대통령은 남북관계 위기 타개를 위해 남북정상이 합의하고 유엔이 만장일치로 지지한 6·15선언과 10·4선언의 실천적 이행을 명확히 천명하고, 이미 실효성을 상실한 '비핵·개방·3000' 정책을 폐기해야 한다." (2008년 11월30일, 野 3黨 대표의 對정부 결의문에서. 출처-데일리NK)

●**"영토조항 개정할 것"**: "평화협정 체제에 맞는, 영토조항(헌법 3조) 개정(국가보안법 위헌성 해소)을 추진하고 토지소유상한제 등 토지공개념을 도입할 것이다." (2007년 11월23일, 창조한국당 대통령선거 후보 공약에서)

※대한민국 헌법 제3조는 '대한민국의 영토는 한반도와 그 부속도서로 한다' 고 명시해 놨다. 이 조항에 의해서 북한 정권은 대한민국의 북반부를 불법점거하고 있는 反국가단체로 규정된다. 헌법 3조인 영토조항을 개정할 경우, 한반도의 북반부를 불법점거한 북한은 국가로 인정되고, 대한민국의 영토는 휴전선 以南(이남)으로 국한된다.

●**"대통령이 돼 北美수교 이끌어낼 것"**: "국가보안법은 구시대 유물 중 하나다. 가장 확실한 방법은 내년에 대통령으로서 북한과 미국의 수교를 이끌어 내서 국가보안법 문제를 일시에 해결할 수 있을 것이다." (2007년 10월29일, 아이뉴스24와의 인터뷰에서)

"한반도 평화를 위한 다각적 북미수교가 중요하며 주변국가인 러시아와 일본을 끌어들이는 노력도 포함돼야 한다." (2007년 8월24일, 창조한국당 대통령 후보로서 오마이뉴스와 가진 간담회에서)

경남 창녕 출생(1956). 前 역사문제연구소 연구소장. 前 참여연대 사무처장(1996~2002). 한겨레신문 사외이사(1999.3) 아름다운재단 총괄상임이사(2002~). 희망제작소 상임이사 (2006~).

"우리 現代史는 암흑의 연속"

●**"국가보안법은 국가의 진취적 발전을 가로막는 쇠사슬"**: "국가보안법이 적용되는 사건이 다른 어떤 시국사건보다도 더욱 처절한 피울음을 울 수밖에 없었던 것은 참혹한 고문이 따른다는 점 때문일 것이다. 그것은 국가보안법 사건이 일반적으로 조작된다는 사실과 통하는 이야기이다. 국가보안법의 존재는 국민생활 전반에 걸친 족쇄였으며 국가의 진취적 발전을 가로막는 쇠사슬이었다." (박원순 著, 〈국가보안법연구 1〉 중 p23)

"이제 국가보안법 시대는 완전히 물러가야 할 때가 왔다. 이제 무대에서 악역의 노릇을 끝내고 막을 내려야 할 때가 온 것이다. 지난 시대 우리 사회의 각 분야가 반공의 그림자와 국가보안법의 위세 앞에 주눅 들어 폐쇄와 퇴행 속에 갇혀 지내던 불행이 더 이상 지속되어선 안 된다. 진실로 국가보안법 시대는 去(거)하고 민족통일의 시대를 열어야 할 때가 왔다." (박원순 著, 〈국가보안법연구 1〉 중 p28)

●**"민주주의는 사회주의, 공산주의와 대립되는 개념이 아니다"**: "'좌경' '좌익'이 惡(악)일 수만은 없다. 자유민주주의는 바로 '좌경' '좌익'을 완전히 배제하는 국가야말로 극우독재정권이었음을 동서의 역사가 보여주고 있다. 또한 '좌경' 속에서 자유민주체제를 보완하는 데 긍정적

기능을 기대할 수 있는 요소들도 얼마든지 찾을 수 있다. … 민주주의는 결코 社會主義(사회주의) 또는 共産主義(공산주의)와 대립되는 개념이 아니며 오히려 이들 이념을 받아들여 그 사회 속에 하나의 가치체계로서 보장하고 있다는 사실은 서구의 여러 선진적 민주주의 사회에서 금방 확인할 수 있는 일이다." (박원순 著, 〈국가보안법 3〉 중 p160, p178)

"이 땅은 정의는 실종되고 힘에 의한 통치가 지속됐다. 민족의 이익보다 개인의 이익을 추구하는 모리배들이 득세했다. 독재와 탄압, 부패와 불의, 非인간과 反인륜이 그 당연한 귀결로 사회에 만연했다. … 더욱 심각한 문제는 이 불의한 질서와 현실은 끝없이 확대 재생산되면서 지금도 지속되고 있다는 점이다." (박원순 著, 〈국가보안법 3〉중 p60)

●**"우리 현대사는 암흑의 연속"**: "우리 현대사는 참으로 정치적 혼란, 권력의 남용과 인권의 암흑시대의 연속이었다. 암살과 학살, 의문사와 고문, 처형, 투옥과 연금, 해직과 해고, 부당한 재산의 약탈과 몰수 등 그 피해의 유형과 피해자의 숫자를 헤아리기 어려울 정도의 인권유린이 이 땅을 억압과 수난의 도가니로 몰았다." (박원순 著, 〈역사를 바로 세워야 민족이 산다〉의 서문)

"이승만 자유당 정권이 12년 만의 장기독재 끝에 이른 몰골은 바로 민주주의의 압살, 그 자체였다. 죽음조차도 허용하지 않는, 모든 희망이 사라진 고통의 현장. 그것이 바로 지옥이다. 지옥 같은 고문이 이 땅에서도 일상화된 시대가 있었다. 그것이 우리가 살아 온 박정희의 '경제개발5개년계획' 시대, 전두환의 '정의로운 사회' 시대, '노태우의 보통사람들' 시대였다." (박원순 著, 〈야만시대의 기록〉 서문)

"해방이 되어 일제 관헌은 물러갔지만 그 하수인이던 일제하 조선인

헌병과 警部(경부)들은 그대로 남아 이승만 독재정권의 손발이 되었다. 이들과 이들이 훈련시킨 수사기관과 중앙정보부 수사관들이 고문의 '숙달된 조교'가 되어 박정희 정권 18년, 전두환·노태우 정권 10년을 버티게 했다." (박원순 著, 〈야만시대의 기록〉 중 p31)

●**"간첩단 사건은 정치적 국면을 유리하게 이끌기 위해 조작되었다"**: "대부분 간첩단 사건은 실재했다기보다는 당시 정치적 국면을 유리하게 이끌기 위해 조작되었음이 밝혀졌다. 중앙정보부는 간첩단사건과 조작사건을 자유자재로, 무소불위로 만들어냈으며 그 모든 사건에서 고문의 호소와 주장이 이어졌다. 이미 검찰과 사법부는 중앙정보부가 고문으로 조작·송치하는 사건에 대해 무혐의 또는 무죄로서 대응할 힘과 의지를 잃은 지 오래였다." (박원순 著, 〈야만시대의 기록 2〉 중 p314)

"북한이 꼭같이 주장하는 내용이라고 해서 모든 주장이 이적행위가 된다는 것은 문제가 있다. 미군범죄가 창궐하고 제대로 처벌하지 못하는 상황에서 미군철수 주장이 나오지 말라는 법이 없다. 한국청년단체협의회와 그 간부들이 실질적으로 국가안보를 위해한 어떤 행동을 한 것은 없다." (2002년 11월25일, 利敵단체로 판시된 한국청년단체협의회를 변호하는 한겨레신문 칼럼 기고문 중)

※2004년 서울중앙지법은 한국청년단체협의회(한청)를 이적단체로 판시하며, "한청의 강령이나 소식지는 남한 사회를 美제국주의 식민지로 규정하고 있고, 북한의 선군정치를 찬양하면서 주한미군 철수, 인민민주주의 혁명 등을 주장하고 있어 공소사실 모두 유죄로 인정된다"고 판시했다. 대법원 역시 2009년 2월 "한청은 조국통일범민족연합(범민련) 남측본부와 마찬가지로 북한 대남혁명노선과 궤를 같이해 국가의 존립·안전과 자유민주적 기본질서에 해악을 끼칠 위험성이 있는 이적단체"라고 판시했다.

"이라크 침공은 즉각 중단되어야 합니다. 지난해 미선, 효순 두 여중생의 죽음을 애도하며 광화문을 가득 메웠던 평화의 촛불은 이제 부도 덕한 전쟁으로 희생당하는 무고한 이라크 아이들을 위해 그리고 일방적 전쟁을 종식시키기 위해 밝혀져야 합니다." (2003년 4월1일, '반전평화 비상국민회의' 공동제안에서)

●**"미군기지 확장은 전쟁을 불러온다"**: "평택미군기지 확장은 전쟁을 불러옵니다. 평택미군기지는 미국의 군사전략의 변화에 따른 전쟁침략 기지입니다. 군산 직도에는 미군의 국제적인 폭격장이 들어서게 되고, 파주 무건리에는 미군들을 위한 종합훈련장이 들어서게 되며, 제주도에 는 새로운 미군의 해외침략기지가 들어섭니다. 대추리, 도두리가 전쟁 기지가 되면 한반도 전체가 전쟁기지가 됩니다. 정부의 본격적인 강제 철거를 저지하고 평화를 지켜내야 합니다." (2006년 9월18일, 박원순 변호사 참여한 '평택 평화선언' 중)

"제재와 봉쇄와 같이 북한을 고립시켜서 출구 없는 궁지로 모는 강경 한 방법보다는 북한이 국제사회와 대화와 나설 수 있는 실질적 조치를 취해야 한다. 북한에 대한 인도적 지원과 민간교류는 남북 간에 신뢰와 이해를 깊게 해주는 소중한 통로이므로, 어떤 압력에도 불구하고 그것 을 지속적으로 유지해야 한다." (북한의 1차 핵실험 강행 직후인 2006 년 10월17일, 朴변호사 참여한 '북한 핵실험 이후 한반도 평화를 위한 우리의 입장' 이라는 성명)

●**"지난 20년간 피와 땀으로 일군 민주주의의 후퇴…"**: "지난 20년간 피와 땀으로 일군 민주주의의 후퇴를 목도하였다. 특히 정부가 국민들 의 강력한 반대의사를 완전히 묵살하면서 미국 쇠고기 수입 고시를 강 행한 지금, 국민들은 이명박 대통령을 더 이상 국민을 위하는 대통령으 로 여기지 않고 있다." (2008년 6월2일, '이명박 정부 100일, 민주주의

의 심각한 후퇴를 우려한다'는 성명 중)

　"수십 년 동안 많은 국민들이 희생해서 일궈낸 민주주의 가치가 무너지고 있고 남북 간 평화가 위기 상태에 놓여 있고 경제가 자체적으로 회복 불가능한 것은 물론이고 훨씬 어려워질 정책들을 취하고 있다." (2009년 6월9일, '국정 운영기조 전환을 촉구하는 시민사회 기자회견'에서)

신영복

경남 밀양 출생(1941). 現 성공회대 석좌교수. 통혁당 사건으로 복역(1968~1988). 인터넷 신문 프레시안 고문(2001.10~).

"국가보안법이 다시는 설 수 없도록 하자"

　●**"송두율 교수의 귀국은 크게 환영할 만한 일"**: "송두율 교수는 국내에는 주로 남북관계에 대한 저술들을 통해 알려졌지만 사실 그의 학문 세계는 매우 폭이 넓다. 송 교수는 동서고금을 자유로이 넘나드는 해박함과 여러 학문 영역을 가로질러 연구하는 학제적(interdisciplinary) 연구로 정평이 나 있으며, 그의 연구 역량은 국제적으로도 인정받아 왔다. 이렇듯 학문적 역량이 우수한 학자인 송 교수가 이 땅에서 학문적 실천을 전개하기 위해 스스로 귀국한 것은 우리 학계의 관점에서는 크게 환영할 만한 일인 것이다." (2003년 10월17일, '송두율 교수 문제에 대한

전국 교수들의 성명')

※2003년 9월22일 입국한 송두율은, 2004년 7월21일 법원에서 북한의 對南(대남) 공작원으로 判示(판시)돼 징역3년, 집행유예 5년을 선고받고 독일로 돌아갔다. 2004년 3월30일 1심판결은 송두율이 "73년 북한노동당에 入黨(입당)하여 북한공작금을 지급받으며 북한체제 찬양 및 주체사상 전파를 위한 저술, 강연 등을 전개함은 물론 1991년 5월 유럽에서의 친북활동의 공로를 인정받아 김일성을 親見(친견)하고, 그 무렵 노동당 정치국 후보위원으로 선임됐다"고 판시했다. 2004년 7월21일 항소심은 송두율의 노동당 정치국 후보위원 선임에 대해 "유죄의 의심이 있기는 하지만 엄격한 증명이 부족해 무죄로 판단한다"면서도 "피고인이 조선로동당에 入黨해 대남공작을 하고, 북한체제를 유지하기 위한 목적수행을 했다"는 사실을 재확인했었다.

●**"국가보안법이 다시는 설 수 없도록 하자"**: "4·19 당시 학생 신분으로 걸었던 이곳 광화문 거리를 국가보안법 폐지를 위해 다시 걷고 있다. 아직도 사라지지 않는 국가보안법이 다시는 설 수 없도록 하자." (2004년 12월28일, '민주화를 위한 전국교수협의회' 가두시위에서. 출처-경향신문)

"(강정구 교수 논란은) 우리 사회의 지성적 영역이 그만큼 협소했다는 것을 보여준 사건이다. 야당 대표가 평양을 오가는 시대에 소모적 논쟁을 거두고 모순적인 국가보안법을 폐지하는 데 머리를 맞대야 한다." (2005년 10월13일, 강정구 교수 논란과 관련해 경향신문과의 인터뷰에서)

※강정구 前 동국대 교수는 인터넷 언론 '데일리 서프라이즈'에 "6·25는 통일전쟁이자 내전"이라는 글을 올려 물의를 일으켰다.

●**"최근에 와서 국가보안법이 억압적인 태도를 보인다"**: "최소한 국가보안법 적용만은 상당히 신중하게 이렇게 해왔던 것도 사실인데 최근에 와서 그 점이 상당히 우려스럽다. 일반 시민들의 자유로운 의견표출이라든가, 그런 이해관계를 요구하는 주장에 대해서 상당히 억압적인

태도로 임하지 않을까.” (2008년 8월29일, SBS 라디오 ‘김민전의
SBS 전망대’ 와의 인터뷰에서)

  ※국가보안법은 공산혁명과 對南공작, 자유민주주의체제 전복 행위 등에 적용된
다. ‘일반 시민들의 의견표출’ 과는 무방하다.

심재환

서울 출생(1958). 司試 38회. 민주화를 위한 변호사 모임(민변) 통일위원회 위원장.

“국가보안법은 소름끼치는 음모의 굴레”

  ●**“서해교전, 평화의 관점에서 해결해야”**: “(서해교전)사태에 대해 우
리 사회 일부에서 보인 감정적이고 냉전주의적 대응은 사태의 본질에서
크게 빗나간 것이다. 이에 우리는 이번 사태를 남측만이 아닌 민족 전체
의 관점에서, 전쟁이 아닌 평화의 관점에서 해결할 것을 촉구한다.”
(2002년 7월18일, 서해교전 사태 해결을 위한 300인 선언에 민변 소
속으로 참가해)

  ●**“한총련의 인식은 잘못된 현실을 바로잡으려는 비판의식”**: “한총련
의 그런 인식은 이 나라가 미국에 의해 自主權(자주권)을 잃고 예속될
위기에 처했다는 잘못된 현실 바로잡으려는 비판의식이다. 공안 검찰은
아직도 사상적 편향성을 갖고 한총련을 바라보고 있다. 한총련을 利敵
단체로 규정하고 법적으로 처벌하는 일은 불합리하다.” (2003년 5월7

138

일, 국회 憲政기념관에서 열린 민변 주최 '한총련 문제 해결을 위한 공
개 간담회'에서. 출처-오마이뉴스)

●**"김현희는 완전히 가짜다"**: "김현희는 완전히 가짜다. 그렇게 딱 정
리를 합니다. 이건 어디서 데려왔는지 모르지만 절대로 북한 공작원, 북
한에서 파견한 공작원이 아니라고 우리는 단정을 짓습니다." (2003년
11월18일, MBC PD수첩 '16년간의 의혹, KAL폭파범 김현희의 진실'
편에 KAL 858기 진상규명대책위원회 소속으로 출연해)

●**"북한의 무력남침 · 적화통일론은 허구"**: "국가보안법은 허구적인
무력남침 · 적화통일론을 기초로 국민들에게 전혀 불필요한 국가안보
에 대한 의구심과 불안감을 자극하고 고취하여 국민들 스스로 독재와
식민의 구속과 속박에 몸을 내맡기게 만들고, 수구세력의 발호와 사기
극을 수용하도록 하였던 것이다. … 국가보안법은 허구요, 기만이요, 소
름끼치는 음모의 굴레이다. 있지도 않은 허깨비를 두려워하며 스스로를
속박하고 수구냉전세력의 음모와 기만극에 농락당하던 지난 날을 이제
더 이상 허용해서는 안 된다. 국민들은 이제 56년간이나 자신들의 자유
와 권리를 잔인하게도 짓밟아온 굴레를 박차고 마음껏 자유와 행복을
창조할 자주와 평화와 통일의 마당에서 춤추어야 한다." (2004년 12월
2일 발표한 논문 〈국가보안법의 전제인 북한에 의한 무력남침, 적화통
일론의 허구성〉에서. 출처-민주화를 위한 변호사 모임 홈페이지)

●**"남북 상호 협력 위해선 국가보안법 폐지가 선행돼야"**: "남북의 상
호 협력을 위해서는 국가보안법 폐지가 선행돼야 한다. … 남과 북의 교
류 협력이 확대될수록 북한을 敵으로 보고 있는 국가보안법이 근본적인
걸림돌로 작용할 것. … 나아가 진정한 상호 협력과 단합의 관계로 나아
가기 위해서는 북한 지역까지 남한의 영토로 보고 있는 헌법상 영토 조

항도 수정하는 것이 바람직하다." (2007년 10월4일, 노무현 · 김정일의 10 · 4 선언과 관련해 민변 통일위원장 자격으로)

●**"북한이 발사하려는 것은 미사일이 아닌 인공위성"**: "북한이 발사하려는 추진체는 미사일이 아니라 미국도 인정하고 있듯 우주발사체로 볼 수 있다. 인공위성 발사는 북한 자체로 큰 내적 의미를 가지고 있고, 對美 압박 측면에서도 인공위성 발사 자체가 사실상 미사일 기술 획득의 의미로 해석되기 때문에 굳이 미사일 발사를 인공위성으로 위장할 필요는 없을 것." (2009년 4월1일, 민주노동당 자주평화통일위원회와 서울市黨이 공동주최한 토론회에서. 출처-데일리NK)

●**"이명박 정부가 간첩단사건으로 돌파하려 한다"**: "진보적인 단체들을 전부 포괄하는 한국 진보연대를 利敵단체로 몰아 조직적으로 와해시키려고 아주 무리한 수사를 하고 있다. 이명박 정부가 코너에 몰린 위기를 간첩단 사건으로 돌파하려는 것." (2010년 7월1일, 민중의 소리와의 인터뷰에서)

※ 한충목 한국진보연대 공동대표는 2004~2007년 중국 북경과 북한 개성 등지에서 5차례에 걸쳐 북한 통일전선부 소속 공작원들을 만나 주한미군 철수와 국가보안법 철폐 투쟁을 전개하라는 북한의 지령을 받았다. 한 씨는 2005년 9월 인천에서 열린 '맥아더 동상 철거 집회'에서 한미동맹 해체와 주한미군 철수를 주장하는 등 10여 차례에 걸쳐 反美집회를 이끌었다. 검찰은 2010년 8월17일, 국가보안법상 특수 잠입 · 회합 등의 혐의로 한 씨를 구속기소했다.

심재환 변호사는 민주노동당 이정희 대표의 남편이다. 그는 2003년 11월, 북한 노동당 정치국 후보위원인 在獨 북한 공작원 송두율의 국가보안법 재판 변호를 맡았다. 2004년 11월에는 이라크 파병 연장 반대 선언에 참가했다.

심재환 변호사는 2006년, 386간첩단 사건인 일심회 사건의 변호를 맡았다. 일심회 사건은 민주노동당 사무총장 등이 관련됐던 간첩단 사건이다. 민주노동당은 당시 일심회 사건에 연루된 당원을 黜黨(출당) 조치하는 과정에서 黨內 분란이 생겼고, 이 과정에서 진보신당이 만들어지게 됐다. 심재환 변호사는 2009년 7월에는 한나라당이 주도한 미디어법에 대한 권한쟁의심판청구 대리인단에 참가했다.

안병욱

전남 화순 출생(1948). 現 가톨릭대 교수. 前 진실·화해를 위한 과거사정리위원회 위원장(2007.11~2009.11). 민주노동당 정책연구소 추진위원(2004.7~). 민주화운동기념사업회 이사(2004.11~). 국가정보원 과거사건 진상규명을 통한 발전위원회 민간위원(2004.11~)

"국가보안법은 사회진보와 역사변화를 가로막기 위한 수구적 통제 장치"

●**"국가보안법은 자유로운 사상의 형성을 억압해 왔다"**: "국가보안법은 지배자의 입장에서 정의된 '반국가단체' 조항을 통해, 반대그룹 혹은 반대사상을 탄압하고 자유로운 사상의 형성을 억압해 왔다. 이러한 점에서 국가보안법은 인권과 사회발전의 대의에 정면으로 반하는 反민주적 악법이다. 국가보안법의 폐해는 단순히 잘못된 법운용으로부터 비롯되는 것이 아니라, 법 그 자체의 본질적 성격으로부터 비롯되고 있는 것이다." (2000년 7월, '민주화를 위헌 전국 교수협의회' 성명서에서)

●**"송두율 귀국은 크게 환영할 일"**: "송두율 교수는 국내에는 주로 남북관계에 대한 저술들을 통해 알려졌지만 사실 그의 학문세계는 매우 폭이 넓다. 송 교수는 동서고금을 자유로이 넘나드는 해박함과 여러 학문 영역을 가로질러 연구하는 학제적(interdisciplinary) 연구로 정평이 나 있으며, 그의 연구 역량은 국제적으로도 인정받아 왔다. 이렇듯 학문

적 역량이 우수한 학자인 송 교수가 이 땅에서 학문적 실천을 전개하기 위해 스스로 귀국한 것은 우리 학계의 관점에서는 크게 환영할 만한 일인 것이다." (2003년 10월17일, '송두율 교수 문제에 대한 전국 대학교수들 성명서'에서)

"국가보안법 폐지는 인권국가로 태어나기 위해 필수적이다. 보수세력이 기득권을 상실할까봐 반대하는 것인데 정권 말기 참여정부가 흔들리는 것을 기회로 법무부에서 포기하려는 것 같다." (2007년 2월14일, 서울신문과의 인터뷰)

● **"국가보안법은 사회 진보와 역사 변화를 가로막는 수구적 통제장치"**: "국가보안법은 사회진보와 역사변화를 가로막기 위한 수구적 통제장치다. … 국보법은 통일을 가로막는 가장 큰 장애물이기 때문에 우리의 창의적 사고와 민주적 실천을 억압하는 국보법이라는 족쇄를 차고는 공존공영의 남북관계를 향해 나아갈 수 없다." (2008년 2월, '위클리 서울' 기고문)

"당신(노무현 前 대통령)으로 인해 역사의 뒷전으로 밀려나게 된 세력들의 반발은 무섭습니다. 다시 장벽을 돋우고 열린 틈을 닦달하고 칼집의 칼을 꺼내 갈고 있습니다. 광풍의 먹구름으로 짙게 내리는 어둠 속에서 길을 찾아 헤매고 있습니다. 이미 당신은 누구보다 이를 안타까워했습니다. 또 투항을 강요당했습니다. 당신이 투항한다면 저들의 잃어버린 10년은 몇 곱절로 보상받을 것이라는 얄팍한 속셈이겠지요." (2009년 5월27일, 오마이뉴스 기고문)

서울 출생(1957). 前 국회의원(17대). 제2건국 범추진위원회 제2심의관(1999.6~2000.5). 前 서울시의회 의원, 대변인(1995.7~1998.6). 前 임채정 의원 보좌관(1992.9~1995.7). 전두환 반대 학내시위 주도로 3년간 복역(1981~).

"국가보안법을 후손들에게 물려줄 수 없다"

●**"국가보안법을 후손들에게 물려줄 수 없다"**: "시대정신상 국가보안법은 폐지돼야 한다. 국보법은 유엔인권위에서도 수차례 폐지권고를 한 악법으로 이런 법을 후손들에게 물려줄 수 없다." (2004년 7월14일, 국회 기자회견에서)

●**"검증해야 할 것은 사회 지도층 인사들에게 드리워져 있는 독재적 발상의 잔영"**: "모든 권력은 국민으로부터 나온다는 헌법의 가치에 따라 국민들에 의해 뽑힌 대통령에게 이념과 정체성을 묻는다는 것은 이념과 정체성이 의심스러운 대통령을 국민들이 뽑았다는 말과 다르지 않다. 민주주의 시대에 우리가 검증해야 할 것은 참여정부가 아니라 과거 친일 세력으로부터 70년대 유신독재, 80년대 군사독재 시절까지 이어져 온 획일성과 권위주의, 그것에 물든 일부 사회 지도층 인사들에게 드리워져 있는 독재적 발상의 잔영이다. … 우리가 이번에 하는 것은 일회성이 아니고, 70년대와 80년대를 거쳐오면서 우리가 겪고 우려했던, 친일로부터 내려오는 독재적 발상과 싸움하려는 것이다. 70년대를 암울하게 했던 독재적 발상을 비호하는 모습을 용납할 수 없어서 이 자리에 나섰다." (2004년 7월29일, 박근혜 당시 한나라당 대표의 국가정체성 발언과 관련한 성명. 출처-오마이뉴스)

※당시 노무현 정권과 열린우리당은 대통령 직속 의문사진상규명위원회를 통해 간첩과 빨치산 출신 인사들을 민주화공헌자로 승격시켰고, 한나라당은 이에 대해 문제제기를 한 상태였다.

●**"국가보안법은 헌법재판소의 판단과는 별개로 惡法"**: "국가보안법은 헌법에 일치하는 법이라는 헌법재판소의 판단과 별개로 국가보안법은 악법인 만큼 폐지돼야 한다." (2004년 8월27일, 헌법재판소의 '국가보안법 합헌' 판결에 대한 성명에서. 출처-노컷뉴스)

●**"국가보압법 폐지는 법률적 햇볕정책"**: "우리 사회가 미래로 가기 위해서는 남북 관계를 인정할 필요가 있고 이를 위한 법률적 햇볕정책이 국보법 폐지다. 사회 혼란이 우려된다는 대법원의 발언은 우리 체제가 얼마나 튼튼한지를 인정치 않겠다는 것으로, 사회는 국보법 폐지를 충분히 받아들일 만큼 성숙해 있는데 대법원만 이를 과거 냉전적 사고로 바라보니 변화가 눈에 들어오지 않는 것 같다." (2004년 9월2일, 대법원의 국가보안법 필요성 인정 발언에 대해. 출처-프레시안)

"(천정배 법무부 장관의) 수사지휘권 발동은 지극히 당연하고 헌법의 정신에 부합하는 조치. 국민이 직접 뽑은 대통령에게 이념과 정체성 문제를 제기하는 것은 대통령에게 권력을 위임한 국민과 헌법에 대한 모독이다." (2005년 10월24일, 국회 대정부질문에서)

※2005년 7월27일, 동국대 강정구 교수가 인터넷 매체 '데일리 서프라이즈'에 '6·25는 북한 지도부가 시도한 통일전쟁이자 내전'이라는 내용의 글을 게재했다. 이를 놓고 검찰에선 국가보안법 위반 혐의로 구속 수사를 주장했고, 당시 천정배 법무부 장관은 불구속 수사를 주장했다. 검찰이 구속 수사를 주장하며 반발하자 천정배 법무 장관은 사상 초유의 검찰 지휘권 발동을 했다. 당시 김종빈 검찰총장은 지휘권을 수용함과 동시에 이에 반발하는 의미로 사표를 제출했다.

전남 장흥 출생(1966). 민주당 성동을 지역 위원장. 前 국회의원(16~17대). 前 열린당 대변인, 前 전대협 3기 의장(1989). 前 한양대 총학생회장(1989). 임수경 訪北관련 구속(1989)

"국가보안법은 남북 교류의 걸림돌"

●**"국가보안법은 남북 교류의 걸림돌"**: "국가보안법은 냉전 질서를 유지시키는 역할을 해왔고, 최근 남북 정상회담 이후 활발해진 남북 교류의 걸림돌이 되고 있다." (2000년 7월6일, 국가보안법 폐지 공청회에서. 출처-한국경제)

●**"국가보안법은 상상력마저 처벌한다"**: "생각과 말, 상상력마저 처벌하는 反인권적인 국가보안법은 사라져야 한다." (2000년 7월11일, 국회 대정부질문에서. 출처-국민일보)

●**"과거의 잣대로 한총련을 판결한다면 민주주의 후퇴"**: "남북 간의 교류 확대 등 시대상황은 멀찌감치 앞서가고 있는데 과거의 잣대로 한총련을 재단한다면 민주주의가 후퇴하는 것이다. 이번 재판부가 시대변화에 맞는 미래지향적 시각으로 전향적 판단을 해줄 것으로 기대한다." (2002년 9월9일, 한총련 관련 재판 증언에서. 출처-동아일보)

"한총련은 97년 이적단체로 규정된 이래 매년 수백 명의 대학생이 정치수배자가 되는 고통을 겪어왔다. 그동안 대학생들을 옭아매던 이적규정의 굴레를 벗고 미래지향적 학생운동의 장으로 나갈 수 있도록 이제 국가와 사회가 문을 열어야 한다." (2003년 4월18일, 한총련 합법화 촉

구 성명서에서)

※임종석 前 의원은 한총련(한국대학생총연합회)의 전신인 전대협(전국대학생대표
자협의회) 의장 출신이다.

●**"6·15선언 이후 군사부문에서도 성과가 나오고 있다"**: "결국은 통
일해야 할 우리의 반쪽이고 한 민족인데 주적이란 표현을 더 이상 쓰지
않는 게 좋다. 6·15정상회담 이후 눈에 띄게 화해협력 쪽으로 방향을
잡고 있고 최근 군사부문에서도 괄목할 만한 성과가 나오고 있는 점을
감안해 사고의 전환이 필요한 때이다." (2004년 7월15일, 연합뉴스와
의 인터뷰에서)

●**"국가보안법은 수난의 한국 현대사를 만들어왔다"**: "국가보안법이
그동안 국민에게 준 것이라곤 불법연행, 장기구금, 행방불명, 밀실수사
와 고문, 조작, 감시와 감금, 차별과 소외 등 생각만 해도 섬뜩하고 공포
스러운 상처와 고통스런 기억들뿐이다. 국가보안법은 인권과 민주주의,
그리고 통일과는 결코 공존할 수 없는 대척점에 서서 고통스러운 수난
의 한국 현대사를 만들어왔다. … 국가보안법은 법의 존재 가치를 부정
하고 파괴하는 굴절된 현대사가 낳은 돌연변이라 할 수 있다. 국가 안보
를 위한 법이 아니라 정권 유지를 위한 법이고 분단과 냉전을 재생산하
기 위한 법이었다." (2004년 8월12일, 국민일보에 기고한 칼럼에서)

●**"탈북자 입국은 북한 붕괴 유도를 위한 저강도 전쟁 전략의 일환"**:
"탈북자 기획·대량입국은 인권의 문제가 아닌, 북한 내부의 분열과 대
립 유도를 통한 붕괴 유도라는 저강도 전쟁 전략의 일환이자 남북관계
악화의 핵심요인이다. … 현재 탈북자 기획입국 주도단체는 우익 종교
단체, 북 체제 전복을 노리는 국내외 세력, 브로커 등 악덕 상업자이다."
(2004년 10월3일, 통일부 국정감사에서)

●**"주적이라는 표현은 통일의 반쪽을 부정한 것"**: "북한은 통일을 해야 할 반쪽인데, 主敵(주적)이라는 표현은 그것을 송두리째 부정한 것이다." (2005년 1월29일, 연합뉴스와의 인터뷰에서)

●**"反정부투쟁 소재로 변질된 전시작전통제권"**: "배타적 지역주의, 冷戰(냉전)·守舊(수구)세력의 온존, 뿌리 없는 선거용 정당은 한국정치의 三重苦(삼중고)입니다. 한국정치가 국민으로부터 불신받고 냉대받는 비극의 중심엔 바로 삼중고가 자리잡고 있습니다. 전시작전통제권 환수 문제만 해도 냉전·수구세력에 의해 왜곡되고 反정부투쟁의 소재로 변질된 대표적인 경우입니다." (2006년 9월8일, 자신의 홈페이지 jsstory.net에 게재한 '임종석의 쟁점진단' 칼럼에서)

●**"미국의 금융제재가 북한을 극단으로 내몰아"**: "北美간 갈등과 대결, 그중에서도 북한을 핵실험이라는 극단적 선택으로 내몰았던 결정적 요인은 미국의 對北금융제재에 있었다. … 개성공단과 금강산관광을 비롯해 어떤 경우에도 남북경협의 모멘텀(momentum)이 실종되지 않도록 해야 한다. 이미 북한이 공언한 바와 같이 PSI에 입각한 북한 진출입에 대한 검색과 봉쇄는 對北선전포고로 간주될 것이다."(북한 핵실험 직후인 2006년 10월19일, 한강타임즈 기고문에서)

임종인

전북 고창 출생(1956). 고려대 법학과 졸업(1978). 예비역 육군 중령(법무관). 前 열린당 의원(17대). 前 민주사회를위한변호사모임(민변) 부회장, 前 민주주의민족통일전국연합 (상임의장 오종렬) 대변인.

"국가보안법 철폐 못하면 우리 민족이 죽는다"

●**"한반도 핵문제의 원인과 책임은 미국의 적대정책"**: "한반도 핵문제는 北美(북미)사이의 정치적 문제가 주된 원인이 되어 야기된 것이고 그 구체적인 원인과 책임은 미국의 적대정책에 있다. 한반도 핵문제 해결은 북미 불가침조약과 북미관계의 정상화를 통해 궁극적으로 해결될 수 있다." (2003년 7월25일, 백범기념관 '한반도 핵문제에 대한 국제민간법정 추진위원회' 에서)

(정부가 북한 對南공작원 송두율에게 체포영장을 발부한 것을 가리켜) "정부 측이 일정정도 양보한 점도 있지만 송두율 교수의 귀국이 성사되지 않은 이유는 여전히 수사기관 내에 있는 수구세력 때문. 이는 45년 해방 후 해외에서 활동한 독립운동가들의 귀국을 친일경찰들이 못 들어오게 막는 격." (2003년 9월19일, 기독교회관에서 열린 '해외민주인사 33인 입국 환영식' 에서)

※2003년 9월22일 입국한 송두율은, 2004년 7월21일 법원에서 북한의 對南(대남) 공작원으로 判示(판시)돼 징역3년, 집행유예 5년을 선고받고 독일로 돌아갔다. 2004년 3월30일 1심판결은 송두율이 "73년 북한노동당에 入黨(입당)하여 북한공작금을 지급받으며 북한체제 찬양 및 주체사상 전파를 위한 저술, 강연 등을 전개함은 물론 1991년 5월 유럽에서의 친북활동의 공로를 인정받아 김일성을 親見(친견)하고, 그 무

렵 노동당 정치국 후보위원으로 선임됐다"고 판시했다. 2004년 7월21일 항소심은 송두율의 노동당 정치국 후보위원 선임에 대해 "유죄의 의심이 있기는 하지만 엄격한 증명이 부족해 무죄로 판단한다"면서도 "피고인이 조선로동당에 入黨해 대남공작을 하고, 북한체제를 유지하기 위한 목적수행을 했다"는 사실을 재확인했었다.

"국회가 이제 평화 개혁세력이 다수가 된 만큼 정부도 보다 전향적인 자세로 남북문제를 풀어갈 수 있게 됐다. 변화된 정세와 국민의 성숙된 통일의식이 정책과 입법에 충실히 반영될 수 있도록 국가보안법 같은 구시대 악법은 과감히 폐지하고 남북교류와 관련된 제반 법률도 신속히 정비해야 한다." (2004년 5월24일, 세종문화회관에서 열린 남북문제 정책세미나에서)

●**"북한에 대한 안전보장 해주면 핵 문제는 해결될 것"**: "북한이 핵무기를 개발하려고 하는 것은 재래식·군사력으로는 도저히 남한과 경쟁이 되지 않기 때문으로, 북한에 대한 안전보장을 해주면 핵문제는 해결될 수 있다. 우리 정부가 먼저 한반도의 평화를 위해 북에 상호군비축소를 제안해야 한다." (2004년 7월12일, 국회 통일 · 외교 · 안보분야 대정부 질문)

●**"국가보안법 폐지될 것"**: "현재 우리당 의원들이 자발적인 국가보안법 폐지 움직임을 보이고 있어 이번 정기국회에선 폐지될 것이다. 수구냉전세력들이 국가보안법 존치를 중요시 여기기 때문에 국가보안법 폐지의 상징성은 너무 크다." (2004년 8월9일, 민변 주최 간담회)

"아직도 냉전질서가 남아있기 때문에 국가보안법을 지켜야 한다는 주장에 수긍할 수 없다. 국가보안법을 폐지하는 것이 마지막 남은 냉전 질서를 해체하는 출발이라고 판단했다." (2004년 9월15일, 국회에서 가진 국가보안법 폐지촉구 기자회견 성명서)

●**"곽동의는 우리 민족의 지도자"**: (한통련 곽동의 상임고문을 가리

키며) "우리 민족의 지도자 곽동의 상임고문이 일본이 아니라 우리나라에 계셨다면 민주화가 10년은 앞당겨졌을지도 모른다." (2004년 10월 11일, 백범기념관에서 재일(在日) 한통련 방문단 환영행사에서)

※한국민주통일연합(한통련)은 1978년 대법원에 의해 반국가단체로 규정된 단체이며, 곽동의는 이 단체를 이끌어 온 인물이다. 공안기관은 곽 씨를 일본 내 대남공작 우두머리 격으로 파악해왔다. 곽동의는 광복 직후 남로당에 가입했고, 그후 渡日(도일)해 재일대한민국民團(민단) 와해활동을 했으며, 1970년에는 북한 간첩에게 포섭돼 밀입북, 간첩교육과 대남공작 지령을 받고 활동했다.

"한나라당이 극우, 친일, 반민족, 반통일 세력이 아니라면 국가보안법 폐지에 앞장서야 한다." (2004년 11월9일 국회 앞 농성장)

"자이툰 부대는 비교적 안전하다는 느낌을 받았는데, 안전하다는 것은 바로 갈 필요가 없는 곳에 갔다는 반증이다. 한국군은 막대한 부담을 감수하며 이라크에 가서 미국의 들러리 역할을 하고 있다." (2004년 12월3일, 국회 이라크 현지조사단 참여 후 가진 인터뷰에서)

● **"국가보안법 철폐 못하면 우리 민족이 죽는다"**: "국가보안법을 철폐시키지 않을 경우 천정배 원내대표와 열린우리당이 죽을 테지만 보다 중요한 것은 우리 민족이 죽는다는 것. 천정배 원내대표를 만나 반드시 오늘, 국가보안법 완전폐지 약속을 받아내겠다." (2004년 12월27일, 民辯에서 가진 기자회견)

● **"주한미군이 한반도의 가장 큰 위협"**: "주한미군이 한반도에 위협이 된다, 부시는 가장 악마적 정권이다, 이런 인식이 상식이 되는 시대가 와야 한다. 이 훌륭한 내용이 쉽게 대중들에게 다가갈 방법도 고민해야 한다." (2005년 2월18일 명동 향린교회에서 가진 〈전환기 한미관계의 새판짜기〉 출판기념회에서)

"북한 무력우세론, 북한 남침론은 허구라는 것을 학자들이 많이 제시했다. 국방비를 줄임으로써 남북의 군사적 긴장을 완화하고 북한 경제력을 살려줌으로써 궁극적으로 한반도 평화와 통일을 열어나갔으면 좋겠다." (2005년 5월30일, 국회 헌정기념관에서 열린 '국방백서 바로잡기' 토론회)

●**"親日군인 박정희가 집권해 친일천하를 만들었다"**: "군대 내 親日(친일)문제를 청산해야 한다. 친일군인 朴正熙(박정희)가 집권, 친일군인을 두루 중용하면서 친일천하를 만들었다." (2005년 7월22일, 국정감사)

"우리가 북한에 대해 책임 있는 군사적 대화상대가 되기 위해서는 戰時(전시)작전권 확보가 필수적인 요건. 정부는 자주국방을 위해 전시작전통제권을 즉각 환수하라." (2005년 9월22일, 국회의원 보도자료)

"작전통제권을 UN사령관에게 넘기지 말고 전면적으로 환수할 것. 한반도 평화협정과 양립할 수 없는 UN군사령부를 해체할 것. 韓美연합사에 버금가는 對美종속적 통합형 지휘체계 반대." (2007년 7월6일, 국회의원 성명)

"미국은 對北(대북) 강경제재 조치가 성공하지 못했음을 인정하고 북한과 직접 대화에 조속히 나서야 한다." (2006년 10월10일, 북한 핵실험 후 발표한 성명)

●**"광우병 소를 한국만 수입하려 한다"**: "세계 어느 나라도 수입하지 않는 쇠고기를 우리나라만 수입하게 됐다. 30개월 이상 쇠고기는 미국에서 사료용인데 이것을 국민에게 먹으라는 것이냐. 이번 쇠고기 협상을 통해 이명박 정부가 앞으로도 경제, 안보 등 다양한 분야에서 미국과 굴욕적인 협상을 할 것으로 보인다. 이명박 정부가 국민 건강을 미국에 통째로 넘겨주고 앞으로 어떻게 5년을 유지할 지 걱정스럽다." (2008

년 5월21일, 청와대 앞에서 국회의원 20여 명과 가진 '광우병 쇠고기 전면 재협상 요구' 기자회견에서)

조국

부산 출생(1965). 現 서울대 법학전문대학원 교수. 前 국가인권위원회 인권위원 (2007.12~2010.11). 남한사회주의노동자동맹(사노맹) 사건에 연루돼 국가보안법 위반 혐의로 5개월간 복역(1993).

"한국이 돌파해야 할 것은 국가보안법"

● **"주사파의 방송 출연 주선을 제안한다"**: "공안당국이 '주체사상파' 를 처벌하는 데 인적·물적 자원을 쓰지 말고, 이들을 '주체사상'을 주제로 한 방송사 토론 프로그램에 출연하도록 주선할 것을 제안한다. 이속에서 한국 민주주의의 폭은 더욱 넓어지고 깊이도 더해질 것이라고 믿기 때문이다." (2007년 6월24일, 한겨레신문에 기고한 칼럼)

● **"국가보안법을 적용해 처벌하는 것이 능사는 아니다"**: "단순한 '친북'적 표현행위에 대하여 국가보안법을 적용하여 처벌하는 것이 능사는 아니다. 진정한 민주주의는 그러한 행위조차 정치적 표현 자유 행사의 일환으로 보장한 후, 공개적인 토론과 비판을 통하여 그 내용의 올바름 여부를 드러낼 것을 요청한다." (上同)

● **"한국이 돌파해야 할 것은 국가보안법"**: "자유권 영역에서 한국이

돌파해야 할 것은 국가보안법.” (2009년 11월25일, 유엔 권리위원회의 보고서를 대하는 정부의 태도를 비판하며. 출처–경향신문)

●**“송두율은 갔지만, 그를 난도질했던 것들은 여전히 이 땅에 살아 있다”**: “송두율 사건은 21세기 한국 사회의 포용력과 민주주의의 수준을 보여주는 실례였다. 송 교수는 독일로 돌아갔다. 그러나 그가 책임져야 할 만큼을 훨씬 넘어 그를 난도질했던 구조, 사람, 논리, 의식은 여전히 이 땅에 살아 있다. … 반공과 냉전의 잣대로 칼날을 휘두르는 공안세력에게는, 남북한 현대사의 굴곡과 연동된 송두율 교수의 사상적·철학적 모색, 고뇌, 성찰, 변화는 아무런 의미가 없었다.” (2010년 3월16일, 경향신문에 기고한 칼럼)

●**“참여연대 수사는 무지에서 비롯”**: “유엔에서 비정부기구가 해당 국가 정부와 입장을 달리하는 의견을 표명한 사례는 국내외를 불문하고 셀 수 없을 정도로 일반적인 일인데도 정부가 참여연대를 국가보안법 위반 혐의로 수사하는 것은 UN의 메커니즘에 대한 무지에서 비롯된 처사이다.” (2010년 6월24일, 참여연대에 대한 국가보안법 수사중단 촉구 시국선언에서)

●**“참여연대의 UN서한 공격은 민주주의를 위협하는 행태”**: “참여연대가 제기한 의문의 내용에 주목하지 않고 ‘어느 나라 국민이냐’는 식으로 공격하는 일부 단체의 행동에 대해서도 민주주의를 위협하는 행태이다.” (上同)

4

한총련 合法化 주장

강만길
김승교
안민석
조배숙

한총련은 김정일 정권의 전위대

한총련은 주한미군 철수 · 국가보안법 철폐 · 연방제 통일이라는 북한의 對南적화노선을 노골적으로 주장해오다 1998년 利敵단체로 판시된 단체이다

남한의 자칭 진보 · 좌파는 한국대학총학생회연합(이하 한총련)을 '애국단체'로 부르며 이들의 합법화를 주장해왔다.

한총련은 주한미군 철수 · 국가보안법 철폐 · 연방제 통일이라는 북한의 對南적화노선을 노골적으로 주장해오다 1998년 利敵(이적)단체로 판시된 단체이다. 대법원은 2004도 3212 판결문에서 제10기 한총련 정기 대의원대회 자료집의 利敵性과 관련, "북한의 주체사상을 한총련 지도사상으로 설정하고, 자유민주주의 체제를 부정하며…궁극적으로 북한 공산집단의 주장과 같은 자주 · 민주 · 통일투쟁을 달성하자고 선전선동하고 있는 내용"이라고 판시했다.

대법원의 2003도 604 판결문에 따르면 "한총련 소속 학생들이 북한의 김정일 찬양구호인 '수령결사옹위'에서 인용한 '결사옹위'라는 문구를 가로 114cm, 세로 89cm의 흰 천에 혈서를 써 한총련 의장에게 선물한 뒤, 한총련 의장이 이를 소지하고 다니는" 등 한총련은 극렬한 김정일 추종 행태를 보인다.

한총련은 利敵단체로 판시된 후에도 북한의 김정일 독재를 찬양하는 등 기존의 행태를 바꾸지 않고 있다.

예컨대 한총련은 북한이 미사일 발사를 강행한 2006년 7월20일 "한반도에서 전쟁이 나지 않는 것은 분명히 미국 때문이 아니라 북한의 先軍(선군)정치에 의해서"라며 "우린 북한의 선군정치에 의해 확실한 전쟁의 참화를 막고 있다"고 말했다.

북한정권 역시 남한의 자칭 진보 · 좌파와 마찬가지로 한총련을 '애국통일단체'로 부르며 격찬해왔다. 예컨대 2009년 5월17일 로동신문은 "이명박 정부가 한총련을 비롯한 애국적인 통일운동단체들에 대한 대대적인 숙청과 탄압책동을 요란하게 벌려놓고 있다"고 주장했다. 〈金成昱〉

강만길

경남 마산 출생(1933). 現 고려대 명예교수. 前 상지대 총장(2001.3~2005.3). 월간 〈민족 21〉 발행인(2001.3~). 남북학술교류협회 이사장(2003~). 광복60주년기념사업추진위원회 공동위원장(2005.2~). 친일반민족행위진상규명위원회 위원장(2005.4~) 남북정상회담 남측대표단(2002).

"(利敵단체)한총련이 합법화되는 날까지…"

●**"한총련이 합법화 되는 날까지"**: "한국사회에는 아직도 진정한 봄은 오지 않았다. 이에 우리들은 부모된 심정, 선배된 마음으로 미래사회의 희망, 현대사회의 활력소인 청년 학생에 대한 탄압을 반대하여 힘껏 나설 것이다. 이를 위해 각계 진영을 포괄하는 범사회인 대책기구를 결성하고 한총련의 합법적 활동이 보장되는 날까지 우리 사회의 모든 양심적 역량을 모아나가고자 한다." (2002년 11월1일, '한총련의 합법적 활동 보장을 위한 범사회인 대책위원회' 발족선언문)

※전국대학생대표자협의회(전대협)의 後身(후신)인 한국대학총학생회연합(한총련)은 주한미군 철수·국가보안법 철폐·연방제 통일 등 북한의 대남적화노선을 추종해오다가 이적단체로 판시된 단체다. 법원은 한총련에 대해 "북한의 主體思想(주체사상)을 한총련 지도사상으로 설정하고, 자유민주주의 체제를 부정하며… 궁극적으로 북한 공산집단의 주장과 같은 자주·민주·통일투쟁을 달성하자고 선전·선동(2004도 3212, 제10기 한총련 정기대의원 대회 자료집 이적성 관련)해왔다고 판시해왔다.

"이철우 의원 사건처럼 현역 의원조차도 간첩으로 매도당하는 현실에서 국가보안법을 두고는 색깔공세와 마녀사냥의 악습이 사라지지 않을 것이다. … 보안법 폐지는 이제 자유, 민주, 인권의 정신이 살아 숨쉬는 사회로 나가느냐 아니면 과거 유신독재 시절이나 군사독재 시절과 같은

억압의 사회로 되돌아가느냐를 가늠하는 중요한 문제이다." (2004년
12월28일, 국가보안법 연내 폐지 촉구 기자회견에서)

※이철우 前 열린우리당 의원은 1988년 주사파 지하조직인 '반미청년회'에 연루돼
징역형을 선고받았다. 1992년에는 김일성, 김정일 초상화와 조선로동당旗 아래서 '민
족해방애국전선'이라는 위장명칭을 사용하는 북한 조선로동당 중부지역당에 현지 입
당했으며, 이 사건으로 또 다시 징역형을 치렀다.

●**"김 前 주석의 항일 빨치산 운동도 독립운동"**: "일제시대의 독립운
동은 어디까지나 독립운동이다. 김 전 주석의 항일 빨치산 운동도 독립
운동으로 봐야 한다." (2005년 4월11일, 임시정부 수립 86주년 기념식
상하이 개최와 관련해 열린 기자 간담회에서)

●**"6·15는 한반도식 통일방안을 진전시킨 선언"**: "(6·15공동선언
은) 종래 한반도의 두 분단국가들이 각기 평화통일 방안 및 협상통일 방
안으로 제시했던, 그러나 오랫동안 대립하기만 했던 국가연합 통일방안
과 연방제 통일방안의 합치점을 구함으로써 한반도식 통일방안 자체를
한층 더 진전시킨 선언이었다." (2010년 6월15일, 6·15 남북공동선언
10돌 기념 학술회의에서)

경남 진주 출생(1968). 사법연수원 수료(1999). 민주노동당 중앙위원 및 당기위원(2007~). 現 실천연대 상임대표.

"한총련은 애국애족단체이다"

●**"한총련은 애국애족단체이다"**: "한총련 이적규정은 검찰과 법원의 자의적 판단에 의한 것일 뿐 법으로 규정되지는 않았다. 한총련은 '애국애족단체' 이다." (2001년 3월23일, 조선대학교 '한총련 이적규정 철회' 찬반 토론회)

"이젠 어느 한쪽을 흡수하는 통일이 아닌 서로의 체제를 인정하고 존중하는 통일이 돼야 한다. 그 방법은 바로 1민족, 1국가, 2체제, 2정부인 연방제통일이다." (2001년 4월5일, 인터넷매체 'U-news' 인터뷰)

"헌법19조에도 사상보장이 명시되어 있다. 모든 사상에 금기란 있을 수 없다. 主體思想(주체사상)도 마찬가지다. 이번 토론회는 그러한 금기를 깨는 토론회라서 상당한 의미가 있다." (2001년 6월14일, 고려대 '主體思想' 토론회)

"안중근, 윤봉길 의사는 실정법을 위반한 것이었지만 역사의 법정에서는 무죄였다. 그렇다면 현실의 법정에서도 무죄가 되어야 한다. … 전문가들도 한반도 전쟁위기를 말하는 가운데 벌인 피고인들의 행동은 정당방위로서 위법성이 조각된다. 또한 유사시를 대비 한반도 지형을 익히기 위한 스트라이커 부대 훈련은 보호받아야 할 훈련도 아니다." (2003년 9월18일, '美軍 스트라이커 부대 훈련 방해 대학생' 선고공판

에서의 변호)

●**"(북과 교류하는 것을 안) 국가정보원에도 책임이 있다"**: "피고인의 행위들이 민주, 존립 질서에 위험성을 미치는가에 대해 깊이 생각하길 바란다. … 정말 위험한 행위였다면 피고인이 北과 교류하는 것을 알면서도 이를 방기한 국가정보원에도 책임 있다. … 또한 이북을 정식국가로 인정하고 있음에도 적인가 적이 아닌가를 논의하는 것은 성전환자의 성을 판단하는데 있어 남자인가 여자인가를 판결 내리는 것과 같다." (2004년 4월26일, 서울지방법원 '통일연대 민경우 사무처장' 구형공판에서의 변호)

"국보법 폐지는 '국가안보법'의 무장해제가 결코 아니라 '국가안보법체계 전체'의 합리적 개정에 불과한 것… 형법 제정자의 의도대로 국가안보와 기본권보장간의 조화에 더 가까워지는 길." (2004년 7월21일, 국회 귀빈식당 '국가보안법 폐지를 위한 간담회'에서)

"북한인권법의 제정 의도는 '조사결과 25개 항목'을 보면 다 드러난다. 객관성과 공정성의 상실은 물론 불신과 적대감 등이 노골적으로 드러나 있다." (2004년 11월11일, '북한인권대응방안' 토론회에서)

"그들(탈북자)이 말하는 인권은 결국 한반도에서 냉전을 지속하자, 종국에는 전쟁을 하자고 하는 것과 같은 것이 아닌가? … 인권이란 그들에게 도구로 쓰여 지는 것 같다. 미국은 북의 목을 조이는 경제부터 먼저 풀고 북한 인권을 말해야 한다." (2005년 2월2일, 서강대학교 '북한인권 및 난민문제, 누구를 위한 것인가?' 강연에서)

●**"영토조항은 삭제하는 게 가장 깨끗하다"**: "이제는 헌법의 평화통일조항 및 평화통일정신과 상충하고 남북간 화해협력과 평화정착 및 평화통일에 장애물로 되었다. 이 조항을 삭제하는 게 가장 깨끗한 방법이

라고 생각한다." [2005년 10월27일, (사)아시아사회과학연구원이 주관한 '제4차 6자회담 공동성명의 법제도적 정책 과제와 향후 전망'이라는 토론회에서]

안민석

경남 의령 출생(1966). 現 국회의원(17~18대, 민주당). 6·15 공동선언실천 남측준비위원회 공동대표.

"이명박 정권이 간첩사건으로
불리한 정국을 타파하려 한다"

●**"한총련 반드시 사면돼야"**: "통일시대에 살아야 할 후배들이 국보법의 피해자로 사는 것을 방관할 수 없다. 한총련 관계로 수배받고 있는 48명의 학생과 수감돼 있는 6명의 학생 전원은 반드시 사면되어야 한다." (2005년 7월29일, 한총련 사면 촉구 성명에서. 출처–오마이뉴스)

●**"對北제재로는 북핵문제를 풀 수 없다"**: "무력충돌을 야기할 수 있는 對北제재나 봉쇄와 같은 강경정책으로는 문제를 풀 수 없다. 일방적인 봉쇄와 압박은 제2, 제3의 핵실험과 미사일 발사로 연결될 가능성이 높다." (2006년 10월13일, PSI 참가 반대 성명에서. 출처–프레시안)

"경찰은 더 이상 대한민국 경찰임을 포기했다. 국회의원인데도 (연행하는 태도가) 이 정도인데 시민을 연행할 때는 어느 정도겠느냐." (2008년 6월27일, 촛불집회 도중 경찰이 자신을 때렸다고 항변)

※안 의원은 경찰관들로부터 폭행 혐의로 고소당했으며, 사건 발생 1년 9개월여 만인 2010년 4월1일 서울중앙지검 공안2부(부장 유호근)에 의해 경찰관 3명을 폭행한 혐의(공무집행방해 등)로 불구속 기소됐다.

●**"이명박 정권이 간첩사건으로 불리한 政局을 타파하려 한다"**: "이명박 정권이 법치를 강조하는 부분과 용공조작사건 및 간첩사건으로 불리한 정국을 타파하려는 부분은 5공과 너무 흡사하다. 전두환 정권은 상황이 어렵고 불리할 때 용공조작·간첩사건을 터뜨려 국민들의 관심을 돌렸다." (2008년 8월29일, '어청수 경찰청장 파면 국민청원 접수 및 광우병국민대책위 공동 기자회견'에서)

조배숙

전북 익산 출생(1956). 現 국회의원(16~18대). 現 민주당 최고위원(2010.10~). 前 서울고법 판사.

"한총련에 격려가 필요"

●**"준법서약제 폐지해야"**: "준법서약을 거부한 미전향 장기수 19명이 석방돼 북으로 돌아간 사례가 있고, 유엔 인권위와 국제 앰네스티 등 국제 인권단체도 준법서약제 폐지를 요구하고 있는 상황이므로 이번 기회에 사회적 합의를 도출할 필요가 있다." (2003년 3월28일 연합뉴스, 검찰총장 인사청문회)

※준법서약제란 국가보안법 위반, 집회및시위에관한법률위반 등의 공안사범에 대해 가석방 결정 전에 출소 후 대한민국의 국법질서를 준수하겠다는 준법서약서를 제출하게 해 준법 의지가 있는지 여부를 확인하는 절차를 말한다. 준법서약제는 2003년 7월 폐지됐다.

●**"한총련에 대한 따뜻한 관심과 격려가 필요한 때"**: "해방 이후 지금까지 한국의 학생운동은 민주화와 통일을 위해 노력해 왔다. 때때로 법의 테두리를 넘어서고 국민여론과 유리되기도 했으나 그 비판의 열정과 변화의 에너지는 이 나라를 전진시키는 추동력이 되어왔다. 이런 학생운동이 지금 치열한 자기반성을 바탕으로 근본적 전환을 통해 변화 발전을 모색하고 있다. 한총련 대학생들의 모습에 사회의 따뜻한 관심과 격려가 그 어느 때보다도 필요한 때이다." (2003년 4월18일, 한총련 합법화 촉구 성명서에서. 출처─프레시안)

●**"색깔론으로 민주세력의 도덕성에 흠집을 낸다"**: "한나라당이 '정부핵심에 북 연계세력이 있다'는 '아니면 말고' 식의 구시대적 색깔론을 제기하고 있다. 이런 구시대적 발상이 다시는 발붙일 수 없도록 이 발언에 대해서도 철저한 진상조사가 있어야 한다. … 한나라당측이 송두율 교수 사건을 빌미로 매카시즘적인 발상과 시대착오적인 정치공세를 펼치는 것은 유감이다. … 일각에서 색깔론과 이념공세로 정부와 민주세력의 도덕성에 흠집을 내고 반사이익을 얻기 위해 이번 사건을 이용하고 있는데 이 같은 낡은 정치행태는 국민들로부터 외면당할 것이다." (2003년 10월6일, 국회 법사위 대검찰청 국정감사에서)

●**"경찰이 의도적으로 시민들을 자극"**: "집회를 폭력집회로 몰아가기 위해 경찰이 의도적으로 시민들을 자극하는 것 아닌가 하는 생각까지 들었다. 그걸 명분으로 해서 강경진압을 정당화하겠다는 것이다. … 어제 법무부장관을 비롯해서 담화문을 발표했고 강경대응하겠다는 입장

을 밝혔다. 이건 역사의 시계바늘을 거꾸로 돌리고 80년대식 공안정국으로 되돌아가려는 시도라고 생각한다." (2008년 6월30일, CBS 라디오 '시사자키 고성국입니다'에 출연해)

●**"촛불집회는 저항권 정신의 발현"**: "촛불집회는 우리 헌법 전문에 3·1운동과 4·19민주이념의 계승을 천명함으로써 담아낸 저항권 정신의 발현이다. 이를 폭력적으로 강제 해산시키고 온라인에서도 원천 봉쇄를 하는 것은 국민의 입에 재갈을 물려 정부가 마음대로 하기 위한, 신 공안정국을 조성하려는 의도가 아닌가." (2008년 7월18일, 대정부 긴급현안질문. 출처-뉴시스)

5

敵과 惡 감싸기

곽선희
박시환
윤광웅
이재정
이종석
이철기
조승수
표명렬
한명숙

敵과 惡 감싸고 國軍 약화시키기

主敵개념 폐지, 韓美연합사 해체, 軍복무 기간 단축, 병력 축소 등

노무현 정권은 2004년 10월 발간된 국방백서에서 북한에 대한 主敵(주적) 개념을 삭제해 버렸다. 북한정권이 反국가단체라는 헌법의 명령을 조롱하고 지난 60년간 42만 건 이상 停戰協定(정전협정)을 위반했다는 실체적 위협도 덮어버린 조치였다.

主敵 개념 삭제는 또 다른 조치로 이어졌다. 같은 해 주한미군이 맡고 있던 10대 군사임무인 ①공동경비구역경비 ②후방지역제독작전 ③신속지뢰설치 ④공지사격장 관리 ⑤對화력전 수행본부 ⑥主보급로통제 ⑦해상특작부대작전 ⑧근접항공지원통제 ⑨기상예보 ⑩주·야탐색구조 등이 2008년 말까지 한국군으로 완전히 전환됐다.

盧정권의 主敵 개념 폐지와 미군이 담당했던 10대 임무 한국군 전환은 수도권 북방의 미2사단 후방이전과 戰時작전통제권 전환의 사전조치로 평가받았다. 실제 盧정권은 2004년 미2사단 재배치 계획을 '연합토지 관리계획협정' 상의 재배치 계획과 통합하여 추진하면서 2004년 12월 '주한미군기지 이전에 따른 평택시의 지원에 관한 특별법' 을 제정, 미2사단의 평택이전을 추진하기 시작했다.

戰時작전통제권 전환은 2005년10월에 열린 제37차 韓美(한미)안보협의회에서 韓美국방장관이 '戰時작전권 전환에 관한 논의를 적절히 가속화' 하자는 데 합의함으로서 본격화 되었다. 이후 2006년 9월 노무현 대통령과 부시 대통령은 戰時작전통제권을 한국으로 전환한다는 기본원칙에 합의했고, 2007년 2월 韓美국방장관회담은 '2012년 4월17일' 에 戰時작전통제권을 한국으로 전환하기로 합의했다..

소위 진보·좌파는 노무현·김대중 정권 10년간, 미2사단 후방 배치, 戰時작전통제권 2원화, 韓美연합사령부 해체, 主敵개념 폐지, 군복무 기간·규모 단축 등 국가안전보장의 제도적 장치를 해체해 갔다. 〈金成昱〉

황해도 출생(1933). 前 소망교회 목사. 現 평양정보과학기술대 이사장. 現 숭실재단 이사장(1996.4~).

"북한은 회개 안해도 용서해야"

●**"하나님의 경륜 속에 이 분들이 오셨다"**: "내가 북한을 열두 번 방문할 때마다 꼭 한 번 서울에 와 달라고 했는데 오늘에야 이 분들이 오셨다. … 이 일은 하나님의 경륜 속에서 이뤄진 매우 놀라운 일이다." (2003년 3월1일, 서울에서 개최된 '평화와 통일을 위한 3·1민족대회'에서 북한의 가짜 기독교 조직인 '조선그리스도연맹(조그련)' 관계자 14명이 소망교회 예배에 참석하자)

●**"북한인권 안 되게 돼 있어요"**: ('북한인권이 개선 돼야 지원할 수 있다'는 견해와 '지원이 먼저다'라는 견해가 대립하는 데 어떻게 생각하느냐?'는 진행자의 질문에) ―"(북한)인권은 안 되게 돼 있어요. 그게 사회주의 제도니까. 사람을 감동시키는 것, 마음을 움직이는 것은 하루 아침에 되는 건 아니에요."

(장티푸스 예방주사약 2만 명분을 북한에 지원했을 때 북한 당국자가 '우리네 세계에 의료는 사치입니다' 고 말했던 경험을 말해준 뒤) "선교는 하나님이 하시는 일이에요. 뭐냐, 우리는 달라는 자에게 주면 되고, 배고픈 자 먹이면 되고, 어려운 자에게 주면 되요. 그 다음 일까지 우리가 한다고 해서는 안 됩니다."

('남북통일이 언제 될 것 같으냐?'는 진행자의 질문에) ―"하나님만 아

시지만… 우리 마음에 북한에 대한 사랑, 용서해야 합니다. 우리는 때로 (상대방이) 잘못했다고 할 때 용서해요. 조건부. 잘못을 인정해야 용서하지 않아요? NO. 예수님이, 하나님이 언제 그랬어요? 아니에요. 용서를 구할 줄도 모르는 자를 용서하고, 회개할 줄 모르는 자도 용서해야 해요. 다시 말하면 변변치 않은 자존심 · 인격 · 명예 때문에 많은 일에 잘못했다는 말도 못해. 아임 쏘리. 한 마디면 세상이 바뀌어요.”

('북한에서 조사 같은 것을 받았느냐, 그로 인해 곤욕을 치렀느냐' 는 진행자의 질문에) —“그런 건 없어요. 난 그런 거 없어. 나는 북한을 알아요. 체제를 잘 알아요. 그러기 때문에 조심합니다. 거침이 없죠. 그 사람들은 나를 좋아해요. 아주 신임을 해요.” (2010년 4월16일, 극동방송 라디오 '만나고 싶은 사람, 듣고 싶은 이야기' 에 출연해)

박시환

경남 김해 출생(1953). 現 대법원 대법관(2005~). 서울대 법대 졸업(1976). 서울지법 부장판사(2003).

“북한을 反국가단체로 볼 수 없다”

●**“절차와 규정은 합리적인 상황에서나 할 수 있는 것”**: “(신영철 대법관과 관련해) 양쪽에 각자의 입장이 있는 것 같다. 다만 앞장서는 판사들을 좌파로 규정하거나 진보 · 보수의 문제로 보는 시각은 적절하지

않다고 본다. 판사들이 절차와 규정을 지킬 것을 강조하는 분들도 있는데 그건 합리적인 상황에서 할 수 있는 것이다. 4·19와 6월 항쟁도 절차와 규정은 지키지 않았다." (2009년 5월19일, '신영철 대법관의 재판개입'과 관련 경향신문과의 인터뷰에서)

●**"북한을 反국가단체라고만 할 수는 없는 것"**: "북한이 실질적으로 국가와 다름없는 체제와 구조를 갖추고 대한민국 역시 북한을 여느 국가와 크게 다르지 않게 상대하고 있으면서 한편으로 북한을 대한민국 전복을 노리는 反국가단체라고만 할 수는 없는 것." (2010년 7월24일, '남북공동선언실천연대의 이적성 여부에 대한 판결문'에서 낸 의견)

윤광웅

부산 출생(1942). 前 국방부 장관(2004.7~2006.11). 前 해군참모차장, 해군 작전사령관 (예비역 해군 中將, 해군사관학교 20기). 前 대통령비서실 국방보좌관(2004.1~2004.7).

"主敵개념 표현은 언어도단"

●**"主敵(주적)개념 표현은 언어도단"**: "主敵 개념을 적용하면 南北 간 관광이 가능하겠나. 국방부가 主敵을 표현한 건 언어도단이다. 외교안보 정책을 총괄하는 곳에서 얘기해야 할 사항이다. 군사정책은 국가의 외교안보 정책의 하위개념이다. 주적문제도 그렇다. 그동안 국방부가 왜 주적 개념을 표현했는지 이해가 되지 않는다. 외교안보 총괄부서에

서 주적을 설정해야 한다." (2004년 11월16일, 국방부 대회의실에서 열린 과장급 간부 이상을 대상으로 한 훈시에서. 출처-코나스)

※이후 2005년도 국방백서에서는 主敵개념이 삭제됐다.

●**"북한의 미사일 발사체가 인공위성일 수도"**: (야당 의원들이 "이미 미국과 일본은 발사체를 미사일로 보고 대응준비를 하고 있다"고 지적하자) "(북한의 미사일) 발사가 임박하지는 않은 것으로 판단하고 있다. (북한의 미사일) 발사체가 인공위성임을 배제할 수 없다. … 지금은 뭐라 한 가지로 말하기 어렵다." (2006년 6월22일, 국회 국방위원회 발언)

※북한은 2006년 7월4일 미사일을 발사했다.

●**"戰作權(전작권) 환수돼도 우려 없어"**: "전시작통권이 환수되면 유사시 증원전력 전개도 보장할 수 없다는 일각의 우려는 맞지 않다. 韓美는 유사시 압도적인 미군 增員(증원)전력의 전개를 전제조건으로 전시작전통제권의 한국군 단독행사 방안을 협의하고 있다. … 전시작전통제권이 환수되면 주한미군이 철수한다는 일각의 우려는 맞지 않다." (2006년 8월3일, 국방부 브리핑)

※韓美연합사 해체 이후 주한미군 추가감축은 없을 것이라는 주장은 사실이 아니다. 2009년 9월19일자 조선일보 기사에 따르면, '작통권이 이양되면 2008년까지 주한미군 1만2500명을 감축키로 한 계획 이외 추가적 감축이 있느냐'는 기자의 질문에 美국방부 관리는 "병력구조가 변할 것이므로 추가적인 재배치나 감축 가능성은 있다", "미국이 지원역할만 하게 되면서 생기는 불필요한 부분은 뺄 수 있다"고 답했다.

●**"한미연합사는 주권 침해에 가깝다"**: [이인제 의원의 "戰時(전시)에 작전계획을 韓美연합사령부에서 공동으로 작성해 가지고…시행하는 것이 한국의 군사주권을 침해하는 것이 아니지 않습니까?"라는 질의에] "주권하고 관계가 있습니다. 침해에 가깝습니다. 그렇지 않습니까? … 자주국방과 관계있습니다."(2006년 8월17일, 국회 국방위원회)

●**"한미연합사 해체해도 미군 자동개입"**: [송영선 의원의 "(한미)연합사 해체시 자동개입 됩니까. 안됩니까?"라는 질의에)] "(한미연합사 해체 후에도 한반도 유사시) 미국은 자동 개입합니다. …(유사시 자동개입은) 미국하고의 약속입니다." (上同)

※韓美연합사 해체 이후 미군의 戰時增員(전시증원) 및 자동개입이 가능하다는 것도 사실이 아니다. 韓美연합사 해체 이후 남게 되는 韓美상호방위조약에는 자동개입 등 법적조항이 없다. 2006년 9월19일자 조선일보 기사에 따르면, '한국 정부는 작전통제권 이양 후 한반도 유사시에 美증원군을 문서로 보장하는 등 추가적 장치가 있을 것이라고 한다' 는 기자의 질문에 美국방부 관리는 "그것은 신뢰의 문제다", "다른 장치는 필요 없다"고 말했다. 韓美연합사가 해체 이후 韓美상호방위조약에 의해서도, 또는 추가적 장치에 의해서도 미군의 전시증원이 보장되지 않는다는 설명이었다.

"韓美(한미)공동성명을 보면 핵우산 부분이 예년과 다를 것이다."
(2006년 10월21일, 韓美SCM 공동기자회견)

※윤광웅 장관은 북한의 2006년 10월9일 핵실험으로 韓美연합사 해체에 대한 반대 여론이 높아지자, 미국이 核(핵)우산을 강화했다고 선전했다. 그는 10월21일 SCM 공동기자회견에서 공동성명에 '확장된 억지력(extended deterrence)' 이라는 표현이 들어간 것을 두고 '대단한 성과' 라며 의미를 부여했다. 그러나 도널드 럼즈펠드 장관은 기자회견 중 윤 장관의 발언에 대해 "정말이냐. 당신이 나보다 많이 알고 있는 것 같다"고 하며 공동성명의 核우산 내용이 예년과 다를 게 없다고 강조했다.

충북 진천 출생(1944). 現 국민참여당 대표(2010~). 고려대 독어독문과 졸업(1969). 캐나다 토론토대 트리니티대학원 신학박사(1988). 성공회대 총장(1994~1999). 16대 새천년민주당 국회의원(2000~2004). 통일부 장관(2006~2008).

"('김정일花'를 생일선물로 받은 후) 일생에 잊지 못할 기쁜 생일"

●**"성공회대를 통해 구현코자 한 이념은 기독교 사회주의"**: "이 학교 (성공회대학교)를 통해 신학적·교육적으로 구현하고자 한 이념은 '기독교 사회주의' 였다." (2004년 6월16일, 한겨레21 인터뷰)

"김남식 선생님은 민족통일운동사의 큰 업적을 이룬 분이며 존경해 마지않던 분이다. 그 업적을 높이 치하해야 할 것." (2005년 1월6일, 북한체제를 美化해 온 간첩 출신 김남식 사망 시 장례식장에서)

●**"북한의 인권유린 실태를 검증할 수 있는 방법이 없다"**: "(한나라당 朴振 의원이 '북한에서는 고문, 공개처형, 여성 인권 침해, 외국인 납치 등도 벌어지고 있다' 고 질의하자) "민주화된 나라들도 유사한 경험이 있다. 저 내용들을 검증할 수 있는 방법이 없다. 사실인지 판단할 수 없다." (2006년 11월17일, 국회 통일부 장관 인사청문회)

"('간첩단 사건, 불법달러 위조, 마약 거래 등 북한의 국제 불법거래가 확산되고 있다' 는 朴振 의원의 질문에) 의원님이 열거한 것 중에서 확증적으로 밝혀진 내용은 없다고 본다."(上同)

"('북한에 체제 붕괴 등 급변사태에 대비해 어떻게 준비하겠냐' 는 朴振의원의 질문에) 急變(급변)사태 이후는 국방부나 다른 부서의 일이지

통일부가 할 일은 아니다. 무력이든, 경제력이든 흡수통일은 생각해서
도 안 되고 그 방향으로 가서도 안 된다.”(上同)

“김일성에 대한 평가는 역사가 할 것이며 아직 과거사가 정리되지 않
았다” (上同)

●**“같은 민족으로서 北의 빈곤 책임 감수해야”**: “북한의 核실험 배경
에는 빈곤구조도 한 요인으로 볼 수 있다. 한반도 안보문제를 해결하기
위해서는 핵과 빈곤문제를 해결해야 한다. … 통일의 길목에서 가장 중
요한 것은 나눔이다. 세계경제 10위권 국가로서, 또 같은 민족으로서 북
의 빈곤에 대해 책임을 감수해야 한다.” (2007년 1월2일, 정부종합청사
에서 가진 기자간담회)

●**“김정일 위원장의 통치 역량이 북한 內外(내외)에 입증”**: “총체적으
로 볼 때 김정일 총비서 추대 10년, 김 위원장이 추진해 온 강성대국 정
책의 일정한 완성으로 김정일 위원장의 통치 역량이 북한 내외에 입증
된 면이 있다.” (2007년 1월24일, 문화일보 동북아미래포럼 강연)

●**“(‘김정일花’를 생일선물로 받은 후) 일생에 잊지 못할 기쁜 생일”**:
“이재정 통일부 장관이 북한 측으로부터 ‘김정일花(화)’를 생일 축하선
물로 받고 ‘일생에 잊지 못할 기쁜 생일’이라고 화답한 데 대해 ‘부적절
한 언행’이라는 네티즌의 지적이 일고 있다. … ‘김정일花’는 1988년 2
월 김정일 국방위원장의 46회 생일에 맞춰 명명된 김정일 상징화다. …
일본 원예학자 ‘가모 모도데루’가 南美가 원산지인 베고니아종 뿌리로
20년간 연구 끝에 개량해 김정일에게 바친 것으로 선전하고 있다. 이 꽃
은 북한에서는 ‘불멸의 꽃’으로 불리고 있으며, 김정일 찬양시나 대중가
요의 主소재로 등장한다.” (2007년 3월4일, 출처—데일리안)

●**“북한의 미사일 발사는 통상적인 일”**: “(동해와 서해상에서 두 차례

있었던 북한의 단거리 미사일 발사는) 심각한 위협이 되지 않는 '통상적인 일' 이다." (2007년 6월7일, 프레스센터 외신기자클럽 간담회에서)

● "NLL은 영토개념이 아니다"

—열린당 李華泳(이화영) 의원: …그런데 이번 기회에 우리 정부도 NLL 문제의 해결을 위해서 적극적 관점을 가져야 된다고 저는 생각합니다. 예를 들면 서해안을 남북한이 공존, 그러니까 서로 상생하는 공간으로 어떻게 만들어 갈 것인가, 이를테면 그 지역에 평화지역을 선포한다든가 그래서 남북한이 漁撈(어로)작업을 공동으로 같이 하는 존을 설정해 놓는다든가 이런 방법을 통해서 NLL 문제에 대한 합리적 해결을 기해야지 지금 일부에서 주장하는 것처럼 이것은 국경에 관한 문제이기 때문에 절대 노무현 대통령, 남은 임기가 얼마 남지 않은 대통령이 합의해서 안 된다 이렇게 접근해서는 안 된다고 생각합니다. 그 문제에 대한 장관님 의견은 어떻습니까?

—통일부장관 이재정: 의원님의 말씀에 대해서 저는 존중하는 마음으로 들었습니다. NLL은 기본적으로 영토의 개념은 결코 아니라고 생각합니다.

—이화영 의원: 그렇습니다.

—이재정: NLL은 남북 간의 군사적 충돌을 막고 안보적 개념에서 이것이 설정이 되어서 이제까지 유지되어 왔는데요. 그런 의미에서 현재의 상황에서 남북 간에 어떻게 군사적 긴장관계를 좀더 줄이고 군사적 우발적 충돌을 서해상에서 막아 나가느냐 하는 보다 더 현실적이고 보다 더 실효성 있는 방안을 강구하는 것이 훨씬 더 중요한 때가 아닌가 이렇게 생각하고요. 특히 지금은 서해상에 그런 안보상의 충돌을 막는 구체적인 장치가 필요한 때라고 생각을 합니다. (2007년 8월10일, 국

174

회 외교통상위원회 속기록)

●**"(서해교전 당시) 우리의 안보를 지키는 방법론을 반성해야"**: "('서해교전에서 NLL을 지키기 위해 장병 6명이 전사했는데, NLL이 영토가 아니라면 목숨을 걸고 지킬 필요가 없지 않느냐'는 한나라당 沈載燁 의원의 질문에 대해) 서해교전 당시 안보를 어떻게 지켜내는가에 대한 (대응) 방법론에 대해 우리가 반성해야 한다." (2007년 8월18일, 국회 남북평화통일 특위)

●**"정부가 천안함에 대해 뭔가 숨기는 것이 아니냐"**: "(정부의 천안함 발표를 보면) 뭔가 숨기는게 있는 것 아니냐 이런 생각이 든다. 정부가 천안함 사태와 관련해 여러 번 말을 바꾸었다. … 언론이나 전문가가 제시한 의혹에 대해 해명하지 않은 상태에서 民官(민관) 합조단이 일련의 조사결과를 일방적으로 발표했다. … 그동안 큰 선거가 있을 때마다 대체로 여당이 北風(북풍)을 일으켜서 선거에 영향을 미치려 했던 정치적 의도가 있었다. 그런데 이번에도 역시 왜 하필이면 공식선거운동이 시작되는 5월20일에 발표했을까. TOD영상자료라는 것이 대단히 중요한 자료인데도 불구하고 아직까지 국민에게 공개하지 않는 상태에서 발표한 것을 보면 뭔가 숨기는 게 있는 것 아니냐 이런 생각이 든다." (2010년 5월22일, 경기방송 시사대담프로그램 '시사21'에 출연)

●**"천안함 사태를 정치적으로 이용하려는 숨은 의도가 있다"**: "정부와 한나라당이 천안함 사태를 정치적으로 이용하려는 숨은 의도가 분명히 있다. … 정말 북한의 잠수정이 韓美 군사훈련을 하고 있고, 우리 군함이 여러 척 떠 있고, 헬리콥터가 떠 있고, 미국 이지스함이 두 대씩이나 와서 참여하고 있는 엄청난 군사훈련 동안에 어떻게 쥐도 새도 모르게 감쪽같이 북한 잠수정이 와서 쏘고 갔겠나. 만약 그것이 정부발표대

로 사실이라면 이거야말로 우리나라 안보가 완전히 무너진 것 아니냐. 그렇게 판단할 수밖에 없다."(上同)

●**"정치보복으로 전직 대통령을 살해한 無道(무도)한 이명박 정권"**: "정치보복으로 노 前 대통령의 목숨을 빼앗은 한나라당과 이명박 정권을 반드시 심판해 달라. … 노 前 대통령을 부엉이 바위에서 밀어 떨어뜨린 것은 이명박 독재 정권이 저지른 잔혹한 정치보복이다. … 정치보복을 당해 노 前 대통령이 목숨을 잃자 자신의 반쪽이 무너져 내렸다고 하신 김대중 前 대통령은 그 충격으로 건강이 급격히 악화돼 곧이어 세상을 떠나고 말았다. … 노 前 대통령 서거 1주기 직후에 치러지는 이번 지방선거에 정치보복으로 전직 대통령을 살해한 무도한 이명박 정권을 심판해 달라." (2010년 5월23일, 국민참여당 홈페이지에 올린 글)

이종석

경기 남양주 출생(1958). 前 통일부 장관(2006.2~2006.12). 국가안전보장회의(NSC) 사무차장(2003.3~2006.2). 세종연구소 남북관계연구실 실장(1994.9~2003.3). 대통령직 인수위원회 외교통일안보분과 위원(2002.12~.) 남북정상회담 남측대표단(2000.6).

"병사들에게 對北 적개심 교육 안 시켜야"

●**"진정한 통일은 이 땅의 제국주의 세력 축출"**: "오늘날 통일운동을 주도해 가는 민족민주 운동 진영에 있어 진정한 통일은 한국 사회를 강

점해 분단함으로써 한국 민중을 고통의 늪에 빠뜨리면서 그들의 이해관계를 관철시키고 있는 帝國主義(제국주의) 세력을 이 땅에서 축출함으로써 가능한 것이다." (1988년 9월, 〈사회와 사상〉에 기고한 '남한의 통일정책과 통일운동'에서)

●**"김일성은 민족의 영웅"**: "당시 김일성은 일반 민중에게 '공산당의 영웅'이 아니라 '민족의 영웅'으로 부각되어 있었다. … 요컨대 조국광복회에서 민족통일전선 운동의 실천적 경험자였던 김일성과 그의 동료들은 그들의 抗日(항일)무장투쟁의 聲價(성가)로 담보된 정통성을 기반으로 해방 후 혼란했던 북한 정국을 정면으로 돌파했다. (1989년, 이종석 著 석사논문 〈북한 지도집단의 抗日 무장투쟁의 역사적 경험에 대한 연구〉에서)

"소련이 左派(좌파)의 다른 政派(정파)들을 제치고 계획적으로 김일성을 지원하고 조종했다는 주장은 받아들이기 어렵다. … 김일성은 항일무장투쟁에서 얻은 그의 정통성을 기반으로 해방 직후 북한 사회에서 통일전선의 모색과 군중노선의 추구 그리고 현지 지도 등을 실천했다." (1988년 9월, 〈역사비평〉에 기고한 '북한사회주의 정권의 성립과정'에서)

●**"김일성은 군사지도자로서 최고 지도자"**: "김일성은 군사지도자로서의 탁월성을 보여준다. 동만[東滿洲] 일대를 배경으로 抗日(항일)무장투쟁을 전개한 공산주의자들 중 최고 지도자이다." (1989년, 〈북한지도집단의 抗日무장투쟁의 역사적 경험에 대한 연구〉에서)

●**"열악함 속에서도 김일성은 조국해방과 혁명에 대한 열의를 가져"**: "김일성과 그 동료들의 對日(대일)항전은 거대한 제국주의 세력에 대항해서 소수의 인원과 열등한 무기를 가지고 열악한 환경 속에서 싸운 투

쟁이었다. 이 싸움에서 그들이 日帝(일제)보다 우수하다고 자부했던 것
은 그들 자신의 혁명적 열의뿐이었다. 물질의 궁핍과 환경의 열악함 속
에서 그들을 견디게 해준 것은 다름 아닌 祖國解放(조국해방)과 革命
(혁명)에 대한 열의였다." (1993년, 자신의 박사논문 〈조선로동당의 지
도사상과 구조변화에 관한 연구〉에서)

●**"북한의 미사일 문제 해결은 경제적 보상으로 해야"**: "북한의 미사
일 개발문제의 해결은 미사일 주권을 포기해야 하는 북한에 경제적 보
상을 하는 것밖에 달리 대안이 없다." (2000년 2월, '대북포용정책 2년
의 평가와 과제'에서)

●**"2차 남북정상회담을 위해 (對北)사과요구론 제어가 필요"**: "제2차
남북정상회담을 통해 평화협정을 추진해야 하며 원활한 회담 추진을 위
한 사전 정비작업으로 김정일 답방 시 사과 요구론의 제어가 필요하다."
(2001년 7월, 세종연구소刊 〈제2차 남북정상회담 추진방안〉에서)

●**"병사들에게 북한에 대한 적개심을 갖도록 하지 말고…"**: "앞으로는
병사들을 교육할 때 북한에 敵愾心(적개심)을 갖도록 하는 것보다는 시
민정신과 국가에 대한 자존심을 잃지 않도록 하는 게 중요하다." (2004
년 6월19일, 육군사관학교에서 열린 '2004 무궁화회의' 강연에서)

※무궁화회의는 국방정책과 안보현안에 대한 공감대를 형성하기 개최되는 年例(연
례)회의로, 全軍의 장성 440여 명이 참석한다. '2004 무궁화회의'에서 이종석 당시
국가안전보장회의(NSC) 사무차장을 비판한 김광현(육군본부 정훈공보실장) 준장은
2005년 1월, 계급 정년을 3년이나 앞두고 早期(조기) 전역했다.

●**"GP 철수해야"**: "남북이 GP(전방경계초소. Guard Post)를 철수하는
문제 등을 해결하도록 노력해야 한다." (2006년 2월16일, 외교통상부
청사 재외 공관장 대상 강연에서)

※GP는 휴전선 남방한계선에 설치돼 북한군의 동태를 파악하고 전략적 군사판단을 좌우하는 현장 정보를 확인·보고하는 임무를 맡은 곳이다.

●**"김일성의 인격과 천부의 자질을 북한 인민이 헌신적으로 받아들여"**: "김일성의 지난 반세기 동안의 북한 통치는 베버의 표현대로라면 '지배자의 인격과 그가 지닌 천부의 자질'을 '인민'이 '헌신적'으로 받아들임으로써 가능한 것이었다." (이종석 著, 〈새로 쓴 현대 북한의 이해〉에서)

●**"김일성은 밀고 당길 줄 아는 유능한 협상가"**: "김일성은 독재자였음에 틀림없다. 그러나 다른 한편 그는 유능한 협상가였음에도 틀림없다. … 휴전 이후 41년간 계속되는 긴장과 대립, 그리고 사건의 연속 속에서도 한반도에서 전쟁이 재발하지 않은 것은 순전히 한국 정부나 미국이 잘해서가 아니다. 그 해답의 반은 김일성과 북한 사회가 가지고 있다. 즉 그는 우리에게 항상 무모하리만치 음모적이고 저돌적이며 강경해 보이지만 실은 전쟁을 두려워하며 밀고 당기는 협상을 할 줄 아는 인물이었던 것이다.…김일성은 '천재성'이나 '영웅성' 선전을 통해서 카리스마를 구축한 다른 공산지도자들 수준에 머물지 않고 자신의 카리스마를 절대화한 사회질서와 윤리를 새로이 창출했다." (이종석 著, 〈현대 북한의 이해 사상·체제·지도자〉에서)

●**"仁德政治야말로 김일성 카리스마의 표상"**: "수령은 대중으로부터 충성과 효성을 맹세받는 대신에 以民爲天(이민위천)의 정신으로 인민을 대하고 '인민에 대한 믿음과 사랑의 정치', 즉 仁德(인덕)정치를 공언한다. '인민을 정치의 주인으로 여기고 인민에 대한 사랑과 믿음으로 모든 정치를 해나가는 것'으로 정의되는 이 仁德政治(인덕정치)야말로 현대와 봉건의 착종으로 특징지어지는 김일성 카리스마의 표상이라고 할 수

있다. 김일성의 카리스마는 현대 사회주의와 봉건적 가족국가관이 결합
되어 만들어 낸 독특한 카리스마라고 할 수 있다.”(上同)

●**“김일성은 自主시대의 개척자”**: “김일성은 우리에게 숱한 부정의
이미지로 얼룩져 있는 인물이지만, 한편으로는 우리 현대사에서 최초로
대외적으로 自主性(자주성)을 선언하고 主體(주체) 확립의 기치를 내건
지도자였다.” (上同)

이철기

인천 출생(1957). 現 동국대 교수. KBS 객원해설위원. 경실련 통일협회 이사. 평화와 통
일을 위한 시민연대 공동대표(2001.9~).

“북한의 미사일 개발을 촉발한 것은 남쪽”

●**“우리 언론은 북한의 미사일 발사에만 문제를 삼고 있다”**: “우리 언
론들은 미국의 태도에 대해서 비판을 하고 북미 간에 협상을 통해서 해
결하라고 요구해야 함에도 불구하고, 아무런 문제제기 없이 북한의 미
사일 현상에 대해서만 문제를 삼고 있다.” (2006년 7월12일, 〈기자협회
보〉 ‘북한보도, 무엇이 문제인가’ 특별대담)

●**“북한의 미사일 개발을 촉발한 것은 남쪽”**: “북한의 미사일 개발을
촉발한 것은 남쪽이다. 1978년에 박정희 정권이 미국의 나이키 미사일
을 개량해서 백곰 등 지대지 국산 미사일을 개발했고, 거기에 자극돼 북

한이 미사일을 개발한 것이다." (上同)

"21세기임에도 불구하고 우리 사회는 아직도 50~60년대의 가상공간 속에서 허우적거리고 있는 것만 같다. 강정구 교수의 '죄'는 그의 생각과 학문적 입장이 시대를 너무 앞서가고 있는 것인지 모른다. 분단시대를 살아가는 우리 민족과 우리 사회가 짊어져야 할 이 시대의 고통을 강 교수가 혼자 떠안고 있는 것만 같아 안쓰럽고 미안한 마음이다." (2006년 7월18일, 오마이뉴스에 기고한 칼럼)

"강정구 교수가 마치 우리 사회에서 이른바 남남갈등의 중심에 서 있는 것 같고, 또 보수냉전세력들의 표적이 되고 있는 데는 학자로서의 그의 '순진성'과 '고지식'이 한 몫을 하고 있는 듯하다. 그의 글을 읽고 있노라면 전혀 타협을 하지 않는 '학문적 결벽증'이 엿보이기 때문이다." (上同)

● **"남북관계를 '낮은 단계의 연방제'로 발전시켜야"**: "'6·15공동선언'에서 합의했듯이, 빠른 시일 내에 남북관계를 적어도 '국가연합' 단계나 '낮은 단계의 연방제'로 발전시켜야 한다. '평화를 희생한 통일'도 안 되지만, '통일을 희생한 평화'도 우리 민족에게는 의미가 없다." (2007년 3월22일, 한겨레신문에 기고한 칼럼)

● **"우리 정부가 북한의 텔레비전 시청, 신문 구독을 허용해야"**: "우리 정부가 먼저 북한 텔레비전 시청, 북한 신문 구독을 허용하는 통 큰 결단을 내리고, 국가보안법 등 언론교류를 가로막는 제도 개선 등도 추진해야 한다." (2007년 10월5일, 〈기자협회보〉 '언론광장' 월례포럼)

● **"전작권 환수 연기는 부끄러운 일"**: "전시작전통제권 환수를 연기한 것은 정말 부끄러운 일이다. 세계 10위권 대국이라는 나라가 자기 맘대로 움직일 수 없는 부끄러운 상황이다. 외국군대에 전시작전통제권을

넘겨야 국가안보가 지켜진다는 무능한 정권은 물러나야 한다." (2010년
7월19일, '전작권 환수 연기의 문제점과 대안' 토론회에서. 출처-통일
뉴스)

조승수

경남 울산 출생(1963). 동국대 생명자원경제학과 졸업(1995). 울산참여연대 공동대표
(1995). 울산 북구청장(1998~2002). 現 국회의원[18대, 진보신당(당대표)].

"군사적 대응 중심의
對北 결의문엔 찬성할 수 없다"

●**"군사적 대응 중심의 결의문엔 찬성할 수 없다"**: "정전협정 이후로
유사 이래로 처음으로 민간인 희생자가 발생한 이번 북한의 도발행위에
대해서는 모든 국민과 저는 북한정권의 군사적 도발을 강력히 규탄하고
자 한다. … 그리고 응분의 책임을 북한정권은 분명히 져야할 것이다.
… 그러나 우리 국민정서의 한편에는 군사적 대응으로 확전이 되거나
전쟁이 일어나는 것에 대해서는 분명히 반대하고 있다. 이러한 반대의
목소리에 대해서 우리 국회가 국민의 대의기관으로서 이성적으로 규탄
과 동시에 한반도에서의 평화를 어떻게 실현할 것인지에 대해서도 진지
하게 이 결의문에 담겨져 있어야 한다. … 결의문 자체는 많은 부분을
동의함에도 불구하고 군사적 대응 중심의 결의문은 찬성할 수 없는 입
장임을 밝힌다." (2010년 11월25일, 국회 본의회장 '대북결의안' 반대

입장 표명에서)

●**"이명박 정부가 남북관계를 어렵게 만들어"**: "어떤 구체적인 프로세스를 담자는 의미는 아니었고요. 이번 상황이 벌어진 것은 전적으로 북한의 잘못이고, 거기에 대한 책임은 분명하지만 또 한편으로는 이명박 정부가 들어서서 3년 동안 대북 강경 기조가 남북 관계를 굉장히 어렵게 만들어 온 측면이 있습니다. 그래서 오히려 단기적으로 지금은 규탄을 하고 북한에 대한 분명한 경고를 보냄과 동시에 장기적으로는 결국 대화를 통해서 이 문제를 풀어가야 된다고 하는 그런 큰 방향에 대한 의지의 표명도 저는 함께 반드시 필요하다, 저는 그렇게 생각합니다. (2010년 11월26일, KBS 라디오 '안녕하십니까 홍지명입니다' 에서)

표명렬

전남 완도 출생(1938). 現 평화재향군인회(平軍) 상임대표. 前 육군 정훈감(육사 18기). 해방 후 남로당 간부로 활동한 表文學(표문학)의 아들.

"국군의 對敵觀 교육은 친일세력의 잔재"

"지금 '보수'를 말하고 '애국'을 말하면서 軍을 들쑤시는 이들의 뿌리가 反민족적 친일세력과 민주주의를 파괴해 온 군부독재의 핵심세력임은 부연 설명할 필요도 없을 것이다. 진정한 보수라면 문민우위확립원칙을 흔들고 軍을 모욕하는 이들 목소리의 속내가 무엇인지 제대로 볼 수 있는 안목을 가져야 한다." (2004년 〈신동아〉 11월호 기고문, '진짜 보수가 참다못해 던지는 준엄한 충고!' -2004년 10월4일 국보법사수 국민대회를 비판하는 내용)

●"國軍의 對敵觀(대적관) 교육은 친일세력의 잔재": "한국군이 일본 군대 출신의 반민족적 親日(친일)세력들로부터 전수받아 지금까지 버리지 못하고 있는 가장 큰 대표적 악영향의 잔재는 바로 국군 속에 민족의 개념과 의식을 싹트지 못하게 만들고 있는 민족분열적인 對北적대의식 함양 교육이다. 아직도 우리 군은 시대착오적인 냉전적 사고를 고수하여 '주적론'이니 '대적관'이니 하며 對北적개심 고취가 정신교육의 핵심인양 주장 실시하고 있으니 역사적 정리를 하지 못한 친일세력들의 적폐가 이렇게도 심각하다. 대한민국 국군은 수구·기득권층만의 군대가 아니다. 극우세력의 군대는 더더욱 아니다." (2008년 1월21일, 平軍 홈페이지에 게재한 '아직도 고집하고 있는 대적관 교육, 군대개혁에 바친 내 인생'이라는 글에서)

●"광우병으로부터 우리 국군을 보호하자": "우리 정부에게 과연 주권국가로서의 자주성과 자존심을 지켜나갈 의지와 능력이 있는 것일까? 다행히 우리 국민은 어리석지 않다. 이웃과 함께 현수막을 내걸고 청계천으로 광화문으로 모여 촛불을 밝히고 있다. 진실로 우리 국군을 위하고 장병을 사랑하는 마음이 있는 단체라면, 어떤 일이 있어도 우리 장병들에게 광우병 우려가 있는 쇠고기를 제공하지 말아야 한다고 결연히 선언하고 그 실행을 독려해야 할 것이다. 그러나 미국이 하는 일은 늘 옳고, 미국이 요구하면 뭐든 응해줘야 한다는 崇美(숭미)사대주의에 빠진 그들로서는, 광우병보다 더한 우려가 있어도 미국이 원하는 일이라면 거부하기 힘들지 않을까 싶다. 광우병 위험으로부터 우리 국군을

184

반드시 보호하자. 고엽제 때처럼 무책임 무능의 잘못을 되풀이 말자.”
(2008년 5월20일, 平軍 홈페이지에 게재한 '광우병 위험으로부터 우
리 국군을 보호하자' 라는 글에서)

　“지난 1년은 나라와 겨레를 진정으로 사랑하는 국민들에게는 너무나
역겹고 고단한 한 해였습니다. 정권을 걸머쥔 親日(친일)·獨裁(독재)의
무리들이 마치 점령군이라도 되듯 오로지 자신들의 기득권 유지만을 위
해 혈안되어 있는 작태를 보면서 바른 역사의식을 지니고 정의롭게 살
아오신 회원님 여러분의 마음고생이 얼마나 크셨겠습니까? 매국적 反
민족세력과 군사독재의 망령이 되살아나 朝·中·東의 거짓 선동을 앞
세워 피땀으로 쌓아올린 민주발전과 평화통일의 공든 탑을 무너뜨려 역
사를 후진시키려 광분하고 있습니다. 새해에는 반민족세력의 단말마적
발작으로 여러 어려움이 예상되고 있습니다.” (2008년 12월22일, 平軍
홈페이지에 게재한 '존경하는 회원님 여러분! 새해에도 정의의 촛불 높
이 들고 전진합시다' 라는 글에서)

　“그들(소위 수구 신문들)은 오로지 對北적개심을 불러일으키려는 상
징 조작에만 집착함으로써 국민들이 정부의 의도를 불신케 만드는 심리
전적 利敵(이적)행위를 범했다. '아니면 말고' 식으로 북한의 군사력과
전투기량을 과대 포장하여 연일 선전해줌으로서 결과적으로 북한의 對
南(대남)심리전을 적극 도와주는 이적행위를 저지르는 우를 범했다.”
(2010년 5월2일, 平軍 홈페이지에 게재한 '천안함 사고 보도, 수구신
문들의 이적행위' 라는 글에서)

　●“천안함 사건의 근원인 정전협정 폐기하고 평화협정 실현할 것”:
“철저한 국정조사로 천안함 침몰 진실을 규명하고, 관련자를 엄중 처벌
하라. … 최근 서울대 통일평화연구소 여론조사에서도 확인되듯 천안함

관련 정부 발표에 대해 70% 가량의 국민들이 불신을 드러내고 있는 상
황이다. 미국과 동맹국들이 주도한 국제조사단의 편파성이 여실히 드러
나고 있는 만큼, 객관적인 조사를 통해 진상을 다시 규명해야 한다. 남
과 북을 기본으로 하고, 필요하다면 다른 나라가 같이 참가하여 진상을
규명해야 한다. 또한 천안함 사건 발생과 처리과정에서 무능과 늑장대
응, 은폐와 조작을 일삼고 이를 빌미로 전쟁을 선동한 자들을 심판하기
위한 투쟁을 줄기차게 전개할 것이다. 천안함 사건의 근원인 정전협정
을 폐기하고 평화협정을 실현하기 위해 힘써 나갈 것이다." (2010년 9
월14일, '천안함 사건 진실규명과 한반도 평화를 위한 공동행동' 성명)

한명숙

평양 출생(1944). 金大中 정부 초대 여성부 장관(2001). 盧武鉉 정부 국무총리
(2006.4~2007.3). 2010년 6 · 2전국동시지방선거 서울시장 출마.

"KAL기 폭파, 독재정권이 조작했을 수도"

●**"우리 정부가 미국이 북한의 체제보장과 경제지원을 하도록 강력
하게 요청해야 한다"**: "북한은 북한 나름대로의 국익이 있고 미국은 미
국 나름대로의 국익이 있기 때문에 북핵문제가 쉽게 해결되리라고 보지
않는다. … 북핵문제 해결을 위해서는 미국이 동시 제안이라든지 대북
체제보장과 경제지원에 대한 보다 구체적이고 진전된 안을 내놓도록 우

리가 요청한다든지 제안을 강력하게 정부가 해야 한다." (2005년 6월 27일, 국회 통일외교통상위원회)

●"국가보안법은 6·15공동선언 실천에 걸림돌… 통일문제의 기본은 민족공조": "6·15공동선언 실천에 걸림돌이 되는 것이 국가보안법이지만 지금은 거의 사문화돼 상징성으로 남아 있다. … 올해 국가보안법 문제가 수면 위로 뜨면 이를 위해 최대한 노력하겠다. … 통일문제는 민족 내부문제이자 국제문제라서 민족공조와 국제공조 모두 필요하지만 그래도 기본은 민족공조이다. 일본에서도 민단과 조총련이 함께 만나 서로 양보를 해서 내부 문제가 있다면 풀기를 바란다." (2005년 7월 21일, 일본 도쿄에서 열린 '6·15선언 발표 5주년 기념 남북해외합동 강연회'. 출처─통일뉴스)

●"KAL기 폭파, 독재정권이 조작했을 수도": "역대독재 정권은 언제나 선거에 이기기 위해 對北이슈를 조작했는데 대한항공기 폭파사건도 그런 식으로 (조작)됐을 가능성이 있다." (2006년 2월15일, 국회 통일외교통상위원회)

●"경찰과 군인, 시위대 모두 냉정을 되찾자": "이제 모든 당사자들이 한 걸음씩 물러나서 냉정을 되찾자. … 경찰과 군인, 시위에 참가하는 사람들과 주민, 이 모두가 우리의 아들, 딸들이고 우리의 형제들이 아니냐? 우발적 충돌로 인해 폭력의 악순환에 휘말린다면, 만의 하나라도 인명이 손상되는 불상사가 일어난다면, 그 여파와 후유증이 얼마나 크겠냐. 그러한 사태는 우리 모두에게 아무런 도움이 되지 않는다." (2006년 5월12일, 평택 미군기지 이전 관련, 경찰과 폭도를 동일시하며 나온 對국민 호소문)

●"北核은 對外(대외)협상用": "지금 현재 시점에서는 北은 핵실험을

함으로써 핵보유국이라는 국제적인 지위를 획득을 해서 국제사회에서의 협상력을 높이려고 하는 것이 아닌가, 그 핵을 가지고 어느 나라를 戰時(전시)적인 도발을 하려고, 그런 목적을 갖고 있는 것은 아니다." (2006년 10월11일, 국회 北核실험 관련 긴급현안 질문에 대한 한명숙 총리의 답변)

●"북한 核무장, 미국의 금융압박이 원인일 수 있다": "(북한의 핵실험은) 북한에 일차적 책임이 있다고 보지만 어느 한 나라를 (책임이 있다고) 지명하기는 어렵다. … 미국의 제재와 일관된 금융압박이 하나의 원인일 수 있다고 생각한다." (上同)

●"金大中 대통령의 햇볕정책이 더욱더 소중…": "북한의 핵실험으로 남북 간 긴장이 고조되고 한반도를 둘러싼 동북아 평화에 대한 위기감이 높아지면서 김대중 전 대통령이 햇볕정책을 통해 넓혀 오신 남북 간 화해협력의 큰 길이 더욱더 소중하게 느껴진다." (2006년 11월2일, 김대중 도서관 전시실 개관식 축사)

●"지난 10년은 민주주의, 자유, 평화, 인권을 되찾은 10년": "혹자는 '지난 10년은 잃어버린 10년이었다' 고 주장하지만 사실은 지난 50년간 잃어버렸던 민주주의와 자유, 평화와 인권을 되찾은 10년이었다. … 전체적으로 민주개혁정부는 국가발전 단계를 한 단계 높이는 성과를 거두었다." (2007년 6월19일, 대경대 사회교육원 특강)

●"이명박 정부가 전쟁 먹구름을 몰고 왔다": "김대중 대통령이 저기 누워서 지금 피눈물을 흘릴 것이다. … 우리가 어떻게 일구어 온 평화냐. … 김대중 대통령이 한반도의 평화의 문을 활짝 열었고 노무현 대통령이 발전시켰다. … 국민의 정부 참여정부 10년 동안 사재기도 없었고, 공포에 떨지도 않았고, 무서워하지도 않았다. … 지난 정부는 한쪽으로

188

는 평화를 구축하고 한쪽으로는 안보를 튼튼히 했다. … 이명박 정부 들어서서 전쟁의 먹구름이 우리 앞에 다가오니까 그 때가 얼마나 좋았으며 그 평화가 얼마나 소중했는지 알게 됐다. … 그 평화가 그립다." (2010년 5월25일, 6 · 2지방선거 명동 선거유세 중)

●"10년 민주정부가 구축한 평화를 부정하고 있다": "정부가 지난 10년 민주정부가 구축한 평화를 깡그리 부정하고 있다. … 부정할 뿐 아니라 전쟁불사라는 전쟁 먹구름을 몰고 오고 있다. 이 정부는 민주주의를 짓밟고, 경제 무능에 평화까지 짓밟고 있다. … 주가는 오르고 환율이 급등하면서 민생이 파국으로 몰아치고 있다." (2010년 5월26일, 백범기념관에서 열린 野5당, 시민사회 '한반도 평화를 위한 시국회의')

"저는(서울시장 후보) 이 관권 선거를 한쪽으로는 막아내고 국민과 함께 전쟁의 먹구름이 닥쳐오고 있는 이 상황 속에서 한반도의 평화를 우리 국민의 생명을 지켜내는 데 안전을 지켜내는 데 최선을 다하는 그러한 데 노력을 하겠습니다."(2010년 5월26일, CBS 라디오 '시사자키 정관용입니다')

"수십 년 동안 냉전과 전쟁 위협과 긴장, 갈등 속에서 지구상에 유일하게 분단국가로 남은 남북관계를 김대중, 노무현 대통령이 지난 민주정부 10년 동안 남북관계의 긴장을 풀고, 평화의 문을 열고 발전시키지 않았느냐. 좌파, 빨갱이, 퍼주기 별별 욕을 다 들으면서도 그래도 해냈다. 이 정부 2년 반 동안 이렇게 전쟁 먹구름이 우리 앞에 돌아오도록 전쟁 위협을 몰고 갈 수 있나. … 46명의 꽃다운 청춘을 차가운 바다에 수장시키고 치욕의 패전을 자랑인양 당당하게 말하면서 선거를 관권선거로, 선거방해로 꽃다운 청춘의 목숨을 이용하고 있다." (2010년 5월29일, 6 · 2지방선거 광화문 선거유세 중)

6

反美선동

강정구
강희남
권오헌
김원웅
김창현
문정현
오종렬
정광훈

미국을 적화통일의 결정적 걸림돌로 인식

자칭 진보·좌파의 핵심 코드는 反美(반미)이다. 이는 미군이 남한에 주둔해 8·15 광복 직후 공산통일하지 못했고, 6·25사변 당시 김일성 남침이 역시 미군의 개입으로 실패했다는 역사적 경험에 기초한다. 이후 주한미군 주둔으로 북한의 공산통일이 이뤄질 수 없었다는 좌절감은 남한 내 진보·좌파의 反美주의의 배경을 이룬다.

이것은 대한민국이 美제국주의 植民地(식민지) 상태이므로 이미 해방된 북부조국, 즉 북한의 도움을 받아 아직 해방되지 못한 남부조국, 즉 남한을 해방해야 한다는 민족해방인민민주주의혁명(NLPDR) 노선으로 체계화되기도 한다. 이에 따라 주한미군 철수, 한미동맹 해체, 한미FTA 반대와 같은 논리가 나온다.

反美는 굳이 NLPDR 노선이 아니라 해도 국내 좌파의 공통된 주장이다. 이는 사회주의를 지향하는 좌파의 특성상 북한과 미국에 대해 각각 이념적인 好感(호감)과 反感(반감)을 갖지 않을 수 없다는 데 기인한다.

따라서 국내의 자칭 진보·좌파는 대부분 주한미군 철수, 한미동맹 해체, 한미FTA 반대를 주장하며 그렇지 않다 해도 정도의 차이일 뿐이다. 이들의 주장이 현실이 돼 한국과 미국의 관계가 단절돼 버리면 대한민국 赤化(적화)의 가능성 역시 높아질 수밖에 없을 것이다. 〈金成昱〉

경남 창녕 출생(1945). 前 동국대 교수. 現 평화와 통일을 여는 사람들(평통사) 부설 평화통일연구소 소장. 자주평화통일민족회의 공동의장(1998~). 베트남戰민간인학살진실위원회(베트남위원회) 대표.

"6 · 25 때 美軍 개입 안했어야…
광복 후 공산주의를 택했어야"

●**"만경대 정신으로 통일을 이루자"**: "만경대 정신 이어받아 통일위업 이루자." (2001년 8월17일, '8 · 15 축전행사' 당시 남측 대표단으로 방북해 김일성 생가인 만경대 방명록에 남긴 글)

●**"주한미군은 주권과 자주권을 침해하는 결정적 요소"**: "주한미군은 주권과 자주권을 침해하는 결정적 요소. 주한미군의 철수쟁취는 마치 난공불락의 성인 것처럼 보이기도 한다. 그러나 우리는 이러한 패배주의를 넘어서야 한다. 베트남민족해방전쟁(월남전)에서 민족해방전선(NLF, 베트콩)이 구정공세(Tet Offensive)로 미국여론을 자극하여 反戰(반전)운동에 불을 지핌으로써 미국의 군사력을 무력화시킨 역사적 교훈을 거울삼아야 할 것이다."(2003년 9월, 진보평론 제9호에 기고한 '주한미군 철수를 위하여')

●**"6 · 25는 통일전쟁"**: "6 · 25는 통일전쟁이자 내전. 집안싸움인 통일내전에 미국이 개입하지 않았다면 전쟁은 한 달 이내에 끝났을 테고 우리가 실제 겪었던 그런 살상과 파괴라는 비극은 없었을 것이다. 전쟁 때문에 생명을 박탈당한 약 400만 명에게 미국이란 생명의 은인이 아니라 생명을 앗아간 원수. 맥아더는 남의 집안싸움인 통일 내전 사흘 만인

27일 한국전선을 시찰하고, 미국 정부에 개입을 요구하고, 곧바로 소사 등에 폭격을 감행한 전쟁광이었다. 맥아더 동상도 함께 역사 속으로 던져버려야 한다." (2004년 7월27일, 인터넷 매체 데일리서프라이즈에 기고한 '맥아더를 알기나 하나요?')

●**"광복 후 공산주의를 택했어야"**: "6·25전쟁은 통일 내전. … 광복 후 공산주의를 택했어야 했다. 6·25전쟁에 미국이 개입하지 않았으면 한 달 안에 전쟁은 끝났고 인명 피해는 1만 명 이하였을 것이다." (2005년 9월30일, 한반도 정세 토론회에서)

●**"국가의 정통성은 북한이 가졌다"**: (국가정통성 문제에 대해) "북한이 남한을 능가한다. 북한의 김일성 정권은 높은 수준의 정통성과 정당성을 가졌다고 볼 수 있다. 이승만 정권은 정통성은 물론 권력행사 정당성도 부재했다."

(북한의 공산화 숙청을 '완벽한 일제잔재 숙청'으로 표현하며) "이로써 북한은 권력뿌리 정당성에서 남한을 훨씬 능가했다. (북한이) 사회주의를 사회구성체로 채택한 점은 민족정통성을 충족한 것으로 볼 수 있다."

"한국전쟁에서 침략개념은 바로 미국이 타국의 순수내전에 무력개입한 행위에서 찾아야 한다. 이러한 미국의 침략행위로 한국전쟁은 대량의 파괴와 살육이 난무하는 민족재앙으로 치달았다. 미국이 개입하지 않았을 경우 몇 주 이내 북한 주도로 민족통일이 이뤄졌을 것임을 입증한다. 김일성에게 전쟁발발 책임을 지우는 것은 한국전쟁의 총체적 구도를 포착하지 못한 것이다. 민족해방전쟁에서 민족해방세력이 몰락의 위기에 몰린 10월 말 중국인민군이 참전하여 완전히 새로운 전쟁이 돼버리고…." (강정구 著, 〈민족의 생명권과 통일〉)

●**"주체사상 不正(부정)은 잘못된 것"**: "主體思想(주체사상)이 지향하고 있는 인민성이나 주체성 등 목적성과 지도적 원칙 그 자체를 전적으로 부정하는 인식은 잘못된 것이다.…해방이후 반세기 남북을 비교할 때 가장 큰 특징 가운데 하나가 外勢從俗(외세종속)의 나라[남한]와 자주 또는 主體(주체)의 나라[북한]라는 대비이다." (강정구 著, 〈통일시대의 북한학〉)

강희남

전북 김제 출생(1920~2009.6.6 자살). 前 한국기독교장로회 목사. 前 우리민족연방제통일추진회의(연방통추) 의장. 조국통일범민족연합(범민련) 남측본부 초대 의장. 북한 김일성 사망 당시 범민련 남측본부 대표단을 이끌고 방북 弔問(조문)을 기도해 구속(1994).

"맥아더 안 왔다면 양키 식민지배 없었을 것"

●**"이북이 핵을 더 많이 가질수록 양키 콧대를 꺾을 수 있다"**: "현재 패권주의 세계에서는 核(핵)무기가 말을 한다. 핵이 없으면 주권도 지킬 수 없다. 핵은 주권이다. 以北(이북) 내 조국이 핵을 더 많이 가지면 가질수록 양키들의 콧대를 꺾을 수 있다. 그밖에는 방법이 없다." (2004년 7월29일, 인터넷 매체 'COREA'와 親北사이트 '민족통신' 등에 게재한 기고문)

●**"북조선은 핵을 갖고 있어 주권국가"**: "북조선은 지금 세계 어느 나라에서도 만나볼 수 없는 정치리념과 철학이 있다. 그것은 김일성 수령

의 '永生(영생)주의'이며 또 김정일 위원장의 '先軍(선군)정치'리념이
다. 북조선이 약하고 가난한 나라로 보이지만 그들이 세계 최강 아메리
카와 맞대결을 벌이고 있는 것은 정신력에 의한 것이다. 그들이 갖고 있
는 몇 안 되는 미사일과 핵은 그들의 정신력의 상징물이다. 핵은 주권이
다. 남조선과 달리 북조선은 핵을 갖고 있기 때문에 주권국가로 유지해
가는 것이다. 그러므로 김일성 주석의 '영생주의'와 김정일 위원장의
'선군정치'리념을 높이 사지 않을 수 없다." (2004년 8월10일,
'COREA'기고문 '저 불량배 부시를 생각한다')

●**"맥아더 없었더라면 식민지배 받지 않았을 것"**: "6·25 당시 맥아
더가 들어오지 않았다면 우리는 양키의 식민지 지배를 받지 않고 살 수
있었다." (2005년 5월19일, 통일뉴스와의 인터뷰)

"이번 6자 회담을 계기로 양키 제국주의자들의 핵 포기 후 평화협정
운운하는 말장난에 속아 넘어가서는 안됩니다. 핵 포기는 바로 주권 포
기와 맞먹는 일입니다. 지금은 핵의 시대이기 때문입니다. 저들(미국)에
게 있어 평화는 최대의 적입니다. 평화를 두려워하는 자들입니다. 평화
가 되면 방위산업이 죽고 방위산업이 쓰러지면 저들의 경제가 무너지게
되기 때문입니다. 그러기 때문에 현대에 들어서도 저들은 무수한 전쟁을
일으킨 것입니다. 저들은 사람이 아닙니다. 저들은 전쟁을 먹고 사는 짐
승입니다. 이제 김정일 위원장께서는 80%의 승리를 거두었다고 보아집
니다. 6자 회담 자체를 거부할 수도 있습니다. 이제 21세기 양키 극복의
새로운 태양이 극동 한반도에서 떠오르고 있습니다. 만약 이번에 김 위
원장께서 강성대국의 자세를 견지하신다면 그것이 이란, 시리아 등 나라
의 핵 보유에로 큰 영향을 끼칠 것입니다. 그래야 양키들의 제국주의 오
만의 콧대를 꺾을 수가 있습니다. 우리 7000만 민족도 제2의 베트남이

196

될 날이 머지않았습니다. 옛날의 전국 시대와는 정반대로 연횡은 무너지고 합종이 승리할 것이기 때문입니다." (2006년 12월2일, 'COREA' 기고문 '이북 김정일 위원장님께 드리는 글')

●**"살인마 리명박을 내치자"**: "지금은 민중 주체의 시대다. 4·19와 6월 민중항쟁을 보라. 민중이 아니면 나라를 바로잡을 주체가 없다. 제2의 6월 민중항쟁으로 살인마 리명박을 내치자."(2009년 6월6일, 자살하기 전 남긴 유서)

권오헌

충남 홍북 출생(1937). 민주화실천가족운동협의회(민가협) 양심수후원회 명예의장. 남조선민족해방애국전선(南民戰)사건으로 3년4개월 복역. 1983년 출소 후, 소위 '양심수' 석방운동과 후원활동.

"미국을 몰아내는 것이 6·15실천"

"북으로 가실 선생님들께서는 이 민족의 통일을 위해 여생을 바치시리라 믿는다. 통일의 그날까지 건강하시길 바란다." (2000년 9월14일, 한양대에서 열린 '長期囚(장기수)' 환송식 고별사에서)

※권오헌이 지칭한 '선생님'은 對南赤化統一(대남적화통일)을 기도해 온 非轉向左翼囚(비전향좌익수)를 지칭한다.

"국보법 철폐를 위해 50년 동안 노력했지만 결코 쉬운 일은 아니다. 그러나 끈질기게 투쟁해 국보법 폐지는 물론 조국통일을 앞당겨야 한다.”(2001년 2월2일, 명동성당에서 가진 ‘국가보안법폐지를 위한 정치수배해제 농성단의 무기한 감옥농성 문화제’ 연설에서)

● **“미국을 몰아내는 것이 6·15실천”**: “7·4공동성명의 정신을 이어받아 6·15공동선언을 실천하는 것은 북한을 敵(적)으로 규정한 국가보안법을 폐지하고 남한의 정치, 경제, 군사 등에 절대적 영향을 미치고 있는 미국을 몰아내는 것이다.”(2001년 7월5일, 종로 탑골공원에서)

● **“한총련 활동 보장이 6·15이행”**: “한총련 利敵(이적)규정은 그 법적 근거가 이미 사라진 지 오래됐다. 당국이 진정으로 6·15남북공동선언을 성실히 이행하고자 한다면 통일에 기여해온 한총련의 활동을 보장하는 것으로부터 그 실천적 의지를 보여야 할 것이다.”(2001년 8월3일, 한국기독교회관 ‘9기 한총련 대의원 수배 반대와 합법적 활동 보장을 촉구하는 기자회견’에서)

※전국대학생대표자협의회(전대협)의 後身(후신)인 한국대학총학생회연합(한총련)은 주한미군철수·국가보안법철폐·연방제통일 등 북한의 對南적화노선을 추종해오다가 이적단체로 판시된 단체다. 법원은 한총련에 대해 “북한의 主體思想(주체사상)을 한총련 지도사상으로 설정하고, 자유민주주의 체제를 부정하며… 궁극적으로 북한 공산집단의 주장과 같은 자주·민주·통일투쟁을 달성하자고 선전·선동(2004도3212, 제10기 한총련 정기대의원 대회 자료집 이적성 관련)해왔다고 판시해 왔다.

“양심수를 낳게 하는 국가보안법, 노동관계법 등 反민주악법을 없애거나 고쳐야 할 것이며 범민련, 한총련에 대한 부당한 이적규정을 철회하고 다른 모든 사회단체와 함께 합법적 활동을 할 수 있게 보장책이 마련돼야 할 것이다.”(2003년 1월27일, 통일뉴스 기고문)

※ ‘양심수’는 간첩·빨치산과 같은 비전향 좌익수를 지칭한다.

“이 땅에서 전쟁을 반대하고 평화를 사랑하는 애국청년들이 미국의 전쟁책동을 막기 위해 성조기를 태운 것은 민주주의 사회에서 표현의

자유이며 정당한 주장." (2003년 9월6일, 광화문 촛불집회에서 한총련의 성조기 소각에 대해)

"6 · 15남북공동선언을 파탄내려는 보수세력들의 최후의 발악. 국가보안법은 더 이상 이 땅에 존재해서는 안 된다." (2003년 12월11일, 서울 종로구 옥인동 대공분실 앞에서 가진 기자회견에서)

●**"국가보안법의 배경은 미국"**: "(국가보안법) 배경에 우리 민족의 자주와 통일, 화해협력을 가로막는 미국이 도사리고 있다는 것을 강조하고 싶다. 이제 국가보안법은 조속히 폐기되어야 한다." (2003년 12월17일, 국가인권위원회 세미나에서)

●**"한나라당은 사대 매국 정당"**: "정당은 구성원들의 안전과 사회발전을 위해 정책적 대안을 가지고 경쟁을 해야 함에도 불구하고 한나라당은 백해무익하고 국민의 피를 빨아먹고 事大(사대) 賣國(매국)적인 黨(당)으로 정당으로서 존재해야 할 가치가 없다." (2003년 12월27일, 여의도에서 가진 '부정부패 원조당 한나라당 해체 결의대회'에서)

●**"미국의 북한인권법은 우리 민족 전체에 대한 내정간섭"**: "우리 민족을 서로 이간, 분열시켜서 미국의 지배간섭 아래 두고자 하는 것이기에 북한인권법안은 단지 이북만의 문제가 아니라 우리 민족 전체에 대한 내정간섭이다." (2004년 7월30일, 美 대사관 앞에서 가진 '미국 의회 북한인권법 통과' 비난 기자회견에서)

●**"조국을 사랑해 탄압받는 한총련"**: "지금까지 정권연장을 위한 책략으로 한총련을 탄압해 왔다. 자기 조국을 사랑했다고 해서 탄압받아야 하는가. 한총련 대의원이라고 해서 탄압받고 있는 한총련 학생들이 이번 8 · 15에는 꼭 사면을 받아야 한다." (2005년 8월2일, 종로에서 가진 '한총련정치수배해제' 촉구 발언)

"처음으로 (정순택의) 유해가 북녘으로 송환된 것도 뜻있는 일이고 특히 愛國烈士墓域(애국열사묘역)에 모셔진 것을 매우 기쁘게 생각한다. 통일운동에 헌신하셨기 때문에 마땅히 예우를 받아야 한다고 생각하며, 선생님께서도 신념의 고향에 가셔서 묻히셨으니 편히 잠드셔도 좋을 것 같다." (2005년 10월5일, 통일뉴스와의 인터뷰)

※2005년 10월2일, 북한으로 송환된 비전향 좌익수 정순택의 유해(遺骸)가 평양시 신미리 애국열사릉에 안장된 것과 관련한 인터뷰. 평양 신미리 애국열사릉은 김일성·김정일에게 충성해 온 골수 공산주의자들이 묻히는 곳이다. 정순택은 남파간첩으로서 1958년 체포돼 30년을 복역했다.

●**"북한을 反국가단체로 규정한 것에 대해 문제 제기해야"**: "北을 반국가단체로 규정하고 있는 점에 대해 문제 제기해야 한다. 이것을 중점에 두고 국가보안법 폐지운동을 자주통일운동과 연결시켜야 하지 않을까." (2007년 5월17일, 기독교회관에서)

※우리 헌법은 제3조를 근거로, 한반도의 합법 정부는 오직 대한민국뿐이라고 규정한다. 북한은 한반도의 북반부를 불법점거하고 있는, 대한민국에 항적하는 反국가단체이다.

●**"대통령은 국보법 폐지하고 평양에 가야"**: "동족을 적으로 규정하는 어떤 법과 제도는 있어서 안 된다. 노무현 대통령은 무엇보다 2007년 남북정상회담을 앞두고 국가보안법을 폐지하고 평양에 가는 것이 옳다." (2007년 9월27일, 청와대 인근 청운동사무소 앞에서 가진 기자회견에서)

●**"6·15, 10·4시대, 북한은 더 이상 反국가단체가 아니다"**: "이북은 더 이상 반국가단체가 아니다. 따라서 자주통일의 상대를 반국가단체로 규정한 국가보안법 또한 6·15, 10·4선언시대에 더 이상 존립 명

분이 없다. 온몸 다 바쳐 통일조국을 위해 애써온 통일애국인사들은 무죄 석방되어야 한다.” (2008년 4월7일, 민중의소리 기고문)

●**“이명박 정부가 공안통치를 하려 한다”**: “국가보안법이 더 이상 필요 없는, 6·15, 10·4 선언으로 평화공영 시대를 누리고 있는 오늘, 이명박 정부는 국정원 권한을 확대시켜 공안통치를 하려 한다. 국가보안법이 있는 나라가 북한인권법을 공동으로 제안, 통과하는 파렴치한 행동을 보이고 있는 정부가 이명박 정부.” (2008년 11월30일, 보신각에서 가진 집회에서)

김원웅

중국 重慶 출생(1944). 前 국회의원(14·16·17대). 前 민정당 조직국, 청년국 국장(1985~1986).

“한반도 평화와 동맹국 중 하나만 선택하라고 하면 동맹국(미국)을 포기할 것이다”

●**“6·25, 4·3의 가해자들이 우리 사회의 주류를 형성하고 있다”**: “6·25前後 양민학살이나 제주 4·3항쟁의 가해자가 모두 같은 사람들이다. 친일 이후 미군정이나 이승만 정권과 손잡고, 군사정권 및 지역주의와 결탁해온 가해자들이 오늘 우리 사회의 주류층을 형성하고 있다. 반드시 과거청산을 해야 하고 그러기 위해서는 기득권 수구세력들과 부딪쳐야 되는데 바로 이 과정이 개혁이다.” (2004년 10월4일, 제주 ‘개

천 한민족평화대축제'에 참가해 지역 언론과의 인터뷰에서)

●**"동맹국(미국)을 포기할 것"**: (헨리 하이드 美 하원국제관계위원장이 '한국은 미국의 도움이 필요하다면 主敵이 누구인지 분명히 밝히라'고 말하자) "한반도 평화와 동맹국 중 하나만 선택하라고 하면 우리는 서슴지 않고 동맹국을 포기할 것이다." (2005년 3월13일, '하이드 위원장 발언에 대한 반박문'에서)

●**"북한의 경제난은 미국 탓"**: "북한이 경제적으로 어려운 가장 큰 이유는 미국의 경제제재 때문입니다. 굶주려서 죽은 아이 부모들이 북한에서 '우리 아이들이 왜 굶어죽느냐'고 하면서 부시를 악마라고 생각할 수도 있다고 생각합니다. 그렇잖아요." (2005년 7월4일, 데일리서프라이즈와의 인터뷰에서)

(버시바우 주한 美대사가 '북한정권은 범죄국가'라고 말하자) "한반도 평화통일에 장애가 되는 나라는 우리 우방이 될 수 없다는 것을 버시바우 대사는 명심해야 한다. 한반도 평화와 동맹국 중 하나를 선택하라면 우리는 동맹국을 포기해야 한다." (2005년 12월13일, 평화방송 라디오 '열린세상, 오늘'에 출연해 버시바우 대사 소환을 주장하며)

●**"남북 간 낮은 단계의 연방제를 추진할 때"**: "한반도를 新냉전체제로 끌고 가려는 강대국 패권노선과 국내 反민족세력의 저항으로 한반도 평화체제가 지체되고 있다. … (이에 대한 대응책으로) 그 동안 남한과 북한이 쌓아온 신뢰를 바탕으로 남북 간의 낮은 단계의 연방제를 추진할 시점이다." (2006년 2월11일, 기자간담회에서)

●**"6·25 강대국 이해에 놀아난 바보들의 전쟁"**: (주한미군사령관 버웰 벨이 '북한이 남한을 표적으로 미사일을 발사할 수 있다'고 경고한 것과 관련해), "책임있는 군인으로서 경솔하다는 생각이 든다. 군인은

군인일 뿐, 일개 지휘관이 정치외교까지 포괄된 문제를 보는 것은 한계가 있다." (북한 미사일 발사 직후인 2006년 7월14일, 평화방송 라디오 '열린세상, 오늘' 인터뷰에서)

"지난 세기 인류사에 가장 처참한 전쟁(6·25전쟁)이 있었고, 이 전쟁은 강대국의 이해에 놀아난 바보들의 전쟁이었다. 세계 어떤 나라든 하나의 주권을 갖고 있는 나라에 외국의 군대가 와 있는 것은 자연스럽지 않다. 외국군 주둔은 분단 극복과 평화에 기여할 때만 존재가치가 있다. 우리의 우방은 한반도의 분단 극복에 기여하는 나라만이 우방이다. 그렇지 않으면 과감히 우방의 명단에서 지워야 한다." (2006년 8월29일, 국회에서)

●**"북핵을 빌미로 미국 내 軍産복합체의 이익 추구"**: "북핵은 본질적으로 自衛的(자위적) 성격을 갖고 있다. 미국의 네오콘들은 북한으로 하여금 핵무기 개발을 유도하여 이를 빌미로 자국 내 軍産(군산)복합업체들의 이익을 추구하고 있다는 의혹도 간과할 수 없다고 본다." (2006년 9월18일, 대전일보와의 인터뷰에서)

●**"민족 양심세력을 친북·좌파세력으로 매도하고 있다"**: "해방 이후 마땅히 청산해야 할 친일파를 제대로 청산하지 못했다. 그들이 별을 달고 장군이 되어 친목 모임을 갖고 우리나라 군대를 우리 정부가 직접 지휘하기 위해 전시작전통제권을 환수하려는데 발목을 잡고 있다. 한때는 일장기를, 지금은 성조기를 흔들며 외세에 빌붙어 기득권을 유지하며 지금도 잘 살고 있는 그들이 친일청산법 제정에 반대하고 금강산 관광과 개성공단을 중단하라고 외치고 있다. 민족 양심세력을 친북·좌파세력으로 매도하고 있다." (2007년 3월1일, '제88주년 3·1절 기념 민족 공동행사'에서)

● **"북한의 분위기가 상당히 격앙돼 있다"**: "북한의 黨·政 고위간부들이 6·15공동선언과 10·4남북정상선언에 대한 남한 정부의 이행입장 표명 없이는 남북관계에 어떤 진전도 없다는 입장을 분명히 했다. 북측은 특히 최근 이상희 국방부 장관이 국회에서 북한을 '주적'으로 보는 발언을 했다고 보고 주적 개념을 재도입한 것은 동족간의 적대감을 심화시키는 반민족적 발상이고 한반도의 긴장을 고조시키는 것이라며 상당히 격앙돼 있는 분위기다." (2008년 8월11일, 방북 직후 연합뉴스와의 인터뷰에서)

김창현

부산 출생(1962). 제5회 동시지방선거(2010.6) 후보자(민주노동당, 울산시장.) 前 민주노동당 사무총장(2004.5~2005.10). 前 울산 동구청장(1998.7~1999.9). 前 경남도의회 제5대 의원(1995).

"더러운 韓美동맹을 끝장내야 한다"

● **"빨치산의 민주화 공헌 인정은 민주주의 성숙의 계기"**: "(대통령 직속 의문사진상규명위원회의 빨치산 민주화 공헌자 승격을) 환영한다. 사상의 다양성과 양심의 자유를 존중하는 우리 사회의 민주주의를 한 단계 성숙시키는 계기가 되길 기대한다." (2004년 7월6일, 의문사위 관련 민주노동당 성명. 출처─동아일보)

● **"의문사위의 결정은 대단히 의미 있다"**: "의문사진상규명위의 결정과 관련해 민노당의 입장에는 변함이 없다. 사상을 강제로 바꾸기 위해 고문 타살하는 것은 자유민주주의 정신과 정면으로 배치되는 것으로 의

문사진상규명위의 결정은 대단히 의미 있다." (2001년 7월6일, 의문사위관련 민주노동당 추가 성명. 출처-한국일보)

※노무현 당시 대통령의 직속 기관이었던 제2기 의문사진상규명위원회(위원장 한상범)는 2004년 7월 남파 간첩 및 빨치산 출신의 비전향 장기수들이 사상전향을 거부하는 과정에서 옥사한 데 대해 '민주화운동의 일환이었다'고 인정한 바 있다. (2004년 7월2일, 연합뉴스)

●**"한국은 주한미군의 범죄천국"**: "한국이 주한미군의 범죄천국이 되었는데 사과 한 마디 들은 바 없다. 우리는 미국과 함께 강도 같은 침략전쟁에 동참하고 말았다. 미국 압력에 굴복해 침략전쟁에 동참하도록 만든 더러운 한미동맹을 끝장내야 한다."(2004년 8월15일, 이라크 파병 철회 범국민대회에서)

"국보법은 반공 · 親美(친미) 사상만을 강요해왔다. 이외의 어떤 사상도 자유롭게 허락되지 못했다. 민주노동당은 올해 기필코 국보법을 폐지시키는 데 전력을 다하겠다." (2004년 12월1일, 국가보안법폐지국민연대 집회에서)

"한나라당이 국보법 사수를 위해 국회를 파행시킨다면 역사의 심판을 받을 것이며, 열린우리당이 한나라당과 타협해 국보법 폐지를 미룬다면 우리당이 밝혀온 개혁 의지가 거짓임을 드러내는 것이다." (2004년 12월 13일, '국보법 연내 처리와 서민경제 회복을 위한 시민과의 대화'에서)

●**"국가보안법이 정치적 野合(야합)의 대상이 됐다"**: "17대 국회가 시작되면서 反민주 反통일 악법인 국보법 폐지에 대한 기대가 컸다. 그런데 지금 국보법은 한나라당과 열린우리당의 정치적 야합의 대상이 되고 말았다. 부끄럽고 분노스럽다." (2004년 12월17일, 국가보안법 폐지 촉구 기자회견에서)

●**"이번 선거는 전쟁세력 對 청렴 세력의 대결"**: "이번 선거는 비리세력 대 청렴세력의 대결, 전쟁세력 대 평화세력의 대결이다. 케케묵은 색깔론으로 당사자와 가족의 고통은 아랑곳 하지 않고 정치염증을 일으키는 한나라당을 반드시 심판해 달라. … (한나라당은) 국민적 의혹이 가득한 정부의 천안함 사고 조사발표를 무조건 믿으라고 국민을 협박하면서 전쟁불사를 외치고 있다." (2010년 5월29일, 울산시장 선거유세에서. 출처–오마이뉴스)

문정현

전북 익산 출생(1940). 천주교 정의구현사제단 소속 신부. 민주노총 전북연합 고문(1992). 평택범대위 상임대표(2005) 역임.

"인간 白丁 주한미군을 재판대에"

●**"국가보안법을 철폐하고 주한미군도 철수시킬 것입니다"**: "마지막으로 나의 견해를 밝힙니다. 남북분단 상황에서 국가보안법과 주한미군 주둔은 동전의 양면입니다. 이것들은 해결되어야 할 민족의 과제입니다. 저는 국가보안법을 꼭 철폐하고 말 것입니다. 주한미군도 꼭 철수시킬 것입니다. 그리하여 한반도의 평화를 이룩할 것입니다. 그래서 내가 사랑하는 동지들과 함께 하느님의 나라를 만들다가 이 세상을 떠날 것입니다." (2001년 11월30일, 전주지방법원 군산지원에서 열린 국가보안법과 군사시설보호법 및 폭력 등에 관한 법률 위반에 따른 선고공판

에서의 '최후진술')

●**"김일성 장군 조금만 오래 사시지 아쉽습니다"**: "나 역시 북한을 방문하였을 당시 만경대에 가서 '김일성 장군 조금만 오래 사시지 아쉽습니다'라고 썼습니다. … '우리를 갈라놓은 것이 미국이 아니고 무엇인가?'라면서 잠시 동안 끓어오르는 분노를 참지 못했습니다." (2002년 5월22일, 경북대학교 '제1기 통일아카데미')

"전동록, 신효순, 심미선의 죽음은 옛날 같으면 '개죽음'이었을 것이고 그렇게 죽고도 말 한마디도 못했을 것이다. 우리는 더 이상 美軍의 주둔을 원치 않는다. 당장 떠나라." (2002년 7월4일, 용산 전쟁기념관 앞 반미집회)

●**"美2사단을 즉각 폐쇄해야"**: "美軍 고압선에 사망한 전동록 씨의 모습이 눈에 보인다. 전동록 씨와 효순이, 미선이를 죽인 美2사단 캠프 하우스를 즉각 폐쇄해야 한다." (2002년 7월27일, 서울 종묘공원 '미군장갑차 여중생 살인만행 주한미군 규탄 5차 범국민대회')

●**"미군 부대만 지나가면 저주의 마음이 든다"**: "이제 미군부대만 지나면 저주의 마음이 든다. 사람을 죽여 놓고도 아무렇지 않게 살고 있는 저들이 사람이냐?" (2002년 9월30일, 朴모라는 시민이 미군 트레일러의 교통사고로 사망하자 장례식장에서)

●**"인간 白丁(백정) 주한미군"**: "한국민은 인간 백정 주한미군을 반드시 한국 재판대에 세울 것" (2002년 11월21일, 동두천 여중생 추모집회에서)

"통일의 대장정을 위하여 주한미군을 철수시키자면 갈 길이 멀고도 멀다. 오늘의 기쁨에 만족하지 않고 우리 모두 다시 신발 끈을 메야겠다." (2002년 12월9일, '제6회 지학순 정의평화상' 수상소감)

●**"우리는 미국에 종속되어 있다"**: "노무현 당선자도 당선 전과 후가 다르더군. 당선이 되고 나니 北核(북핵)은 생존이고, 소파(SOFA, 韓美행정협정)는 自主인데 생존이 자주보다 앞선다고 하대. 그래서 약속이나 한 것처럼 노사모가 다 빠져나가고 자주의 촛불이 사그라졌지. 그런데 자주를 포기한 생존이 무슨 의미가 있겠어? 여중생이 죽어나가도 아무 말 않고 있는 것이 생존이야? 종속과 굴종은 살아있는 상황이 아니야. 자주는 우리 삶의 始發(시발)이야. 북핵문제도 자주할 때 풀릴 수 있다고 생각해. 국제사회에서 우리 목소리를 낼 수 없는 것도 미국에 종속되어 있기 때문이잖아." (2004년 5월28일, 인터넷 '문정현 신부의 세상보기'의 '문정현 신부에게 평화를 묻다')

"韓美관계에서도 무슨 일이 일어날지 알겠어? 우리나라 군인 3,600명을 일방적 통보로 끌고 갔잖아. 그건 일방적 통보나 다름없어. 그런 사람들은 우리 정부와 관계없이 전쟁을 일으킬 수도 있어. … 또 이라크戰도 그래. 이라크인들의 희생이 아무리 많다 하더라도 지금 미국의 일방적인 군사패권에 저항하고 있잖아. 그렇게 끝까지 버티니까 미국의 본질이 드러나는 거야. 저들이 말하는 도덕성이 얼마나 추악한 것인지 말이야." (上同)

광주 출생(1938). 前 민주주의민족통일전국연합(전국연합) 상임의장. 미군 女中生(여중생) 장갑차 사건 범대책위원회 공동대표(2002). 노무현 탄핵무효범국민행동 공동대표(2004). 反부시국민행동 상임대표(2005. 10). 평택미군기지 확장 반대 범대책위원회 공동대표(2005). 韓美FTA저지범국민운동본부 공동대표(2005). 한국진보연대 1기 공동대표(2008).

"美軍이 우리 백성의 목숨을 빼앗고 있다"

●**"6·15공동선언 덕분에 전국연합이 군중적으로 확대할 수 있다"**: "6·15공동선언으로 인해 전국연합은 다음과 같은 영향을 받고 또 오해도 풀렸다. … 즉 전국연합은 '연방제 통일'을 주장했는데 그래서 이것이 북한에 동조하는 것이라 오해도 사고 매도도 됐는데 6·15합의로 말끔히 해소가 된 거죠. 따라서 이제 우리는 전국연합의 통일방안을 더욱 '군중적으로' 확대할 수 있게 된 거죠." (2001년 12월1일, 통일뉴스와의 인터뷰)

※민주주의민족통일전국연합(약칭 전국연합)은 1991년 12월 결성된 단체로, 연방제 통일, 주한미군 철수 등 연대 투쟁을 벌였다. 2006년, 좌익단체의 연합체인 '한국진보연대'에 통합되었다.

●**"미군이 우리 백성의 목숨을 빼앗고 있다"**: "하루가 멀다 하고 미군이 우리 백성들의 목숨을 빼앗아가고 있다. 우리가 이제는 치욕의 역사를 끊어내고 우리의 힘으로 미군을 몰아내고 새로운 시대를 열어가야 한다." (2002년 6월15일, 주한미군 규탄 기자회견에서)

●**"점령군(미군)의 탱크를 반드시 쫓아내자"**: "살인범을 대한민국 법정에 세우자는 요구가 막바지에 접어들었다. 범죄 진상규명, 책임자 처벌, 점령군 최고 통수권자 공개사과는 물론 모든 범죄의 뿌리를 단절해

야 한다는 것이 우리의 요구. 내 자식을 죽이고 강산을 깔아뭉개고 상처
내는 점령군(미군)의 탱크를 반드시 쫓아내자." (2002년 8월3일, '부시
사과 촉구 전국동시다발 평화대행진' 에서)

●**"미군이 있는 한 우리의 주권은 한낱 쓰레기"**: "점령군에 의해 내
나라 내 땅의 국민이 죽임을 당하는데도 정부는 손톱만큼도 보호해주지
못하고 있다. 엄연히 국가주권이 있는 나라에서 가능한 일이냐. 점령군
이 주둔하는 한 우리 목숨은 파리 목숨이며 우리의 주권은 한낱 쓰레기
일 뿐이다." (2002년 9월30일, 미군 트레일러와 충돌해 숨진 박승주
씨의 장례식장에서)

"130년 동안 우리에게 고통을 주고 우리의 수많은 피눈물을 흘리게
하고 내 동포형제들을 그렇게 많이 죽였던 美제국주의를 몰아내고 여러
분들의 손으로 6·15 공동선언 기치 높이 들어 조국반도의 통일이 되기
를 염원한다." (2004년 1월9일, 동국대학교에서 열린 '우리민족 對 미
국의 대결전 승리를 위한 결의대회' 에서)

"부시가 아무리 6·15공동선언을 반대하고 우리 민족끼리 자주적으
로 통일하겠다는 우리 민족의 염원을, 민중의 염원을 짓밟으려 해도 어
림도 없다. 지금 당장 눈앞의 4·15총선에서 반민족 행위자들의 후손,
반민족 매국노들의 동조자들을 깡그리 청산하자."(2004년 3월1일, 탑
골공원에서 열린 '평화와 통일을 위한 3·1민족대회' 에서)

"이라크 파병을 한미동맹을 결정적으로 파탄 낼 절호의 기회로 삼
자." (2004년 7월31일, 서울 광화문 교보문고 앞 촛불집회에서)

●**"국가보안법으로 인해 100만 명이 의문사"**: "56년 간 국가보안법
에 의해 처단당하고 고문─치사를 겪고 의문사당한 우리 동포가 100만
명에 이른다." (2004년 12월1일, 국회 앞 '시민사회단체 활동가 63인

삭발식'에서)

"국가보안법 범죄 집단 한나라당이 이 땅에서 사라지도록 무덤 속에 파묻겠다."(2004년 12월22일, 국회 앞에서 가진 '비상시국회의' 기자회견에서)

"죄 없는 우리 국민을 목매달아 죽이고 총으로 쏴 죽이고 고문해서 죽이고 암매장해서 죽이고, '빨갱이'로 덧씌워 사회적으로 매장한 게 바로 국가보안법."(2005년 1월24일, 국가보안법폐지국민연대 2월 투쟁 선포 기자회견에서)

"全세계에서 최초로 핵을 만들고 한반도에 핵투하 계획을 가지고 있는 미국에 대해 일언반구 없이 최후의 자위 수단을 가지고 있는 북한에 일방적으로 문제를 제기하면 한반도의 평화는 깨지게 마련이다. … 핵무장과 핵 물리력을 앞세워 북한에 대해 굴복을 강요하는 제국주의적 행태가 없어지도록 全민중이 단결해야 한다."(2005년 2월25일, '한반도 평화 실현과 핵문제의 평화적 해결을 위한 시민 사회단체 선언'에서)

●**"맥아더 동상이 아닌 김구 동상을 세우자"**: "미국이 이 나라를 정치·경제 식민지로 전락시키도록 토대를 마련한 맥아더가 과연 해방자인가, 이것은 나라의 미래가 없다는 것이다. 인천공원을 자주독립공원으로 바꾸고 민족의 스승인 김구 선생의 동상을 세워야 통일세상이 열릴 것이다."(2005년 9월1일, 청와대 부근에서 가진 '인천 자유공원 맥아더동상 파괴 주장' 발언)

●**"한미FTA는 한미합방"**: "현재 진행되고 있는 한미FTA는 경제의 통합 수준이 아닌 韓美合邦(한미합방) 수준이다. 당시 정신을 이어 美제국주의에 최후의 결판을 내야 할 것이다."(2006년 10월28일, 건국대

대강당 '건대항쟁 20주년 기념식'에서)

●**"광우병 미국소를 막지 못하면 국민 건강이 파멸된다"**: "광우병에 걸린 미국 소 한 마리가 한번 들어오기 시작하면 나중에는 백 마리가 된다. 지금 막지 못하면 우리 국민의 건강은 물론 축산업이 파멸된다는 것을 명심하고 국민들과 함께 이를 막아내야 한다." (2006년 11월28일, 정부중앙청사 앞에서 가진 '미국산 쇠고기 수입 전면중단 기자회견'에서)

●**"한미FTA에 찬성하면 정치생명을 끊을 것"**: "협상이 타결되기 전에 총력 저지 투쟁하고, 타결되는 순간 무효선언을 선포하고 전민항쟁으로, 동시에 국회사업으로 들어갈 것. … 정치권에서 단 한 사람이라도 한미FTA에 찬성하면 정치생명을 완벽하게 끊을 것이다. 정부관료, 대통령, 美제국주의까지 타도하기 위해 숱민중·숱민족적 에너지를 모아낼 것이다." (2007년 3월31일, 광화문 기자회견에서)

●**"김 주석은 자주와 평화통일을 위해 힘써왔다"**: "김 주석(김일성)이 자주와 평화통일을 위해 힘써왔던 것을 민족적 관점에서 평가한다. 남북 정부가 정상회담 개최를 합의했던 정신에 기초하여 자주적 통일을 위해 노력하고 국내외 反통일세력의 준동을 막아야 한다." (2008년 9월, 월간 〈말〉)

●**"남북관계 파탄의 원인은 6·15와 10·4선언 부정 때문"**: "남북관계 파탄의 원인은 6·15공동선언과 10·4선언의 근본적인 부정에서 비롯된 것이다. 전쟁과 영구분단을 초래하는 외세공조를 중단하고, 평화통일과 번영을 가져오는 민족공조로 돌아서라." (2009년 6월15일, 서울 향린교회에서 열린 '민주주의 수호, 남북관계 복원, 전쟁반대 평화실현을 위한 자주통일 원로 시국선언'에서)

정광훈

전남 해남 출생(1939). 한국진보연대 상임고문. 前 민중연대 대표. 前 전국농민회총연맹 (전농) 의장(1999~2002).

"맥아더는 남한사회에서 가장 못된 짓을 하고, 평양을 초토화시킨 놈"

●**"한국의 촛불은 反美"**: "한국의 촛불은 反美(반미)가 아니라고 조작한 것을 반대한다. 효순이 미선이 촛불이 反美의 촛불이고, 절간에 있는 촛불이, 성당에 있는 촛불이 反美의 촛불이다." (2003년 3월6일, 광화문에서 가진 촛불집회에서)

"미국과 영국은 제국주의 전쟁을 포기하라! 우리 정부는 이라크 파병을 중단하고 공범자가 되기를 포기하라!" (2003년 3월29일, 서울 종묘공원에서 열린 민중연대 주최 '전국민중대회'에서)

●**"미국을 쫓아내고 우리 민족끼리 힘을 합치자"**: "50년 양민학살, 80년 광주학살, 2000년 효순이 미선이를 학살한 미국은 2003년 지금은 WTO와 신자유주의 초국적 자본의 지휘 하에 세계의 정치, 경제, 군사무기, 사회문화까지 지배하고 있다. 미국을 남한사회에서 쫓아내고 우리 민족끼리 힘을 합쳐 한반도의 통일된 세상에서 만년 동안 행복하게 살 정신 이어받아 계속적으로 투쟁하자." (2003년 5월18일, 광주 전남도청 앞에서 열린 '5·18 민중항쟁 23주년 국민대회'에서)

●**"한총련을 이적단체로 모는 것이 利敵(이적)"**: "한총련을 이적단체로 모는 것이 바로 利敵(이적)행위. 근원적으로 국가보안법이 없어져야 한다." (2003년 5월29일, 연세대에서 가진 '한총련 합법화, 한국 대학

생 5월 축전 평화적 개최보장 촉구 민주시민사회단체 공동기자회견' 에
서)

  "미국의 경제는 軍産(군산)복합체를 근간으로 하기 때문에 소비하지
않으면 武器(무기)공황이 생긴다. 자국의 경제부흥을 위해 호시탐탐 한
반도의 긴장을 고조시키는 장본인은 바로 미국이다. 우리 민족의 자주
적 평화를 위한 그간의 성과 중 가장 보배 중에 보배는 6·15 공동선언
이다. 6·15의 가치를 가슴에 품고 우리 민족끼리 오순도순 살아가자."
(2003년 7월26일, 광화문에서 열린 '전쟁위협 미국반대, 한반도 평화
실현을 위한 촛불행진' 에서)

  ●"모든 것이 미국 때문": "효순이와 미선이를 죽인 장갑차에 올라가
구속이 된 것도, 농민들이 수입개방 때문에 빚에 허덕이게 된 것도, 한
총련이 불량 집단이 된 것도 모두 미국 때문. 진정으로 미국 없는 세상
에서 살고 싶다."(2003년 9월3일, 국방부에서 가진 '미래 한미동맹 정
책구상 4차회의 반대집중투쟁' 에서)

  "미국은 평화와 민주주의가 아닌 재앙만을 남겨주며 세계 민중들을
구렁텅이로 몰아넣고 있다. 체니가 강요하더라도 우리 정부와 관료들은
미국의 음모에 놀아나지 말아야 할 것." (2004년 4월13일, 광화문 KT
건물 앞에서 가진 '딕 체니 美 부통령 방한 반대 반미연대집회' 에서)

  ●"미국 놈들이 8·15를 엎어버렸다": "59년 전 8·15는 경찰도 없이
'우리민족끼리' 꽹과리 치며 만세를 불렀었는데 언제부턴지 미국 놈들
이 이 8·15를 엎어버렸다. 통일은 늦출 수 없는 도도한 역사의 대세다.
우리는 6·15공동선언 실천을 확실히 진행할 것이며 민족통일 후 세계
화로 나갈 것이다." (2004년 8월14일, 광화문 교보문고 앞에서 가진
'8·15반전평화자주통일대회' 에서)

● **"맥아더는 남한사회에서 가장 못된 짓을 하고, 평양을 초토화시킨 놈"**: "인천에 저 자(맥아더)가 저리 당당하게 동상으로 남아 서있는 것을 보고 자존심이 상했다. 맥아더는 분단의 원흉이며 남한사회에서 가장 못된 짓을 한 놈이고 평양을 초토화시킨 놈도 바로 저 놈." (2004년 9월8일, 인천 자유공원에서 통일연대 · 민중연대 주최로 열린 '미군강점 59주년 민족자주선포대회'에서 맥아더 동상을 가리키며)

● **"미군 기지에 있는 미사일을 날려버리자"**: "팔도가 모두 나와서 미군기지 앞에서 난동부린 것은 정말 역사적인 일이다. 이제는 美軍(미군) 기지에 있는 저 미사일을 아주 날려버리자." (2005년 5월15일, 광주 공군 제1전투비행단 정문 앞에서 열린 시위에서)

"네티즌 세대인 참가자들에게 여론을 형성해 주한미군을 철거시켜야 한다. 'Down Down USA! Down Down WTO!'"(2005년 5월28일, 고려대에서 열린 '자주통일진군대회'에서)

● **"미국 놈들이 제일 무서워하는 것이 촛불"**: "미국 놈들이 제일 무서워하는 것은 바로 촛불이다. 그것도 하나 두 개가 아니라 백만 개쯤 되는 촛불. 촛불을 들고 부시를 쫓아내고 미군 없는 행복한 세상 이루자." (2005년 6월11일, 미 대사관에서 열린 '반전평화. 미군철수 범국민행동'에서)

"인류 공동의 敵(적)인, 빈곤을 확대하고 세계에 전쟁을 일으키려는 惡(악)의 軸(축) 부시를 잡아야 한다." (2005년 11월11일, 민주노총 창립 10주년 기념식에서)

"오늘 스크린쿼터 축소를 결정한 국무위원을 '제2의 을사오적'이라고 부를 수밖에 없으며 우리 국민들은 그들의 이름 하나 하나를 잊지 않고 반드시 심판할 것이다. 한국영화와 문화주권을 지켜내고 한미 FTA

를 저지하기 위한 범국민 항쟁으로 맞설 것이다." (2006년 3월7일, 정부중앙청사 앞에서 가진 시위에서)

●**"한미FTA는 한미노예조약"**: "한미FTA는 한미노예조약으로 옛날 노예는 개인이 집도 안주고 부려먹기만 하고 말지만 요즘 노예는 자본에 의해 좌지우지되는 것으로 정부는 물론 아무도 개입을 못하고 그저 미국의 자본에 의해 의료, 자연 문화 등이 상품화되는 것이다." (2006년 6월3일, 종묘공원에서 가진 '한미FTA저지 총력 결의대회'에서)

●**"對北제재는 곧 전쟁"**: "(대북)제재는 곧 전쟁이다. 전쟁을 불러오는 대북제재를 거부하고, 반전평화의 목소리를 높여나가자! 미국의 전쟁위협을 분쇄하고 우리 삶의 터전과 미래를 지켜내기 위해 적극 투쟁하자! 평택 미군기지 확장을 저지하고 침략적 한미동맹 재편의 결정적 고리를 끊어내자." (2006년 10월22일, 광화문에서 통일연대 · 민중연대 주최로 열린 '반미반전민중대회')

●**"전쟁을 가장 즐기는 놈들이 미군"**: "전쟁을 세계에서 가장 즐기고 있는 놈들이 미군이고 그 중에서도 부시가 대장인 군산복합체." (2007년 3월17일, 서울역 광장에서 '3 · 17 이라크 침략 4년 규탄 국제공동 반전행동'에서)

"나라를 팔아먹는 것이 불법이냐. 우리가 여기 앉아있는 것이 불법이냐. 민주노총 금속노조가 불법이 아니라 FTA를 통해 헌법을 통째로 내주는 노무현 정권이 가장 큰 불법." (2007년 6월29일, 보신각에서 열린 '한미FTA저지 범국민 총궐기대회')

"우선 한미FTA 신식민지 조약을 폐기하도록 떼거리지어 싸워야 한다." (2007년 8월31일, '민중의 소리'와의 인터뷰)

●**"평화협정, 유엔사 해체, 주한미군 철수!"**: "평화협정 체결과 동시

에 유엔군사령부 해체, 협정 체결 3년 안에 주한미군 등 외국군 철수, 협정 체결 즉시 남북 상호 군축 실시하라." (2008년 3월24일, 민주노총이 주최한 '주한미군 내보내는 한반도 평화협정 실현운동 선포식'에서)

●"(삐라 날리는) 반북대결주의자에게 책임을 물을 것": "반북단체들은 남북관계 전면 차단 경고에도 불구하고, 27일 동해상에서 또다시 비방전단을 살포했다. 통일부가 남북관계 전면 차단을 예상하고 있으면서도 이를 수수방관하며 사실상 지원, 방조하고 있다. 무분별한 적대적 행동으로 남북관계가 전면 차단된다면, 온 겨레가 남측 당국과 반북대결주의자에게 그 책임을 물을 것이며, 그 책임을 반드시 져야 할 것이다." (2008년 10월28일, 통일부 앞에서 가진 '對北(대북) 전단 살포에 대한 통일부의 미온적 대처 규탄 기자회견'에서)

"용산 살인 사건은 이명박 정권의 신자유주의와 뉴타운 프로그램에 의해 일어난 사건이 때문에 이명박 대통령이 책임을 져야 한다. 노동자는 지렛대를 가져오고, 정치권은 회의하면서 멀미하지 말고 밖으로 나가 싸워야 한다." (2009년 2월24일, 국회에서 가진 '용산 참사 특검제 도입과 MB입법처리 중단 촉구 공동결의대회'. 출처—통일뉴스)

7

햇볕정책 무작정 감싸기

김근식
김근태
김대중
김희선
임동원
추미애

6 · 15와 10 · 4선언 실천은 赤化통일로 가는 길

북한정권은 연방제 통일을 한다면서 주한미군 철수, 國保法 폐지를 전제조건으로 내세운다. 이게 목적인 것이다. 연방제 통일을 명분으로 韓美동맹을 해체시킨 다음 赤化통일을 하겠다는 뜻이다

자칭 진보 · 좌파는 6 · 15와 10 · 4선언 실천에 모든 역량을 쏟고 있다. 6 · 15선언은 사실상 북한식 연방제 통일안을 수용한 것이고, 10 · 4선언은 이 반역적 합의를 더욱 악화시킨 내용이다. 6 · 15선언과 10 · 4선언대로 실천하면 한국은 赤化(적화)될 가능성이 매우 높다.

6 · 15와 10 · 4선언은 대한민국 헌법이 명령하는 自由統一(자유통일)이 아니라 북한정권을 國家(국가)로 인정해 남한정권과 聯邦制(연방제)로 통일한다는 것이 핵심이다. 6 · 15, 10 · 4선언 연방제 방식의 통일은 흔히 남한과 북한의 정권이 합의를 통하여 대등하고 평화적인 통일을 한다는 것이라고 선전된다.

남한과 북한이 합의해서 대등하고 평화적으로 통일한다는 연방제 통일은 얼핏 듣기엔 그럴싸해 보인다. 그러나 여기엔 치명적 함정이 존재한다. 북한정권을 국가적 실체로 인정하는 것이기에 북한의 대표는 북한에서 뽑고, 남한의 대표는 남한에서 뽑아 '통일의회' 내지 '통일국회'와 같은 남북한 합의체를 구성하게 된다.

많은 이들이 이 유치한 사기극에 속아 넘어간다. 남한의 대표는 다 합치면 북한보다 많겠지만 보수 · 진보, 좌파 · 우파 사분오열돼 있다. 반면 북한은 조선노동당 一黨獨裁(일당독재)가 이뤄지기 때문에 모두 조선노동당(또는 그 友黨) 소속으로서 김정일 정권의 이해관계를 대변한다. 따라서 한반도 전체를 따지면 '통일의회' 내지 '통일국회'의 제1당은 조선노동당이 된다. 즉 북한정권이 자유민주주의와 시장경제라는 보편적 시스템을 받아들이지 않은 상태에서 6 · 15, 10 · 4, 聯邦制 통일에 나서면 북한정권이 한반도를 지배하게 된다. 즉 평화적인 赤化統一(적화통일)을 하는 것이다. 〈金成昱〉

김근식

전북 남원 출생(1965). 現 경남대 교수. 現 통일부 남북관계발전위원(2008.12~). 前 아태평화재단 연구위원(1999.3~2002.4). 남북정상회담 특별수행원(2007). 경남대학교 극동문제 연구소 남북협력실 실장.

"북한 위협론으로 국민불안 증폭시도"

●**"한반도 긴장해소는 햇볕정책밖에 없다"**: "이번(서해교전) 기회에 안보태세를 재정비하는 것은 필요하지만 한반도의 긴장해소를 위한 대안은 햇볕정책밖에 없다. … 이번 기회에 남북 군사당국자 실무회의를 열어 NLL문제를 논의하고 연평도 부근에 남북공동어로수역을 지정하는 등 군사적 긴장을 완화하기 위한 제도적 조치를 마련하는 것이 필요하다. … '냉전근본주의' 에 익숙한 햇볕정책 반대론자들이 이 정책을 위험한 것으로 간주, 북한과의 화해 · 협력이 한국과 자유민주주의의 정통성을 훼손할 수 있는 것으로 인식하고 있다." (2002년 7월2일, 연합뉴스와의 인터뷰에서)

●**"혁명열사릉을 참관하는 것은 상대를 인정하는 열린 자세의 하나"**: "국립현충원을 참관하는 것과 혁명열사릉을 참관하는 행위는 결코 상대체제에 대한 충성맹세가 아니며 단지 화해협력을 이루어가는 과정에서 서로가 서로를 인정하는 열린 자세의 하나일 뿐이다." (2006년 8월 8일, 경향신문에 기고한 칼럼)

※북한의 혁명열사릉은 우리의 국립묘지, 그 중에도 건국 유공자 묘역과도 같은 곳이다. 평양시 인근 대성산에 위치한 혁명열사릉은 주로 김일성과 빨치산 활동을 같이 했던 혁명 1세대들이 묻힌 곳이다. 애국열사릉보다 격이 높다. 평양 신미리에 위치한

애국열사릉은 북한 체제에 기여한 군인, 남파간첩, 비전향장기수 등 골수 공산주의자들이 묻힌 곳이다. 혁명열사릉, 애국열사릉, 김일성의 시신이 안장된 금수산기념궁전은 북한의 3대 혁명 성지이다. 대한민국 정부는 위 3곳을 訪北(방북)시 방문 제한 구역으로 규정했다.

●**"2012년 강성대국 달성을 위해 화폐개혁 실시"**: "양극화 문제를 해결하지 않고 2012년 '강성대국'의 문을 여는 것은 현실적으로 불가능한 상황이다. 北이 市場(시장)세력을 타격하는 화폐개혁을 단행한 정치적 의미는 바로 여기에 있다. 그리고 정치적 목적의 성공은 공급 확대와 물가 안정에 달려 있고 이는 내부 예비 자금이 바닥난 상태에서 외부의 대규모 자원 투입을 필요로 할 수밖에 없다. 北이 지금 북미 관계 개선을 바라는 이유도 여기에 있다." (2009년 12월3일, 경향신문에 기고한 칼럼)

●**"화폐개혁의 진정한 성공은 북미관계 정상화"**: "화폐개혁의 진정한 성공은 내부의 정치적 타격과 경고가 아니라 외부의 대규모 자원 투입을 가능케 하는 북미관계 정상화와 남북관계 개선 그리고 북한의 경제 회생에 있다는 역설적 결론에 도달하게 된다." (2009년 12월7일, 폴리뉴스 기고문)

●**"북한 위협론은 애초부터 불가능"**: "(천안함 사고를 빌미로) 북한 위협론으로 국민들의 불안감을 증폭시키거나 북한 관련 빅 이벤트로 유권자들의 감동을 확산시켜서 여당에 유리한 정치적 결과를 산출하겠다는 시도는 이제 탈냉전 이후 꾸준히 지속된 남북관계와 우리 국민들의 民度(민도) 성숙으로 인해 애초부터 불가능한 일이다." (2010년 4월6일, 프레시안에 기고한 칼럼)

경기 부천 출생(1947). 現 우석대 석좌교수. 前 국회의원(15~17대). 前 열린우리당 의장
(2006.6~2007.2). 前 보건복지부 장관(2004.6~2005.12).

"햇볕정책으로 전쟁 위협 없어져…"

●**"한총련 합법화를 바란다"**: "한총련 합법화에 대한 정부의 긍정적
검토를 바라며 양심수 석방과 수배자 해제에 대한 노무현 정부의 용단
을 기대한다." (2003년 4월18일, 여야의원 47명과 함께 한 성명에서)

●**"대북송금은 남북화해를 위한 결단"**: "對北(대북)송금은 한반도의
전쟁위기를 막고 남북화해를 위한 결단이었다. 햇볕정책과 6 · 15남북
공동선언의 정신을 계승 · 발전시키는 데 최선의 노력을 다할 것이다."
(2003년 6월3일, 대북송금사건에 대한 특검 반대 성명에서)

"송두율에 대한 공격은 파괴적 매카시즘." (2003년 10월4일, 기자간
담회에서)

"본인(송두율)의 소원대로 조국에서 후학을 가르칠 수 있는 기회가 주
어지기를 바란다." (2003년 10월14일, 출처–문화일보)

"그토록 정권에 악용되고 국민의 자유민주주의를 탄압한 한낱 임시법
이요, 惡法(악법) 중의 악법인 국보법을 마치 자유민주주의와 시장경제
를 지키는 마지막 안전장치인 양 비장하게 말하고 있다. 악법이 대한민
국의 체제와 연결된다는 발상 자체가 極惡(극악)스러울 뿐이다." (2004
년 9월10일, 한나라당 박근혜 대표의 국보법폐지 저지 선언에 대해)

"우리가 가야 할 길은 많이 남아 있다. 언제나 여러분과 마음을 함께

하겠다.” (2005년 6월7일, 박종철 인권상 수상장에서 수상자인 범청학
련 남측본부 의장 윤기진 부부를 격려하며. 출처–참말로)

“국가보안법은 법이 아니라 과거 권력자들이 맘대로 만들어 낸 것이
다. 그런 시절을 그리워하는 사람들은 보수세력이 아니라 냉전 기득권,
수구적 기득권 세력이다. … 한나라당의 구국운동 주장은 난리이자 소
동이다. 국가보안법이 대한민국의 기본질서라는 말에 놀라지 않을 수
없다.” (2005년 10월19일, 연세대에서 열린 강연회에서)

“對北(대북) 포용정책 포기는 잘못된 것이다.” (2006년 10월10일, 청
와대 회동에서 노무현 대통령이 포용정책 재검토를 언급하자)

●“**햇볕정책으로 전쟁 위험 없어져**”: “김대중 前 대통령의 햇볕정책
으로 전쟁의 위험이 없어졌다. 햇볕정책 발전과 민주개혁세력 대연합을
통해 정권 재창출을 하겠다.” (2006년 10월15일, 해남 · 진도 국회의원
보궐선거 지원 유세에서)

●“**다시 한 번 개성춤판을 벌이겠다**”: “기회가 되면 다시 한 번 개성
공단을 방문, 다시 한 번 ‘춤판’을 벌여야겠다.” (2007년 2월14일, 열린
우리당 전당대회에서)

※김근태 씨는 북한의 핵실험 직후인 2006년 10월20일, 천정배 · 이미경 · 원혜
영 · 이계안 · 이목희 · 우상호 의원과 함께 개성공단을 방문해 춤판을 벌여 물의를 빚
었다.

“금강산 관광 사업과 개성공단은 절대 포기할 수 없다. 개성공단과 금
강산 관광 사업은 핵무기나 유엔 결의문과는 직접적 관계가 없다.”
(2006년 10월20일, 개성 방문 시)

김대중

전남 신안 출생(1924). 5·6·7·8·13·14·15대 국회의원, 평화민주당(1987~1991), 신민당(1992), 새정치국민회의(1995~2000), 새천년민주당(2000~2002) 총재. 15대 대통령(1998~2003).

"저는 일생에 거짓말을 한 적이 없습니다"

●**"북한이 자유는 없지만 빵은 보장된다"**: "한국이 자유도 빵도 없는데 반해 북한은 비록 자유는 없다고 해도 빵이 보장된다. 나의 이러한 입장은 북한 공산주의자들도 인정하고 있다." (1970년 2월23일, 내외타임즈 및 뉴욕타임즈)

●**"집권하면 남북연방제를 실시할 것이다"**: "내가 집권하면 남북연방제와 대중경제를 실시하겠다. 교포들은 앞날의 수권태세를 확립하여야 하며 그 방법으로는 청와대와 백악관에 계속 편지를 내어 항의해야 하는데 특히 경제원조의 부정사용에 대해서는 백악관에 이를 항의하여 중단토록 주장해야 한다." (1973년 5월18일, 샌프란시스코 국제학생회관 강연, 6월1일 자유공화국, 6월15일 한민신보 게재)

●**"민족정통성 세우지 못해 내실있는 업적 못 이뤄"**: "저는 우선 우리 민족이 가능성을 보였다는 걸 높이 사고 싶습니다. 민주주의, 경제발전, 세계 진출 등에서 무한한 가능성을 보여 주었습니다. … 그러나 저력은 크게 보였으나 내실 있는 업적에 있어서는 별로 성공하지 못했습니다. 그 이유는 민족 정통성을 내세우는 데 있어서 실패했기 때문입니다. 해방된 조국이 해방을 위해 투쟁한 사람, 日帝(일제)에 희생된 국민들에

의해서 운영되는 것이 아니라 일제에 협력한 사람들에 의해 경찰·사법부·검찰·행정기관, 문화·교육기관이 지배당했습니다. … 여기에는 美군정의 과오가 큽니다. 군정 3년을 친일파 수중에 맡기다시피 하여 그들이 계속 힘을 유지하게 만든 것입니다. 무엇보다 李承晚(이승만) 대통령이 민족 정기를 세우는 일을 역행했습니다. 전부가 그런 것은 아니지만 여당 야당 할 것 없이 친일파가 지배적 역할을 했습니다. 그러다가 일제에 가장 충성하던 군인인 朴正熙(박정희)가 정권을 잡았습니다. 이러한 것이 민족 정통성을 세우는 데 실패한 원인입니다." (1995년 월간조선 1월호 인터뷰에서)

●**"저는 일생에 거짓말을 한 적이 없습니다"**: "(정계은퇴 번복과 관련한 질문을 받고) 저는 일생에 거짓말을 한 적이 없습니다. 저는 거짓말 한 일이 없어요. 이것은 약속을 못 지킨 것이지 거짓말 한 것은 아닙니다. 거짓말 한 것하고 약속했다가 못 지킨 것하고는 다릅니다." (1997년 10월8일, 관훈클럽 토론회에서)

"최근 북한이 주한미군이 평화군이라면 주둔해도 좋다는 말을 했다. 자세한 내용은 파악하고 있지 않지만 북한이 처음으로 이런 의사를 표시한 것이다." [1999년 4월, 청와대에서 將星(장성)진급자 신고받는 자리]

"김정일 위원장은 식견있고 합리적인 판단능력을 가진 지도자입니다." (2000년 2월9일, 도쿄방송)

●**"(김정일이) 민족문제에 그처럼 탁월한 식견을 가지고 있는 줄 몰랐다"**: "지난번 김 위원장을 만나고 온 임동원 특사로부터 김 위원장의 주한미군에 대한 견해를 전해 듣고 저는 정말 깜짝 놀랐습니다. 민족문제에 그처럼 탁월한 식견을 가지고 계실 줄 몰랐습니다. 그렇습니다. 미군이 있음으로써 세력균형을 유지하게 되면 우리 민족에게도 안정을 보장

할 수 있게 됩니다." (2000년 6월, 1차 남북정상회담에서 김대중이 김정일에게 한 말- 임동원 회고록 〈피스메이커〉 발췌 P.116)

"잘 사는 형이 가난한 동생을 찾아갈 때 빈손으로 가서는 안 된다. 우리는 북한에 1억 달러를 지원하고 싶었지만 합법적으로 할 수 있는 방법이 없었다." (2004년 6월18일, 파이낸셜 타임즈와의 인터뷰에서)

●**"햇볕정책을 하지 않으면 전쟁을 하라는 것인가?"**: "남북문제를 해결하는 데 햇볕정책 이외에는 없다. 햇볕정책을 지지하지 않는 사람이 없다. 있다면 우리나라에 있다. 햇볕정책을 하지 않으면 전쟁을 하라는 것인가? 내 말은 햇볕정책을 반대하면 대안을 갖고 얘기하라는 것이다. 저희 집 주변에 몇 분들이 와서 저에 대해 민족반역자, 북한의 앞잡이라고 시위를 한다. 집회시위의 자유가 있으니 이를 감수한다. 하지만, 저는 햇볕정책과 사촌 맺은 것도 아니다. 햇볕정책을 안하면 민족, 국민이 손해 보고 민족이 비극을 면치 못하기 때문에 그런 것이다." (2007년 6월14일, 서울 63빌딩에서 열린 6 · 15공동선언 7주년 기념행사에서)

●**"(보수가 집권하면) 전쟁의 길로 끌고 갈 수 있다"**: "자랑스러운 10년을 만들어 냈지만 잘못하면 자랑스러운 10년이 큰 위기에 처할 가능성이 있다. 현재 보수세력이 큰 지지를 받고 있지만 우리가 소신을 갖고 힘을 합쳐 나가면 두려울 것이 없다. … 6자 회담 성공, 북한-미국 국교 정상화, 동북아 평화, 남북 大발전 시대로 나갈 수 있는 정권이 나오느냐. 잃어버린 10년을 얘기하며 옛날의 50년으로 돌아가는 정권이 나오느냐의 갈림길에 있다. (보수세력이 집권하면) 민족의 운명을 좌우해 심지어 전쟁의 길로 끌고 갈 수 있다." (2007년 11월22일, 여의도 렉싱턴 호텔에서 열린 '잃어버린 50년 되찾은 10년' 행사에서)

●**"남북연합과 낮은 단계 연방제로 들어갈 여건이 됐다"**: "2000년 남

북정상회담이 통일·화해협력의 큰 물꼬를 텄다면, 2007년 10·4정상회담은 구체적 실천 계획을 수립했다는 의미를 부여할 수 있다. 지금은 남북연합, 낮은 단계 연방제의 단계로 들어가는 여건은 됐다고 보지만 이를 국민이 납득하고 지지해야 실천할 수 있다." (2007년 11월28일, 북한대학원대학교 강연에서)

"6·15 공동선언과 10·4 선언을 남쪽에서 인정하지 않으면 남북대화는 장기간 풀리지 않을 것." (2008년 7월30일, 경향신문 인터뷰에서)

●"**남북관계를 이명박 정부가 의도적으로 파탄내려 한다**": "남북관계는 이명박 정부가 의도적으로 파탄내려고 한다. … 이명박 정부는 무슨 수로도 역행하지 못한다. 김영삼 정부의 通美封南(통미봉남)의 사태를 맞이할 수 있다." (2008년 11월27일, 강기갑 민노당 대표의 방북 결과 설명 자리에서)

"오늘날 북한이 많은 억울함을 당하는 것을 안다. 오바마 정부가 파키스탄·아프가니스탄·이란 심지어 쿠바에까지 손을 내밀면서 북한에 한 마디 안 하는 게 참기 어려운 모욕이고, 또 속는가 하는 생각이 들 수 있다." (2009년 6월11일, 서울 여의도 63빌딩에서 열린 '6·15 남북 공동선언 9주년 기념식' 강연)

●"**독재가 살아나고 빈부격차가 사상최악**": "독재자에게 고개 숙이고 아부하지 말자. 이 땅에 독재가 다시 살아나고 있고, 빈부 격차가 사상 최악으로 심해졌다. 우리 모두 행동하는 양심이 돼 자유·서민경제·남북관계를 지키는 데 모두 들고 일어나야 한다. 피 맺힌 심정으로 말한다. 행동하지 않는 양심은 惡의 편." (2009년 6월11일, 서울 여의도 63빌딩에서 열린 '6·15 남북 공동선언 9주년 기념식' 강연)

●"**우리가 북한에 퍼주기를 했다는 것은 거짓말**": "북한에 대해서 돈

이 갔다는 것은 사실이지만 정상회담 전에 북한에 돈이 갔다는 것은 현대가 북한에서의 사업권을 따기 위해 돈을 제공했다고는 알고 있습니다. 하지만 정부에서 북으로 준 돈은 없습니다. 현대는 금강산 관광, 개성공단, 북한의 풍부한 지하자원 개발, 인프라 시설, 조선소, 철도 등의 건설을 조건으로 해서 법적 권리를 확보했습니다. 현대의 자체적인 위험 부담인 것이지요. 남북관계가 정상화되면 현대의 이러한 권리는 되살아날 것입니다. 우리가 북한에 퍼주기를 했다는 것은 거짓말입니다."
(2009년 7월10일, 동교동 자택에서 영국 BBC와 가진 인터뷰에서)

김희선

만주 봉천 출생(1943). 前 국회의원(16~17대). 現 민족정기를 세우는 의원 모임 회장(2001.6~). 前 전국연합 자주통일위원장(1991~1992). 前 민주쟁취국민운동 서울본부 집행위원장(1987~).

"북한 핵실험에도 불구하고 금강산 관광을 다녀오기로 했다"

●**"現 軍 장성들은 군부정권 아래 지도력을 키운 문제있는 사람"**: "현재 軍 장성들이 과거 군부정권 아래서 지도력을 키운 사람이기 때문에 큰 문제이다." [2004년 7월19일, 북한 경비정의 북방한계선(NLL) 침범 보고 누락 논란과 관련해. 출처-연합뉴스]

●**"북한 핵실험에도 불구하고 금강산 관광을 다녀오기로 했다"**: "10월15일 금강산을 다녀오기로 결정했다. 북한의 핵실험에도 불구하고 금

강산 관광, 개성공단사업 등 경제협력과 인도적인 지원을 비롯한 대북 포용정책은 계속되어야 한다고 믿는다. 국정감사라 의원들이 모두 바쁘지만 민족의 생사가 달린 문제라 시간을 내기로 했다." (2006년 10월13일, 핵실험 직후 금강산 방문 일정을 발표하며. 출처-프로메테우스)

●**"(對北) 포용정책은 50년 간의 실패로부터 얻은 값진 교훈"**: "PSI에 따른 해상 검문, 검색과 해상봉쇄는 원치 않는 물리적 충돌을 불러올 위험성이 있다. 무력충돌을 야기할 수 있는 대북제재나 봉쇄와 같은 강경정책으로는 문제를 풀 수 없다. 일방적인 봉쇄와 압박은 제2, 제3의 핵실험과 미사일 발사로 연결될 가능성이 높다. 북핵사태의 해법은 대화와 협상이며 하루속히 미국과 북한이 대화 테이블에 마주앉기를 촉구한다. 포용정책은 과거 50년 간의 냉전과 대결 정책의 실패로부터 얻은 값진 교훈의 성과물이다. 포용정책의 성패는 위기 상황에서도 대화 창구를 열어놓고 있느냐의 여부로 판단하는 것이지 위기 상황의 발생 여부로 판단할 문제는 아니다." (2006년 10월13일, PSI 반대 성명에서)

평안북도 출생(1934). 육군사관학교 졸업(13기), 육군 소장 예편(1980), 통일원 차관(1992~1993), 통일부 장관(1999), 국가정보원장(1999~2000), 대통령 외교안보특보(2001~2003), 세종재단 이사장(2004~).

"햇볕정책을 안해서 이런(연평도 포격) 사태가 나지 않았나"

●**"남북협력기금은 전쟁과 북핵의 공포로부터 벗어나는 보험료"**: "최근 대북 지원이 끊기면서 70만톤의 쌀이 남아돌아 연간 창고이용료만 3000억 원이 든다고 해요. 이 쌀을 북한 동포에게 보내는 대신 동물사료로 쓴다고, 북한이 금방 망하고 우리나라가 잘살게 됩니까. 무엇보다 쌀값이 떨어져 당장 농민들에게 그 타격이 돌아가지 않나요. 인도적 차원에서 이념을 떠나 남북교류의 물꼬를 터줘야 해요. 남북협력기금은 전쟁과 북핵의 공포로부터 벗어나는 보험료라고 생각합니다. 평화는 공짜가 아니니까요." (2010년 8월17일, 경향신문과의 인터뷰에서)

●**"(김정일은) 박식하고 머리회전이 빠른 인물…협상이 가능한 지도자"**: "우리에게 알려진 김정일 위원장은 권력을 상속받은 무능력자, 백성을 먹여살리지 못하면서 공포정치로 탄압하는 비정상적 독재자의 모습입니다. 또 성격이 음울하고 괴팍하며 잔인하고 위험한 인물, '기쁨조'에 둘러싸여 밤마다 술판을 즐기는 방탕한 미치광이의 이미지가 형성돼 있죠. 그러나 미국의 매들린 올브라이트 전 국무장관, 일본의 고이즈미 준이치로 전 총리 등 김 위원장을 직접 만나본 많은 인사들이 받은 인상은 비슷하더군요. 30년간 당에서 요직을 맡아 지도자 수련을 받은

사람답게 정보에 밝고 박식하며 머리회전이 빠른 인물이라는 평입니다. 남의 말을 경청할 줄 알고 대화와 협상이 가능한 지도자라는 평가에 저도 동의합니다." (2010년 8월17일, 경향신문과의 인터뷰에서)

● **"(이명박 정부가) 화해협력 정책을 집어치우고 대결정책을 써왔기 때문에…":** (연평도 포격과 관련) "북한에도 책임이 있지만 우리 정부가 북한에 대해서 과거 정부가 했던 화해협력 정책을 집어치우고 대결정책을 써왔기 때문에, 북한한테 고개 숙이고 들어오라 굴복을 강요하는 정책을 써왔기 때문에 결국은 계속 관계가 악화돼 온 것이다. … 이전 정부부터 해결하지 못했던 NLL(북방한계선) 문제를 해결하지 못했다는 데 문제가 있는 것. … '서해평화협력특별지대'는 線(선) 개념의 NLL을 面(면) 개념으로, 바다에서도 비무장지대로 바꾸어서 문제를 해결해 나가자는 것으로, 이걸 남북이 합의했다는 것은 정말 대단한 진전이었다. 앞으로도 이렇게 하는 수밖에 없다. 이것을 이 정부 들어와서 부정했기 때문에 서해 바다는 계속 긴장의 바다, 충돌의 바다가 돼 버렸다." (2010년 11월26일, 통일뉴스와의 인터뷰에서)

● **"햇볕정책을 안해서 이런(연평도 포격) 사태가 나지 않았나":** "햇볕정책을 안 하기 때문에 오히려 이런 사태가 일어나지 않았나. 햇볕정책을 통해 화해·협력을 추구한 지난 10년 동안에는 도발이 얼마나 감소했나. 물론 김대중 정부 당시인 2002년에는 충돌(서해교전)이 있었다. 한 번에 갑자기 없어질 수는 없는 것이다. 하지만 긴장이 완화되고 신뢰도 조금씩 키워나가고 이런 현상이 실제로 진행됐었다. 정부만의 노력만으로는 안 됐겠지만 시민참여 공간을 넓혀 줘서 접촉과 교류가 활성화되는 이런 과정을 통해 양쪽 국민들 사이에서 의식 변화가 있었기 때문에 이것이 가능했다. 특히 북한 국민들의 (남한에 대한 의식은) 엄청

나게 달라졌다. 독일의 통일 과정을 보면 서독이 동독에 20~30여 년 동안 많은 지원을 했다. 화해를 통한 변화라고도 하고 접촉을 통한 변화라고도 하는 이런 정책을 통해서 지원하고 교류하고 민족 공동체 의식을 만들었다. (2010년 11월26일, 프레시안과의 인터뷰)

●**"(김정일은) 식견이 있고 두뇌가 명석"**: "상대방의 말을 경청하며 말하기를 즐기는 타입입니다. 식견이 있고 두뇌가 명석하며 판단력이 빨랐습니다. 명랑하고 유머감각이 풍부한 스타일입니다. … 좋은 대화 상대자라는 인상을 받았습니다. 특히 연장자를 깍듯이 예우한다는 느낌을 받았습니다." (2000년 6월 남북정상회담 직전 김정일을 면담하고 온 뒤 김대중 대통령에게 보고하면서. 임동원 회고록 〈피스메이커〉 P.73)

●**"(비전향장기수 송환 시) 냉전수구세력의 송환반대가 극심했다"**: "8·15 이산가족 교환방문 후 9월 초 우리 정부는 화해의 상징으로, 북한에 돌아가기를 원하는 非전향장기수 63명 전원을 판문점을 통해 무조건 송환했다. 분단피해자들의 인권을 존중하겠다는 우리 정부의 성숙한 자세를 과시한 것이다. 당연히 냉전수구세력의 송환반대와 방해가 극심했는데, 이들은 '가치관의 혼란 우려', '북측의 체제선전에 이용당할 우려' 등을 들먹이며 '탈북자 및 국군포로 문제와 연계시켜야 한다'는 논리로 송환 반대 여론을 조성했다. 7년 전 이인모 노인을 비롯한 비전향장기수 송환을 반대할 때 들고나온 논리를 고스란히 반복하고 있었던 것이다." (임동원 회고록 〈피스메이커〉 P.474)

●**"(미국) 네오콘들의 방해책동에 맞서 평화회랑 건설에 매진"**: "부시 대통령은 북을 '악의 축'이요 '선제 核공격'의 대상이라며 위협하고, 핵 의혹을 조작해 제네바 합의를 일방적으로 파기했다. 미국은 국제기구까

지 동원해 북측을 압박하고, 쌍무회담을 기피하며 북한이 핵문제의 국제화를 추진하고 있다고 비난했다. 이런 워싱턴의 네오콘들의 방해책동에 맞서 우리 민족은 힘을 합쳐 지뢰를 제거하고 '평화회랑' 건설을 위해 매진했던 일을 이제는 아름다운 추억으로 간직하고 있다." (임동원 회고록 〈피스메이커〉 P.517)

추미애

대구 출생(1958). 現 국회의원(18대, 민주당). 한양대 법대 졸업(1981). 광주고법 판사(1995). 새천년민주당 총재 비서실장(2000).

"햇볕정책이 보약이라면 통일세는 독약"

●**"이문열 같이 가당치 않은 놈이…"**: "이문열 같이 가당치 않은 놈이… X같은 조선일보에 글을 써서… 뭐, 대한민국의 4분의 1이 조선일보를 봐? … 동아일보가 내 말을 정확히 인용하지 않는다. … (동아일보 기자를 향해) 이 사주같은 놈, 네가 정의감이 있느냐. 비겁한 놈…김병관(동아일보 명예회장) 사주의 지시로 글을 썼냐." (2001년 7월5일, 새천년민주당 소속 바른정치실천연구모임 소속 의원들의 술자리에서. 출처-동아일보)

●**"對北 제재 등의 방법은 받아들이기 어렵다"**: "북한의 6자회담 복원 이외에 유엔 안보리 회부나 대북 제제 등의 방법은 북핵 문제의 평화적 해결을 위해 받아들이기 어렵다. … 북핵 문제를 풀기 위해 '전제정

치의 종식'이나 '폭정의 전초기지'와 같은 북한 체제의 부정을 시사하는 용어나 북한인권법 등을 자제하고, 북한 스스로 지금까지의 협상의 전략과 방법, 인식을 바꿔야 한다." (2005년 5월29일, 헤리티지 재단 주최로 열린 '6자회담을 통한 북핵 해결 방안'에 대한 주제 발표에서)

●**"북한은 발달된 중공업을 바탕으로 경제와 체제유지에 활용"**: "현 정부의 대북무시정책은 북한을 자극하는 매우 위험한 일… 우리가 주체적으로 나서 미국을 이해시키고 북한을 변화시키려는 노력이 필요하다. … 햇볕정책은 퍼주기가 아니며 이로 인해 북한이 미사일을 개발했다는 주장도 잘못됐다. … 땅이 좁고 자원도 없는 현실에서 우리가 인재육성에 집중했다면 북한은 일제시대부터 발달된 중공업을 기반으로 무기군수 산업을 선택한 것이며 이를 경제와 체제유지에 활용하고 있는 것이다." (2009년 4월8일, 한동대학교에서 열린 '한국의 내일을 말하다'라는 강연에서)

●**"햇볕정책이 보약이라면 통일세는 독약"**: "한반도의 먹구름이 될 뿐인 통일세는 안됩니다. 통일비용과 전쟁위험을 줄이는 유일한 길이 햇볕정책입니다. 햇볕정책이 통일에 보약이라면 통일세 추진은 독약입니다. …(통일세는) 북한의 붕괴를 전제로 하는 흡수통일 정책입니다." (2010년 8월18일, 김대중 사망 1주기 성명에서)

●**"(연평도 포격 이후) 포용정책 실패는 아니다…대북 교류 · 지원 해야"**: "포용정책을 통째로 부정하는 것은 수확 앞두고 곡식을 갈아엎는 꼴… 기분 나쁘다고 걷어차서는 안되며 햇볕정책의 열매를 거둬들여야 한다. … 포용정책의 결과로 북한 민심이 흔들리고 있다는 것만으로도 실패는 아니며 대북 교류 · 지원을 통해 북한 주민들의 민심을 얻고 이들을 일깨워야 한다." (2010년 11월30일, 건국대 경영전문대학원 특강에서)

對北 퍼주기 옹호

김두관
문희상
최재천
허문영

核과 포탄이 되어 돌아왔다

　남한의 자칭 진보·좌파는 김정일에게 달러와 쌀, 비료 온갖 물자를 주면서 그의 독재체제를 공고히 해왔다. 그러나 이들은 북한에서 맞아죽고, 얼어죽고, 굶어죽는 북한동포를 살려야 한다는 북한인권 호소엔 철저히 침묵 내지 반대해왔다.

　자칭 진보·좌파가 말하는 북한인권에 대한 침묵 내지 반대의 명분은 독재자 김정일의 요구를 들어야 평화가 온다는 ‘위선적 평화론’이다. 그러나 김정일은 남한의 자칭 진보·좌파의 지지·지원 아래서 무기를 만들고 수입했고 급기야 핵폭탄 제조에 성공했다.

　적은 돈으로 많은 사람을 죽이는 데 광분해 온 김정일의 ‘대량살상무기(WMD)’의 성적표는 충격적이다. 생화학무기를 세계3위, 미사일을 세계4위, 잠수함 능력을 세계 4위로 끌어올리더니 2010년 3월26일 천안함을 爆沈(폭침)시키고, 같은 해 11월 23일 연평도 포격을 벌이기에 이르렀다. 김정일에 갖다 바친 돈은 核무기와 포탄이 되어 돌아왔다. 〈金成昱〉

김두관

경남 남해 출생(1959). 現 경상남도 도지사(2010.7~). 前 행정자치부 장관(2003.2~9). 前 남해군수(38~39대, 1995~2002). 前 열린우리당 최고위원(2006).

"훨씬 더 北측에 퍼줘야 한다고 본다"

●**"서울과 수도권의 발전은 농어민과 노동자들의 희생 덕분"**: "대한민국의 수도 서울과 수도권이 이렇게 발전한 배경은 바로 1960~70년대의 고도성장 뒤에 농어민과 노동자들의 희생이 있었기 때문이다. 지금 수도권이 잘사는 것이 마치 자신들의 공인 양 착각하고 있다." (2005년 1월26일, 오마이뉴스와의 인터뷰에서)

●**"수도이전 반대는 지역이기주의"**: "국가가 균형감각을 갖고 균형정책을 수립해 균형발전을 도모하는 것은 정부로서 당연한 상식에 속하는 것이다. 따라서 수도권 일부의 반발은 시민으로서의 권리행사가 아니라 지역이기주의 내지는 수도권 이기주의로 본다." (上同)

●**"한나라당의 지지율이 안 오르는 이유는 국보법 때문"**: "열린우리당이 썩 잘하지 못하는데도 불구하고 한나라당의 지지율이 안 오르는 이유가 박물관에도 보낼 수도 없는 이 낡은 유물을 붙들고 있기 때문이다." (2005년 1월30일, 신행정수도특별법 제정과 국가보안법 등에 대해 오마이뉴스와 가진 인터뷰에서)

●**"민족공조를 생각해서 국보법 빨리 폐지돼야"**: "남북문제와 민족공조를 생각해서도 국보법은 빨리 폐지돼야 한다." (2005년 3월11일, 열린우리당 당권주자 정견 발표회에서. 출처-연합뉴스)

●**"한나라당 집권은 과거회귀이고 반동"**: "개인적으로 한나라당의 집권은 과거회귀이고 반동이라고 생각한다." (2007년 1월21일, 충북 옥천 관광호텔에서 지역인사들과의 간담회에서. 출처–프리존뉴스)

※ '반동'은 북한이 대남적화에 걸림돌이 되는 대한민국 내 자유통일 세력을 겨냥해 즐겨 써 온 단어로, 북한은 2007년 1월1일 신년 공동사설에서 "한나라당을 비롯한 반동 보수세력을 매장해야 한다"고 밝힌 바 있다.

●**"북측에 훨씬 더 퍼줘야 한다"**: "동의할지는 모르지만, 훨씬 더 북측에 퍼줘야 한다고 본다. 북은 현재 많은 지원을 필요로 하는 상황이고, 남북 대치상황에도 불구하고 미국보다 대한민국의 평화지수가 훨씬 높다." [2007년 8월28일, 대전 평송청소년수련원에서 (사)자치분권연구소와 우리미래가 공동 주최한 강연회에서]

●**"연방제 통일도 괜찮은 방식"**: "1국가 2체제 연방제 형식의 통일도 괜찮은 방식이다. 서로 체제를 인정하는 방식 하에서 단계적으로 가는 것도 좋다고 느낀다." (上同)

●**"수구세력에게 나라를 맡길 수 없다"**: "국제정세가 천지개벽할 정도로 급변하고 있는데 아무런 대처능력도 없는 수구세력에게 나라를 맡길 수 없다. 개혁세력에게 국민들이 섭섭함을 느끼겠지만 다시 한 번 국정을 맡겨 달라. (上同)

경기 의정부 출생(1945). 現 국회의원(14,16~18대, 민주당). 前 청와대 비서실장(2003.3 ~2004.2). 前 열린우리당 의장(2005.4~2005.10). 前 국가정보원 기획조정실장.

"국민들 자장면 한 번 안 먹으면 對北송전 비용 마련"

●**"국가정체성 논란은 백해무익"**: "과거사는 몰라도 국가정체성 논란은 백해무익한 쓸데없는 논쟁이다. 당장 그만 두어야 한다. … 노무현 대통령에 대해 '정체성과 관련한 입장을 밝히라' 는 한나라당의 요구는 '색깔론' 의 변형으로 정치공세에 지나지 않는다." (2004년 8월6일, CBS라디오 '뉴스레이다' 에 출연해)

●**"자장면 한 번 먹지 않으면 對北송전 비용 마련"**: (대북송전 비용을 1조5000억 원으로 추정하면서) "국민들이 한 달에 한 번 자장면을 먹지 않으면 마련할 수 있다." (2005년 10월4일, 국회 발언)

※당시 열린우리당 소속이었던 정동영 통일부 장관은 '중대 제안' 의 일환으로 대북송전을 주장했다.

●**"채찍에서 당근으로 가야 할 때"**: "박정희 대통령 때 김신조가 내려오고 7 · 4 남북공동성명이 나왔다. 전두환 대통령 때 아웅산 사건이 있고 나서 수해물품 받는 대화국면으로 돌아갔다. KAL기 폭파사건 이후 노태우 대통령 때 북방정책이 시작됐다. 하나의 끝이 하나의 시작인 것이다. 이제 '채찍' 에서 '당근' 으로 가야 할 시점이다." (2010년 10월6일, 국회 외교통상통일위원회 통일부 국정감사에서)

전남 해남 출생(1963). 법무법인 한강 변호사. 前 국회의원(17대, 통합민주당). 민주화를
위한 변호사 모임(민변, 1993~) 회원.

"전쟁을 없애려면
북한에 계속 지원해야 한다"

●**"소신과 양심을 걸고 국보법 폐지를 이루겠다"**: "국가보안법 폐지
가 아직 열린우리당 당론은 아니지만, 국가보안법은 당론보다 양심이
앞서는 것. 국가보안법 폐지는 소신과 양심을 걸고 이뤄내겠다." (2004
년 8월9일, 국회에서 국보법 폐지안을 내놓으면서)

●**"국가보안법 폐지를 위해선 '날치기'라도 좋다"**: "정기국회 법사위
를 지켜보며 누군가는 '날치기'라고 했다. 날치기라도 좋다. 국보법 폐
지는 타협도 절충도 있을 수 없다. 국보법 폐지가 눈앞에 와 있다. 여러
분의 뜨거운 촛불이 열린우리당과 함께 국보법 폐지를 이루는 데 큰 힘
이 될 것이다." (2004년 12월18일, 광화문에서 열린 국가보안법폐지
기자회견에서)

●**"〈수용소의 노래〉는 결코 북한 인권의 기준이 될 수 없다"**: "(나도)
탈북자 강철환 씨의 책을 읽었다. 내가 갖고 있는 것은 국정원이 강철환
씨에게 듣고 에세이를 종합해 쓴 것이다. 그게 결국 우리의 목을 쥐고
있고, '요덕스토리'로 이어져 북한 인권의 판단기준으로 좌우되어 엄청
난 혼란을 가중시켰다. 이건 잘못된 것이다. 결코 기준이 될 수 없다.
(강철환 著, 〈수용소의 노래〉가) 한국에서 출판이 곤란하니까 불란서에
서 맨 처음 출판되었다." (2006년 4월17일, 국회 한명숙 총리 인사청문

회에서)

　※〈수용소의 노래〉는 탈북자 강철환 씨(現 조선일보 기자)가 북한 함경남도 요덕군
에 위치한 '15호 수용소'에서 10년 동안 겪었던 체험을 담고 있는 책이다. 일본어, 영
어, 프랑스어 등으로 번역되어 세계에 소개되었다. 2005년 6월 부시 미국 대통령은
이 책의 영문판을 읽고 강철환 씨를 직접 면담한 바 있다.

●**"북한의 생존권과 관련된 쌀과 비료지원을 최후까지 지켜야 한다"**:
"정치적 외교안보적 사안에 쌀과 비료지원을 연동시켜서 거부해 버린
것은 중요한 실책이다. 북한의 생존권과 관련해 의미 있는 것이 쌀과 비
료지원이고 최후까지 지켜야 했다." (2006년 7월20일, CBS 라디오에
출연해서. 출처-오마이뉴스)

●**"전쟁을 없애려면 북한에 계속 지원해야 한다"**: "군사주권의 핵심
이 전시작전통제권이기 때문에 당연히 반환되어야 한다. 전쟁을 없애려
면 북한에 대한 계속적인 지원을 해야 한다. 전략적 유연성으로 주한미
군 감축은 당연한 일이다." (2006년 8월9일, CBS 라디오 '시사자키
오늘과 내일'에 출연해)

●**"조갑제, 김동길은 아무 대책 없는 북한증오업자"**: (조갑제 조갑제
닷컴 대표, 김동길 연세대 명예교수 등을 '극우논객'으로 비방하며) "아
무런 대책 없이 오로지 북한붕괴만이 해법이라고 외치는 북한증오업자
들이다. 독도를 일본에 돌려주라고 발언한 친일작가 김완섭씨와 같은
부류이다." (2006년 8월10일, 자신의 글 '북한 증오업자들에게 묻는
다'에서)

●**"對北지원 중단은 전쟁하겠다는 것"**: "지원을 중단한다는 것은 전
쟁을 하겠다는 것이다. 북한이 더 이상 도발적 행동을 하지 않도록 대담
한 제안을 통해 밀도 깊은 대화를 시작해야 한다." (2006년 10월9일,

국회에서)

●**"참여정부가 북한에 대해 직·간접적으로 제재"**: "참여정부가 국민의 정부의 '햇볕정책'을 제대로 이어받지 못하고 북한에 대한 직·간접적 제재에 동참해온 것이 사실이다." (2006년 10월10일, 국회에서 북한의 핵실험 원인을 對北제재로 지적하며)

(국민행동본부 서정갑 본부장 등을 언급하며) "극우세력은 우리가 꿈꾸는 자유민주주의를 철저히 부정한다. 극우세력은 現 정부를 부정하고 쿠데타를 선동한다. 극우세력은 자신들의 이론과 생각만 작동하는 독재체제를 긍정한다. 극우세력은 자유주의, 민주주의, 공화주의라는 대한민국의 국체와 정체를 부정하는 反국가적·反사회적 집단이다. 왜 이걸 놔둬야 하느냐?"

(독일 연방헌법에서 우익과격주의세력에 대한 처벌을 예로 들며) "극우과격세력에 대한 공권력의 분명한 작동이 있어야 한다. 극좌의 위험성만큼이나 극우세력의 위험성에 대한 경고가 있어야 한다. 공권력의 작동이 필요하다." (2006년 11월10일, 국회 대정부질의에서 국민행동본부 유인물 문구를 지적하며)

●**"정부가 (천안함) 유언비어가 일어날 조건을 만들어 놨다"**: "정부가 유언비어가 일어날 조건을 만들어놓고 국가보안법으로 이를 억누르려는 것은 우스꽝스러운 일입니다. '불통하는 정부'가 믿는 최후의 보루가 국가보안법이라는 점을 알려주고 있다는 점에서는 시사적이기도 합니다. 국가보안법이 폐지돼야 하는 이유이기도 합니다." (2010년 5월20일, 자신의 홈페이지에 올린 글)

※2010년 5월20일, 민군합동조사단이 '천안함 침몰사건 조사결과'를 발표한 직후 맹형규 행안부 장관은 긴급 확대간부회의를 소집해 "허위사실이나 유언비어에 대해 단속을 철저히 하고 특히 사이버 상에서 근거 없는 비방이나 불법행위가 만연하지 않

도록 세밀하게 모니터링 하라"고 지시한 바 있다.

허문영

강원 출생(1956). 現 평화한국 대표. 現 통일연구원 기획조정실장.

"인도적 對北지원 중단정책을
즉시 철회해야"

●**"북한의 교회를 하나님이 기뻐하시도록 양육해야"**: "한국교회에 분단과 통일이 주는 의미는 무엇인가? 분단은 한국 교회가 하나님 앞에서 지은 죄, 곧 신사참배에 대한 하나님의 벌이며, 그 죄를 짓고서도 회개하지 않고 서로를 비판하고 용납하지 않은 죄에 대한 벌이라고 생각한다. 그리고 한국 교회는 해방 후에도 이데올로기에 함몰되어 마치 반공이 기독교의 진리인 양 통일을 위한 노력을 기울이지 않았다. 통일은 하나님 나라의 확장이다. 국토와 체제와 마음의 분단을 넘어 국토와 체제와 마음의 통일을 이루어야 한다. 그리고 그 통일은 제로섬 게임이 아니라 더불어 사는 통일이 되어야 한다. 북한을 선교의 대상으로 보지 말고 함께 이루어가야 할 주체로 여겨야 한다. 북한의 지상 교회인 봉수교회와 칠골교회를 하나님이 기뻐하시는 교회로 양육해야 한다." (2001년 12월11일, 기독신문)

●**"우리가 먼저 국가보안법 개정·폐지에 손 써야"**: "현재 우리가 이니셔티브를 잡고 민족문제를 풀어왔고, 앞으로도 그럴 작정이라면 우리

가 먼저 국가보안법 개정이나 폐지에 손을 써야 된다고 생각한다."
(2002년 8월28일, 訪美 중 코리아위클리-한국주간〈The Korea Weekly of Florida〉과의 인터뷰에서)

●**"김정일은 등소평이 되기를 원한다"**: " 많은 사람들이 김정일에 대해 단순히 '포악하다'는 이미지를 갖고 있는데, 나는 그렇게 보지 않는다. 김정일은 등소평이 되기를 원한다. 김정일은 북한 체제를 발전시키기를 진정으로 원하고 있다. 이를 위해서는 안팎으로 안정이 요구되고 있고, 현재 내부 안정은 어느 정도 이뤄져 있다. 문제는 안보와 함께 경제문제를 해결해야 하는데, 모든 것을 미국이 틀어잡고 있다는 것이다. 북한이 서방세계로 진출하고 싶어도 미국의 '禁輸法(금수법)' 때문에 안 되고 있는 예가 바로 그것이다." (上同)

●**"북한이 개방하지 못하는 것은 미국 때문"**: "역지사지의 입장에서, 미국은 50여년 간 틈만 나면 (북한을) 때리려 했던 초강국인데, 북한 입장에서 보면 어떻게 미국에 대해 방심하면서 화해하고 협력할 수 있겠느냐는 것이다. 나는 그런 점에서 북한이 개방하기 힘든 것은 미국의 對北정책에 분명히 책임이 있다고 생각한다." (上同)

●**"북한은 통일의 '대상'이 아니다"**: "통일은 이남과 이북이 함께 이루어 나아가는 것이어야 하는데, 우리는 내심으로 북한을 흡수해서 자유민주주의 시장경제를 확산해 나가려 한다. 통일이란 한 쪽이 다른 한 쪽을 흡수하는 것이 아니다. 공존의 논리로 이루어 가는 것이어야 한다. 공존논리의 핵심은 상대방을 존중하는 것이다. 즉 통일을 위해서는 대상(Target)적 발상을 버려야 한다는 것이다." (上同)

●**"탈북자들이 발생하지 않도록 하는 방법은 개성공단"**: "북한에서 탈북자들이 안 나오게 해야 한다. 북한의 탈북자는 체제탈북자가 아니

라 식량탈북자이다. 탈북자중 95%는 식량 탈북자이고 5%가 탈북하고
나와서 이남의 현실을 보고 체제탈북자가 된 사람들이다. … 그렇다면
아예 안 나오게 하는 방법은 무엇인가? 개성공단이 바로 그것이다. 한
국의 기업들이 인건비가 올라서 몰락하고 중국에 수출품목을 빼앗기고
있는데, 남한이 자본과 기술을 개성공단에 가지고 가서 중국의 십분의
일도 안 되는 인건비로 우수한 북한 근로인력을 동원해 상품을 만들게
하는 것이다. … 탈북자 문제는 정치인들이 정신 못 차리고 있을 때 우
리한테 정신 차리라고 준 하늘의 메시지이다.” (上同)

●**“김정일 제거가 우리의 목표가 되어선 안 된다”**: “인권 문제를 마땅
히 이야기해야 한다. 그러나 북한만 겨냥하면 안 된다. 미국 돈을 받아
서 활동하면 안 된다. … 우리의 목표가 체제 전환이나 김정일 제거가
되어선 안 된다. 인도적 지원은 계속되어야 한다.” (2006년 11월25일,
공의정치실천연대 · 성서한국 주최로 열린 포럼에서. 출처―뉴스엔조이)

●**“북한 군사력 유지에 轉用되더라도 對北지원을 더욱 확대해야”**:
“對北 지원과 교류 · 협력을 더욱 확대하여 북한 당국의 신뢰를 사되,
북한 인권문제에 대해서는 생존권적 기본권과 자유권적 기본권을 잘 연
계해서 풀어나가도록 한다. 그리고 화해협력과 평화공존을 병행해 나가
야 함을 북한당국에게 주지시키도록 하자. … 이를 위해 우리의 대북지
원과 교류협력은 더욱 확대되어야하고, 또한 지속되어야 한다. 비록 그
것이 단기적으로 북한 군사력을 유지하는 데 전용되는 부분이 크다 할
지라도. 만약 남측의 지원으로 유지되는 북한군이라면, 그들은 과연 무
슨 생각을 하겠는가. 북한 주민들에게 우리들이 희망의 등대가 될 수 있
도록 더욱 노력하는 길만이 마음의 통일을 이루는 길이 될 것이다.”
(2007년 5월11일, 한국복음주의협의회 ‘바람직한 남북교류와 협력방

안' 월례발표회에서)

●**"가짜교회라고 비난 말자, 하나님이 역사하실 수 있다는 믿음을 갖자"**: "조선그리스도교연맹과 북한 공식교회의 위상을 강화할 수 있도록 하자. 물론 우리 모두 알고 있듯이, 봉수교회와 칠골교회는 조선로동당 통일전선부 6과 요원들이 관할 하에 있는 국가통제 교회이다. 그리고 북한은 대남관계에서 기독교와 이 교회들을 이용하고 있다. 단기적으로는 북한 경제난 해소를 위한 지원확보 창구이며, 중·장기적 차원에서는 북한 주도의 공산화 통일을 위한 유력한 창구가 될 수 있기 때문이다. 그러나 이들을 가짜라고 비난하지 말고, 통제된 교회 속에서 보이지 않는 하나님이 역사하실 수 있다는 믿음을 가져야 한다." (上同)

　※봉수교회는 '가짜교회' 일 뿐 과거 東獨(동독)교회처럼 '통제된 교회' 가 아니다. '가짜교회' 는 철저하게 가짜지만 '통제된 교회' 는 기독교인이 자유롭게 교회예배에 참석할 수 있으나 교회의 입장표명이나 행동이 통제 받는 교회이다. 前者는 교회를 부수는 체제라면 後者는 선교·전도·부흥이 제한된 교회이다. 따라서 북한의 가짜교회와 동독의 통제된 교회는 하늘과 땅 차이다. 특히 서독교회는 동독교회를 대할 때 철저한 상호주의 원칙을 견지했다.

●**"對北전단이 아닌 개성공단 덕분에 북한주민이 변화"**: "북한주민이 변화되는 것은 對北(대북) 전단이 아니라 차분하게 진행되는 개성공단 등 남북교류협력에 의해서라는 점도 유념해 주기 바란다. 전체 국민의 의사가 확인되지 않은 상태에서 강행하는 남북관계 악화행위를 중단해 줄 것이다. 북한의 급변사태 가능성을 과장되게 강조하기보다 협력 지향적으로 대응해 나가야 한다." (2008년 11월21일, 허문영 씨 등이 주도해 한국기독교회관에서 열린 '계속되는 남북관계 경색을 우려하는 기독인의 입장' 에서)

●**"천안함 보복 주장은 나라와 민족의 역사 앞에 큰 잘못"**: "3월26일

발생한 천안함 침몰사건으로 남북 간에는 물론이고 남한 사회 안에서도 서로를 불신하고 반목하는 상황이 극대화되고 있다. 일부 종교·사회·정치인들은 북한에 대한 증오와 분노를 품고 북한을 상대로 전쟁까지도 불사해야 한다는 말을 서슴없이 하고 있다. 이렇게 '눈은 눈으로, 이는 이로' 갚아야 한다고 주장하는 행위는 나라와 민족의 역사 앞에 큰 잘못을 저지르는 일이다." (북한의 천안함 폭침 직후인 2010년 6월17일, 허문영 씨 등이 주도한 '민족의 화해와 평화를 위한 종교인 모임' 성명에서)

●**"조건없는 동포애적인 인도적 지원이 절실하다"**: "남북 군사 대결 구도로 말미암아 우리마저도 북한 동포들의 고통을 외면함으로써 지금 북한 동포들은 남북 갈등의 최고 희생자가 되어 餓死(아사) 직전의 상태에 놓이게 되었다. 북한 동포들에게 사랑과 도움의 손길을 펴는 조건 없는 동포애적인 인도적 지원이 무엇보다 절실하다. 정부는 남북 교류 협력 및 인도적 대북지원 전면 중단 정책을 즉시 철회해야 한다." (上同)

●**"하나님은 북한동포 잊지않고 계셨다… 봉수교회 건축되니"**: "신사참배 결의(1938.9.9 평양서문 밖 교회) 10년 뒤인 1948년 9월9일 북한에 '김일성' 공산정권이 들어섰고, 20년 뒤인 1958년 주민성분조사 사업을 통해 기독교가 완전 말살되었다. 그러나 하나님은 북한 동포들을 잊지 않고 계셨다. 희년의 해인 50년 뒤인 1988년 기독교를 완전 부정하던 북한에 교회(봉수)가 다시 건축되었다. 그리고 60년 뒤인 1998년 9월에는 '김정일' 위원장의 선군정치체제가 출범하였다." (2010년 9월10일, 서울 강변교회에서 열린 한국복음주의협의회 9월 조찬기도회 및 발표회 발제문에서)

北인권 반대

9

이광재
이장희
정봉주

자칭 진보·좌파의 북한인권 반대

한반도에 두 개의 나라는 없다. 대한민국 헌법 제1조는 '대한민국은 민주공화국'임을 밝히고 있으며, 제3조는 '대한민국의 영토는 한반도와 그 부속도서로 한다', 제4조는 '대한민국은 통일을 지향하며, 자유민주적 기본질서에 입각한 평화적 통일정책을 수립하고 이를 추진한다' 고 정의한다.

헌법의 정의는 군더더기가 없다. 북한주민의 解放(해방)과 북한정권 解體(해체)를 통해 자유민주적 기본질서에 입각한 평화통일, 즉 自由統一(자유통일)하라는 것이다. 자유통일은 단순한 '헌법의 명령'이 아니다. 북한에서 굶어죽고 맞아죽고 얼어죽는 사람들, 조선시대보다 일제시대 보다 아프리카 빈국보다 못한 삶을 사는 우리 동족 절반을 구해야 한다는 '양심의 명령'이다.

통행증 없이는 여행도 못하는 곳. 식량 한 줌을 훔쳐 공개처형 당하는 곳. 끝도 없는 자아비판·互相(호상)비판의 살기 속에 두려워하며 김일성 초상화에 먼지를 닦지 않아 정치범수용소에 끌려가는 곳. 탈북한 뒤에는 돼지 한 마리 값에 중국의 노예로 팔려 다니고, 강제로 北送(북송)당해 영아살해·강제낙태 끔찍한 유린에 시달리는 우리 형제·누이를 살려야 한다는 '인간다움의 표현'이다.

한국의 소위 진보세력은 진보적 가치의 핵심인 人權(인권)문제에 눈을 감음으로써 자신들의 정체가 親(친)독재세력임을 드러냈다. 〈金成昱〉

강원 평창 출생(1965). 現 강원도 도지사(2010.7~). 前 국회의원(16~17대). 前 노무현 의원 비서관(정계입문). 前 청와대 국정상황실 실장(2003.2~2003.10).

"북한인권법은 反북한주민법"

●**"북한인권법은 反북한주민법"**: "북한인권법은 북한주민들의 실질적인 인권 증진에 기여하기는커녕 오히려 이 법 제정으로 인한 남북관계 경색의 장기화, 체제위협을 의식한 북한주민들에 대한 통제 강화 등을 초래하여 북한주민들의 실질적 인권을 억압할 수 있는 反북한주민법이다. … 이 법은 '뉴라이트 지원법'이다. 북한인권 증진이라는 미명 아래 대북 삐라·풍선 살포단체들을 지원하기 위한 것이다." (2010년 2월 11일, '북한인권법 외교통상통일위원회 전체회의 날치기 처리 규탄 성명서'에서)

●**"인생을 걸고 정치를 버리겠다"**: "재판 결과든 실체적 진실이든, 그 결과가 어떻게 나오든 상관없이 의원직을 사퇴하겠다. 새 인생을 위해 정치를 떠날 것이고 인생을 걸고 정치를 버리겠다." (2009년 3월26일, 박연차 태광실업 회장과 정대근 前 농협 회장으로부터 불법 정치자금을 받은 혐의로 구속됐을 당시 나온 발언)

※이광재의 "인생을 걸고 정치를 버리겠다"는 약속은 이행되지 않았다. 1심 선고 직전인 2009년 9월9일, 김형오 국회의장에게 의원직 사퇴서를 제출했다. 그는 "의원직을 버리겠다는 당초 약속을 지키기 위한 것"이라며 "봉하마을로 내려가 자원봉사 활동을 하며 지낼 것"이라고 밝혔다. 그는 선고 직후 "朴 회장으로부터는 돈을 받지 않으려고 노력했고, 지금도 결백하다고 생각한다. 결백을 입증하기 위해 최선을 다하겠다"고 말했다.

2010년 6·2지방선거에 출마해 강원지사에 당선됐다. 李씨는 강원지사 당선과 별개로 1심, 2심 모두 유죄 판결을 받았고 현재 대법원 판결을 앞두고 있다.

　"민주당 최철국 의원이 주도하는 '수소 등 특정고압가스를 풍선 및 애드벌룬에 주입해 용도에 맞지 않게 사용하는 것을 방지하는 고압가스 안전관리법 개정안, 발의에 참가할 것이다." (2008년 11월24일, 국회의원 보도자료)

　※탈북자단체의 對北전단 살포를 법적으로 처벌할 수 있도록 한 '對北전단 살포 처벌' 법안 공동발의하며 나온 것이다.

　"全斗煥 정권은 철권을 휘둘렀다. 저항의 강도도 더해갔다. 주변의 선배와 친구들이 하나씩 죽어갔다. 학생회관에서 떨어지는 학생도 있었고, 제 몸에 불을 지르는 학생도 있었다. 1986년 신림동 4거리에서 서울大 김세진과 이재호가 분신을 시도했다. 몸에 불이 붙어 비틀거리면서 구호를 외쳤다. 떨어진 간판에 살점이 녹아 내렸다. 그 장면을 보며 나는 분노에 치를 떨었다. 나도 투신과 분신을 생각했다. 그 생각은 망령처럼 나를 따라다녔다. 그러나 나는 죽을 용기가 부족했다. 죽지는 못하지만 사는 한 포기하지는 않겠다고 다짐했다. 태극기 하나를 샀다. 손가락을 잘라 태극기에 혈서를 썼다. '절대 변절하지 않는다.' 나는 그 피 묻은 태극기를 이화여대 선배에게 건넸다. 나를 지켜봐 달라고." (이광재 著, 자서전 〈우통수의 꿈〉)

　※이광재는 주사파, 김일성주의 조직인 연세대 '구국학생동맹' 핵심간부로 활동했었다. 그는 대학시절 스스로 오른손 둘째손가락을 잘랐고 이로 인해 군대를 면제받았다. 1987년 11월18일에는 국가보안법 위반으로 입건돼 1988년 3월11일 징역2년, 집행유예 3년, 자격정지 2년 刑이 확정됐지만, 같은 해 12월21일 특별 사면된다.

　2005년 6월호 월간조선은 한나라당 前 김용학 의원의 증언을 보도했다.

　"여러 후보들이 '당신 손가락이 왜 없느냐' 고 따져 묻자, 이광재 의원은 답변을 하지 않았다. 계속 질문이 이어지자 이광재 의원은 '우울해서 잘랐다'고 짧게 대답했다. 하도 어이가 없는 답변을 해서 다른 후보들이 더 이상 묻지 않았다."

이장희

경북 경주 출생(1950). 現 한국외국어대 교수. 민족화해협력범국민협의회(민화협) 정책위원장(1998.9~). 민주평통 자문위원(1993.5~). 주한미군 범죄근절을 위한 운동본부 공동대표(1993.1~). 평화와 통일을 위한 시민연대 상임공동대표(2001.9~).

"미국이 北인권문제 꺼내는 것은 간섭"

●**"강정구를 처벌해선 안 돼"**: "강정구 교수가 (북한에 대해) 고무찬양성 발언을 했다고 해도 그의 주장이 체제에 대해 실질적인 위해가 없기 때문에 처벌해서는 안 된다. 역사학자에게 가정과 전제는 더욱 밝은 미래를 제시하기 위한 해석의 과정이다." (2005년 10월9일, 경향신문과의 인터뷰에서)

"남북기본합의서가 법적효력을 갖지 않는 한 제2, 제3의 강정구 사태가 재발할 수밖에 없다." (2005년 10월18일, '남북기본합의서와 한반도 평화체제 구축 토론회'에서 출처–내일신문)

●**"미국이 북한 인권문제를 꺼내는 것은 간섭"**: "평등을 중시하는 사회주의 국가의 인권과 자유를 중시하는 서방국가의 인권을 구분할 필요가 있다. 미국이 '압박용 카드'로 북한 인권문제를 꺼내는 것은 간섭이다."(2006년 11월12일, 뉴시스와의 인터뷰에서)

●**"일부 몰지각한 사람들이 안보 위기감을 부풀린다"**: "북 핵실험 이

후 한반도 상황에 대해 크게 우려하지 않는다. 이제는 누가 집권하더라
도 과거 냉전체제로 돌아가기 힘든 상황이다. 단지, 야당과 일부 몰지각
한 사람들이 실제보다 안보 위기감을 부풀린 것뿐이다. … 우리 국민들
의 남북관계 인식이 예전보다 많이 성숙해 졌기에 별로 신경 쓰지 않는
다.”(上同)

●“미국처럼 (북한을) 압박해선 안 돼”: “남북 인적교류에 초점을 맞
추는 한편 상호 체제 차이를 인정하고 북한 인권문제를 바라봐야 한다.
북한이 체제 위협을 느끼지 않는 선에서 인권 문제를 개선할 수 있도록
남한이 도와야지, 미국처럼 압박해선 안 된다.” (上同)

“지난 10년 동안 수구보수세력들의 훼방에도 불구하고 진실규명과 명
예회복 작업은 일정한 성과를 축적해 왔다. 그런데 이명박 대통령 당선
자측은 과거사 관련 위원회 14개를 법적 검토도 하지 않고, 국민들의 의
사도 묻지 않고 폐지하겠다는 의지를 노골적으로 드러내고 있다.”
(2008년 1월17일, ‘대통령인수위의 과거사위 폐지방침에 대한 학살규
명범국민위의 입장’ 성명서에서. 출처-노컷뉴스)

정봉주

서울 출생(1960). 前 국회의원(17대). 現 민주당 전략기획위원장.

“北인권법 저지 위해 모든 노력 기울일 것”

●“북한 인권만 생각해선 안 돼”: “북한의 인권뿐만 아니라 다른 나라

의 인권도 생각해야 한다. 민감한 문제인 만큼 신중해야 한다." (2004
년 7월15일, 美 의회 레이번 빌딩에서 열린 한·미 의원 외교협의회 대
표단 공동 회견에서. 출처-연합뉴스)

●**"북한인권법 美 상원 통과 저지를 위해 모든 노력을 기울일 것"**:
"북한 내부사정을 지나치게 간섭하는 북한인권법은 한반도의 평화와
안정을 위한 국제사회의 노력을 무산시킬 위험성까지도 포함하고 있다.
상원 통과 절차가 남아있는 이 법안의 저지를 위해 모든 노력을 기울일
것을 분명히 하는 내용의 결의안을 추진하겠다." (2004년 7월22일, 연
합뉴스와의 인터뷰에서)

●**"북한인권법안은 6자회담과 남북관계에 부정적 영향"**: "북한인권법
안이 현재 진행 중인 6자회담과 남북관계에 부정적 영향을 미칠 수 있
다." (2004년 7월26일, 국회에서 가진 기자회견에서. 출처-연합뉴스)

"최근 북한이 6자회담 복귀 의사를 공식 표명한 시점에서 미국의 네
오콘과 일본의 극우세력 등 국제사회 일각에서 북한 인권문제를 거론하
는 것은 북핵 문제 해결에 부정적 영향을 미칠 우려가 있다. 미·일 등
국제사회가 인권문제를 내세워 타국에 대한 자국의 정치적 목적을 달성
하기 위한 방편으로 삼는 것을 경계한다. 특히 자국의 세력권에 들어오
지 않는 국가들을 선택적으로 겨냥해 인권문제로 외교적 압력을 행사하
는 것은 부당하다." (2005년 7월14일, '美·日의 북한인권 문제제기 규
탄 결의안'. 출처-오마이뉴스)

10

노골적 從北 발언
(김일성 찬양과 3代 세습 옹호 외)

나창순
리영희
민경우
박지원
신해철
정일용
한상렬
한홍구
황석영

나창순	"南北 오가며 탈북자들의 말은 거짓임을 확인"
리영희	"6·25를 前後로 해 진정한 애국자는 北으로 갔다"
민경우	"나는 北의 통일정책을 상당부분 지지한다"
박지원	"김정은 후계, 北韓에선 그게 상식"
신해철	"북한의 미사일 발사를 민족의 일원으로 경축한다"
정일용	"主權국가인 북한에 대해 훈수를 두는 것은 남한의 고질병"
한상렬	"6·15시대 맞이해 親北, 고무, 찬양해야"
한홍구	"김일성은 자수성가형 민족 영웅"
황석영	"김일성은 이순신, 세종대왕 같은 위인"

충남 논산 출생(1933). 범민련 명예의장. 前 민족자주통일중앙협의회. 前 조국통일범민족연합(범민련) 남측본부 의장.

"南北 오가며 탈북자들의 말은
거짓임을 확인"

●**"김정일 총비서를 충직하게 받들자"**: "연방제 합의 확산, 주한미군 철거, 北美(북미)평화협정 체결, 국가보안법 완전철폐, 양심수 전원석방의 기치를 높이 들고 7000만 민족이 대화의 광장으로 달려 나가야 한다. 김일성 주석의 '통일유훈'을 철저히 관철하자. 김정일 총비서를 '민족의 領首(영수)'로, '조국통일의 救星(구성)'으로 충직하게 받들자. 조국통일 3대헌장을 통일대강으로 틀어쥐고 나가자." (1999년 8월8일, 범민련 남측대표 자격으로 평양을 불법 訪北해 결의한 내용 중. 출처─연합뉴스·중앙일보)

"황장엽의 방미는 北(북)의 인권실태에 대한 증언을 통해 김정일 정권에 대한 혐오감을 조성하려는 의도이며 궁극적으로는 정권붕괴를 목표로 한 것." [2003년 10월17일, 연세대학교 학생회관에서 가진 '황장엽 訪美(방미)저지 결사대 결성선포 기자회견']

●**"6·15투쟁에 몸 바쳐야"**: "南에 살건 北에 살건 해외에 살건 우리 민족이라면 6·15남북공동선언을 고수, 이행하는 투쟁에 한 몸 바쳐야 하며 7000만 온 겨레는 '우리민족제일주의'의 기치를 높이 들고 민족의 존엄과 자주권을 지키는 투쟁에 과감히 떨쳐나서야 한다." (2004년 1월9일, 동국대학교에서 가진 '우리민족 對 미국의 대결전 승리를 위

한 결의대회'에서)

"범민련은 이라크 파병을 막아내는 투쟁을 우선으로 하고 다음 4월 총선을 앞두고 한나라당을 파탄시키는 투쟁과 11월 미국 대선에서 부시 대통령이 당선되지 못하도록 파괴하는 역할을 할 것." (2004년 1월9일, 통일뉴스와의 인터뷰에서)

●"6·15선언 이행은 4·19혁명 정신 계승": "4·19혁명 정신계승의 의미는 6·15공동선언의 이행에 있다. 자주통일 의지를 바로 세워 더 이상 친미·사대·분단세력들이 준동치 않도록 하고 국가보안법을 철폐하자. 이것이 혁명정신의 참뜻이다." (2004년 4월19일, 4·19묘역 참배 중)

"시대는 자주적인 새 정치, 새 생활을 위한 주한미군 철수투쟁을 강력히 벌일 것을 요청하고 있다. 사상과 정견, 계급계층, 남녀노소를 뛰어넘어 거족적인 反美 抗戰(반미 항전)을 벌여 이 땅에서 미국 놈들을 몰아내고 자주통일의 세상을 안아오자." (2004년 5월22일, 광화문 KT빌딩 앞 '범죄집단, 한반도전쟁책동 주한미군철수 결의대회'. 출처–통일뉴스)

"50여 년 분단의 폐해로 자라온 국가보안법이란 毒草(독초)를 반드시 뿌리 뽑아야 하며 이것이 바로 시대와 역사의 요구. 국회는 당면 시대의 대세를 정확히 알고 국가보안법 존치, 개정이 아닌 완전 철폐시켜야 할 것." (2004년 8월27일, '국가보안법폐지 전국도보행진'에서)

"조국광복 60년, 6·15공동선언 5돌인 2005년을 주한미군 철수의 원년, 자주통일의 원년의 역사적인 해로 만들기 위해 주한미군 철수 투쟁, 반미자주화 투쟁을 강력하게 전개할 것."(2004년 8월28일, 광화문 KT빌딩 앞에서 가진 '한반도 전쟁음모 한미연합 을지포커스훈련 중단 촉

구대회')

"미군강점 60년을 한해 앞둔 오늘, 북녘동포들은 '미군철수 남북공동 대책위원회'를 내올 것을 제안하였다. 범민련이 앞장서서 美帝(미제)의 전쟁책동을 짓부수고 주한미군 철수투쟁에 떨쳐나서자." (2004년 9월 12일, 동국대에서 열린 '미군강점 59년, 한반도 핵전쟁 주범 통일의 최대 걸림돌 주한미군 철수를 위한 범국민 결의대회')

"분단현실에 기생하여 민족의 이익을 외면하고 반공 이데올로기를 조장하는 한나라당을 비롯한 반통일 분열세력들의 생각을 꺾어버리자. 즉각적으로 한나라당을 해체하고 국가보안법을 폐지하라." (2004년 10월29일, 한나라당사 앞에서 가진 '국가보안법폐지 반대하는 한나라당 규탄대회')

● **"탈북자들의 말은 거짓"**: "이미 객관적인 이성을 상실한 탈북자들을 내세워 온갖 거짓말들을 쏟아내며 北을 성토하고 있지만 우린 남북을 직접 오가며 이들의 말들이 거짓임을 이미 확인했다." (2005년 2월 16일, 광화문 KT빌딩 앞에서 열린 집회에서)

리영희

평북 삭주 출생(1929). 한양대 명예교수. 한겨레신문 논설위원(1988~). 前 합동통신, 조선일보 기자. 국가보안법폐지 국민연대 고문(2000.7~). 저서 〈전환시대의 논리〉, 〈우상과 이성〉, 〈분단을 넘어서〉 등.

"6·25를 前後로 해 진정한 애국자는 北으로 갔다"

●**"한국이 한반도 유일 합법 정부가 아니다"**: "한국이 한반도의 유일한 합법정부가 아니며 북방한계선 남쪽이 우리 영해라는 주장도 잘못이다." (1999년 8월12일, '일등 여수아카데미' 강연에서)

●**"주한미군을 평화유지군으로 대체하자"**: "주한미군 감축은 당연한 것이며 현재의 주한미군 체제를 유엔평화유지군(PKF) 체제로 대체하는 구상도 필요하다. 미국의 방위조약도 상당히 수정되거나, 또는 북·5러간 군사동맹이 사실상 해체된 상황에서 앞으로 남북 각각의 (독자적인) 군사동맹 체제도 해체하는 것이 바람직하다." (2000년 7월18일, '21세기동북아평화포럼' 주최 '남북관계와 주한미군 문제' 토론회에서)

●**"팀스피리트 훈련은 북한에게 엄청난 핍박과 위협을 줬다"**: "1976년부터 시작된 팀스피리트 훈련은 세계 최강, 최대, 최고의 핵전쟁 훈련으로 북한에 대해 엄청난 핍박과 위협을 줬다." (上同)

"김대중 정권은 살인미군에 대한 무죄평결이 대한민국의 국민적 자존을 훼손한 중대사건임을 직시하고, 불평등한 한미방위조약과 SOFA의 재개정 작업을 즉각 미국에 요구하여 이를 조속히 관철하라." (2002년 11월29일, 민족문학작가회의 성명에서)

"미국이 지배하는 한에서의 평화만이 필요하지, 보편개념으로서의 평화는 미국의 이익에 반한다. 미국이야말로 '惡(악)의 제국'이며, 부시 행정부의 집권세력이야말로 '惡의 축'이다. 젊은 세대들은 해방 이후 친일파 군대 출신이 외세에 빌붙어 지배해온 한국현대사를 똑바로 배우고 인식하기 바란다." (2003년 4월7일, 한겨레신문과의 인터뷰에서)

●**"한총련 수배는 불합리"**: "민주적으로 당선된 학생의 대표라는 이유만으로 해마다 수백 명의 한총련 대의원들을 무더기로 수배 조치해 당사자와 그 가족들을 수배의 고통으로 몰아넣는 불합리한 상황은 없어야 할 것이다." (2003년 4월8일, '대통령 특별사면에 즈음한 기자회견'에서)

●**"한국은 철저히 미국의 屬國(속국)"**: "한국은 철저히 미국의 속국이다. 군인은 철저히 '오브 더 피플, 바이 더 피플, 포 더 피플'이 돼야 한다. 駐韓(주한)·駐日(주일)미군은 한국인과 일본인들이 돈을 대줘가면서 하기 때문에 '오브 더 피플'은 맞지만 작전통제권을 미국이 갖고 있고 미국의 이익을 위해 주둔하고 있다는 점에서 '바이 더 아메리칸, 포 더 아메리칸'이다." (2003년 7월12일, 프레시안과의 인터뷰에서)

"崇美(숭미)세력들이 미국의 이익과 자신들의 이익을 일치시켜 국가보안법을 존속시키려 한다. 국가보안법은 오랫동안 정신적 자유에 족쇄를 채우던 법이므로 국가보안법 폐지만이 인간을 자유롭게 하고 인간해방과 사회진보, 남북화해, 평화로 나아갈 길이다." (2004년 11월4일, '국가보안법이 없는 세상, 희망의 미래를 여는 토론회'에서)

●**"주한미군을 철수하고, 한미동맹 해소하자"**: "주한미군을 철수하고, 한미동맹을 해소하고, 미군기지를 해체한 뒤 미국과의 관계를 예속적인 동맹에서 일반적인 우호관계로 대체한 후 일정한 거리를 두면서 그 변화만큼 중국·러시아 쪽으로 이동해 북한의 호응을 얻도록 하자."

(2005년 10월7일, 평화통일연구소 창립 1주년 기념 토론회에서 2000
년 당시 김대중 대통령에게 말한 내용을 소개하며)

●**"미국을 神으로 모시는 세력이 북한과의 전쟁을 미국에 요청하고
있다"**: "우리 내부에 미국을 신으로 모시는 세력이 북한과의 전쟁을 호
시탐탐 미국에 요청하고 있다. 이렇게 우리 내부의 문제가 미국 문제만
큼 크다는 사실을 지식인들이 국민들에게 들려주길 바란다." (2007년
4월19일, 한겨레통일문화상 시상식에서)

●**"6·25를 전후로 해 진정한 애국자는 北으로 갔다"**: "6·25 전쟁
전후시기에 진정한 애국자들과 양심적 지도자들이 남한을 버리고 북한
으로 갔다." (上同)

"이북에서는 새 나라 건설과 사회혁명의 열기가 충천하고, 일제시대
의 친일파들을 비롯하여 호의호식하며 권세를 누렸던 자들이 깡그리 청
소되고 있는데 같은 민족의 땅 이남에서 벌어지고 있는 작태는 한숨과
눈물이 나올 지경이었어요. 이북에서는 새 나라 건설을 위해서 '새 술을
새 부대'에 담는 민족정기가 넘쳐 있는데 같은 시각 남한은 '썩은 술을
낡은 부대'에 그대로 담고 있는 꼴이었어."(上同)

●**"내가 길러낸 제자들이 남측 사회를 쥐고 흔들고 있다"**: "내가 20
~30년 길러 낸 후배와 길러낸 제자들이 남측 사회를 쥐고 흔들고 있
다." (2007년 5월17일, 개성에서 남북 장관급회담 당시 북한 단장인 권
호웅 내각참사에게)

민경우

서울 출생(1965). 서울대 인문대 학생회장(1987). 범민련 사무처장(2000~2001). 現 통일 연대 사무처장(2003~).

"나는 北의 통일정책을 상당부분 지지한다"

●**"공개적으로 북한 접촉하고 협력하고자 했다"**: "우리는 서울시내에 사무실을 두고 공개적으로 북과 접촉하고 협력하고자 했다. 무엇이 잘못되었는가? 북한동포와의 접촉과 만남은 정부만 해야 하는가? 북한 동포와 만날 때 反美(반미)를 외치는 사람들은 배제되어야 하는가? 북한 동포와 만날 때 노동자와 농민은 자제해야 하는가? 당신이 주장하는 남북간 만남은 이산가족끼리 또는 교양있는 사람들만이 이른바 '순수하게' 만나야 하는가?

우리는 그런 식의 만남에 반대한다. 그리고 만남이 계속될 때마다 남북의 만남이 깊어지길 바란다. 어제 만남이 함께 공을 차는 것이었다면 오늘은 일본의 역사왜곡을 규탄하고 내일은 미국의 만행에 대해 함께 목소리를 합치기를 바란다."

"2004년의 지금 북한은 그냥 '통일의 동반자' 이다. 다른 모호한 규정은 필요 없다. 만약 처벌해야 할 일이 생기면 효순·미선이를 깔아 죽인 미군에게 하는 것과 달리 실제 '간첩' 으로 다루면 된다. 정치적 용어가 필요한 나 같은 사이비 간첩을 더 이상 만들지 말기 바란다." (2004년 7월5일, 옥중기고문. 출처─오마이뉴스)

●**"나는 北의 통일정책을 상당부분 지지한다"**: "나는 북의 통일정책

을 상당부분 지지한다. 주한미군 철수나 연방제 통일방안은 88년 이후 지금까지 내가 통일운동을 하면서 유지했던 기본 노선이다. 40살이 된 지금까지 마르크스주의나 연방제, 주한미군 철수 등의 사상과 노선을 갖고 있는 것이 내가 간첩이 된 이유일까? 나는 그렇다고 생각한다. (2004년 7월7일, '나는 간첩인가' 란 옥중기고. 출처–민중의 소리)

●**"고려연방제는 통일문제를 민족자주의 관점으로 본다"**: "고려연방제와 낮은 단계의 연방제에 담긴 공통의 문제의식은 통일문제를 민족자주의 관점에서 본다는 점이다. 낮은 단계의 연방제는 1991년 김일성 주석의 신년사로부터 비롯된 것으로 알려져 있다. 90년대 초반 이래 북의 변화된 입장을 잘 보여주는 문서는 93년 4월 김 주석이 발표한 '전민족대단결 10대강령' 이다. '全민족대단결 10대강령' 에서 김 주석은 남북에 존재하는 제도와 정부를 그대로 두고 연방형태의 통일정부를 구성하자고 주창한다." (2004년 7월15일, 옥중서신. 출처–통일뉴스)

●**"나는 조총련을 진심으로 사랑하게 되었다"**: "조총련 홈페이지에 들어가 보라. 거기에는 김일성 주석의 논문도 실려 있지만 직장 알선, 취미 생활, 결혼 중매 등 재일동포들의 소소한 일상사와 관련된 기사도 많이 있다. 감동적인 것은 조총련계 학교 여학생들의 수기 같은 것이다. 90년대 후반 일본에서 우경화 바람이 불면서 치마저고리를 입고 다니는 여중생, 여고생들을 일본의 우익 깡패들이 거리에서 린치를 하곤 한다. 그런데 10대의 여자아이들이 '조선의 넋과 혼' 이 실린 치마저고리를 그냥 입겠단다. 2002년인가 조총련 학생들이 서울에서 비슷한 내용의 공연을 한 적이 있다. 공연을 보면서 나는 정말 많이 울었다. 예쁘지 않은가? 15살이나 되었을 까만 눈의 여자아이가 검고 흰 치마저고리를 입고 기타를 친다. 미숙한 우리말로 '조선의 넋과 혼', '민족의 얼과 숨

결'을 말한다. 사랑스럽지 않은가? 나는 그때부터 조총련을 진심으로 사랑하게 되었다." (2004년 7월24일, '국가보안법이 일으키는 착시현상'이란 옥중기고. 출처-민중의 소리)

●**"국가보안법의 소멸은 도도히 흐르는 민족 대단결 운동의 승리를 예고한다"**: "당신(재판관)들은 판결을 통해 국가정보원 지하 밀실에서 자행된 고문과 공안검찰의 시대착오적인 수사에 합법성을 부여해 주었다. 당신들이 법조인으로서의 소신과 양심에 기초하여 판결했다면 국가보안법은 이미 오래 전에 사라졌거나 설사 현재 존재하더라도 존폐 논란에 휩싸이지는 않았을 것이다. 국가보안법은 조만간 사라질 것이다. 설사 법률로 잔존하더라도 이미 존립 근거는 사라졌다. 국가보안법의 소멸은 도도히 흐르는 민족 대단결 운동의 승리를 예고하고 있다." (2004년 8월26일, 서울 고등법원 309호에서 열린 항소심 3차 공판 최후변론문)

●**"反제국주의라는 목표 하에 혁명적 수령관, 일당체제를 통합한 것은 北의 강점"**: "필자가 보기에 북의 정치체제를 비판하는 견해는 대체로 다음과 같다. 서구민주주의의 잣대를 가지고 주로 혁명적 수령관, 일당체제를 비판하고 그러한 정치체제가 기형적이고 전근대적이며 비합리적인 특성과 연관되어 있다고 보는 것이다. 하나하나를 떼어놓고 보면 크게 틀린 말은 아닐 듯하다. 사회주의를 유지하고 있는 것, 고도의 군사체제, 세계화된 주류 질서와 대립하는 민족적 요소의 강조 등이 그러하다. 전근대적 전통의 강한 온존 문제는 그러한 각각의 요소를 하나로 통합해내는 역동성이다. 反帝(반제)라는 목표 하에 여러 가지 요소를 통합해낼 수 있었던 역사적 실체가 민족과 민족주의이고 그것을 실현한 것은 북의 강점이지 약점이 아니다." (2005년 6월13일, '민족에 대하여〈3〉' 기고문. 출처-통일뉴스)

전남 진도 출생(1942). 現 민주당 원내대표. 現 국회의원(14, 18대). 前 문화관광부 장관(1999.5~2000.9). 대통령 비서실장(2002.4~2003.2).

"김정은 후계, 北韓에선 그게 상식"

●"6·15남북정상회담 합의는 김정일 국방위원장의 실용주의 지향 덕분": "정상회담 합의는 북한이 김정일 국방위원장을 중심으로 실용주의적 노선을 지향하고 있기 때문에 가능했던 것으로 안다." (2000년 4월28일, 원광대 강연회에서. 출처-월간조선 2009년 9월호)

●"대북송금 특검은 출발부터 잘못된 것이었고 특검수사는 조작이었다": "대북송금 특검은 출발부터 잘못된 것이었고 특검수사는 조작이었다. 저는 지난 4년간 억울한 누명을 벗기 위해 싸웠고 마침내 이겨냈다. 이제 저는 스스로에게 약속한 대로 동교동으로 돌아간다. 김대중 대통령님 내외분을 곁에서 모시는 것으로 제 소명을 다하려 한다. 이번에 저에 대한 특별복권이 되지 않은 것에 대해서는 유감이다. 대북송금 관련자 모두가 복권까지 이뤄진 것에 비춰볼 때 형평성의 원칙에서도 조속한 시일 내에 특별복권이 이뤄지길 바란다." (2007년 2월9일, '사면소감'이라는 성명서에서)

※박지원 원내대표는 대북 불법 송금을 주도한 혐의 등으로 기소돼 징역 3년에 추징금 1억 원을 선고받아 2006년 5월25일 법정 구속됐다. 그 후 8개월 뒤인 2007년 2월9일 특별사면 돼 형 집행이 정지됐으며, 2007년 12월31일 복권되었다.

●"백해무익한 삐라 살포 단속해야": "백해무익한 삐라 살포는 중단

해야 한다. (삐라는) 물에 젖어도 파손되지 않도록 비닐에 정교하게 인쇄돼 있고 내용이 자극적이다. 북에서 받아보면 심리적으로나, 김정일 북한 국방위원장을 신성시하는 북한 주민들로서는 상당히 받아들이기 어려운 내용이다. 삐라는 큰 (수소)풍선을 이용해 달러, 위안화 같은 것과 함께 넣어서 살포하는데, 수소는 위험한 것이다. 고압가스안전관리법으로 단속 가능하고, 관계기관도 검토하겠다고 했다. 북한의 경고를 결코 가볍게 봐선 안 된다." (2008년 10월31일, KBS 라디오 '안녕하십니까, 민경욱입니다' 에 출연해)

●**"북한이 붕괴했을 때 우리도 함께 망한다"**: "최근 현 정부에서는 김정일 위원장의 건강문제와 핵의 역할, 이런 문제를 가지고 북한이 곧 붕괴할 것이라고 이런 이야기를 많이 하고 있고 실제로 그렇게 믿고 있는 것 같습니다. 저는 그렇게 얘기했습니다. 독일 통일에서 우리가 보았듯이 과연 북한이 붕괴했을 때 우리도 살 수 있겠는가? 함께 망한다." (2010년 2월24일, 국회도서관에서 6·15공동선언실천 남측위원회, 민주노동당 등과 가진 공동기자회견 '이명박 정부 대북정책 2년 평가와 제언' 에서)

●**"저는 북한의 공격 가능성은 매우 낮다고 봅니다"**: "저는 북한의 (천안함) 공격 가능성은 매우 낮다고 봅니다. 북한은 항상 그런 주장(대남 공격성 발언)을 해왔습니다. 과거에도 불바다를 만들겠다고 이야기한 적이 있는데 불바다 만든 적 없지 않습니까?"(2010년 4월1일, CBS 라디오 '김현정의 뉴스쇼' 에 출연해)

"천안함 침몰 사고에 대해 일부 언론과 보수층에서 북한 소행설로 연기를 피우고 있다. … 만지작거리면서 북한 소행을 운운하면 안 된다. … 우리는 책임을 물어서 국방장관과 해군 참모총장을 해임하고, 새로운 국방장관과 해군 참모총장이 실종자를 구조하고 원인을 조사해서 국

민의 의혹을 불식시켜야 한다.” (2010년 4월1일, 민주당 고위정책회의)

●**“국방장관, 합참의장, 해군참모총장을 즉각 해임해야 한다”**: “軍 당국과 정부는 북한의 소행이라고 연기를 피우지만 화재는 나지 않는다. … 과거 국민은 쿵 소리만 나도 북한의 소행이라고 믿었지만 민주정부 10년을 지나면서 우리의 성숙된 국민은 속아 넘어가지 않는다. 국방장관, 합참의장, 해군참모총장을 즉각 해임해야 한다.” (2010년 4월6일, 민주당 원내대책회의)

●**“환자답게 보이려고 위장하는 것은 군인이 아니다”**: “어떤 누가 그러한 발상을 했는지 모르겠지만, 국민 앞에 군인답게 보이는 것이 군인이지 환자답게 보이려고 위장하는 것은 군인이 아니다. … 처음부터 軍·국방부·한나라당은 북한의 소행으로 이끌고 갔다.” (2010년 4월8일, 민주당 고위정책회의)

●**“북한에 대해 이렇다, 저렇다 흥분할 때가 아니다”**: “(천안함의) 정확한 사고원인이 밝혀지지 않고 있는 상황에서 북한 개입을 가정해놓고 언급을 하는 것은 적절하지 못하다고 생각합니다. 지금 급한 것은 사고원인을 밝혀내는 것이지 확실하지도 않은 북한에 대해 이렇게 하겠다, 저렇게 하겠다, 흥분할 때가 아닙니다. 특히 정부에서 UN안보리 제재 등을 언급하는 것도 신중하지 못하다고 생각합니다.” (2010년 4월20일, MBC 라디오 ‘손석희의 시선집중’에 출연해)

“과학적으로 (천안함 침몰 원인이) 입증된다 하더라도 이명박 대통령은 군통수권자로 책임을 져야 한다. 반드시 對국민 사과를 하고 국방부장관을 즉각 해임하고, 합참의장 등 지휘부 군 관계자들은 군법회의에 회부해야 한다.” (2010년 5월19일, 민주당 의원총회)

●**“대북 삐라 살포, 확성기 설치 중단하라”**: “정부는 백해무익한 대북

삐라 살포와 확성기 설치를 중단하라.” (2010년 6월15일, 국회 외교통일안보 분야 대정부질문에서)

●**“북한 자존심 상하게 하지 말고 즉각 쌀 지원해야”**: “이명박 정부에서 대북 쌀지원을 검토한다는 보도가 나왔다. 우리는 환영한다. … 같은 동족으로 형제로서 우리의 남는 쌀을 북한에 인도적 차원에서 지원하는 것은 당연하다. 쌀 농가의 어려움도 해소하고 인도적 차원에서 세계적 존경을 받을 수 있는 대북 쌀 지원이 하루 속히, 조건 없이, (북한의) 자존심 상하게 하지 말고 즉각 지원하는 것이 이명박 정부가 할 일이라고 거듭 밝힌다.” (2010년 8월23일, 민주당 비상대책위원회)

“(대량의 대북 쌀 지원에 대해) 여야와 시민단체 모두가 요구하고 있고 대통령이 상당히 진전된 마음을 가지고 있는데, 꼭 현인택 장관이 그런 행동을 한다. 사실 정부직제 개편할 때 이런 통일부였으면 없애버리는 편이 나았을 것이다. (고작) 쌀 1만 톤은 현인택 장관 집으로 보내라고 해야겠다.” (2010년 9월9일, 민주당 고위정책회의)

●**“대북 쌀 지원 통크게 최소 40~50만 톤은 돼야”**: “대북 쌀 지원을 국민 세 사람 중 두 사람이 찬성하고 있다. 즉, 66.4%다. 남북정상회담만 하더라도 84.2%의 국민이 지지를 보내고 있다. 이명박 대통령은 이런 국민 여론을 듣고 있는지 참으로 우려하지 않을 수 없다. (대북 쌀 지원) 5천 톤, 북측에서도 너무 실망하고 있다고 한다. … 쌀 지원이 최소한 40~50만 톤 이뤄져야 한다는 것을 말씀드린다.” (2010년 9월10일 민주당 비상대책위원회)

“대한민국 적십자사에서 참으로 큰 식량지원을 북한에 하기로 결정했다. 엄청난 5천 톤이다. 이명박 정부의 대북철학이 없는 것은 여전하다. … 더욱 가관은 ‘햇반으로 보내면 어떤가’ 이다. 이것은 참으로 구상 유치한, 역시 이명박 정부다운 발상이라고 생각한다. … '햇반으로 보내야 보관을 못해서 군량미로 안 간다'는 발상. 햇반은 북한 군인들은 못 먹는가. 참으로 한심하다." (2010년 9월14일, 민주당 정책의원총회)

"현인택 통일부장관은 민주당과 야4당이 주장하는 북한에 대한 쌀 40~50만톤 지원에 대해서 '인도적 지원이라고 볼 수 없다'며 반대하고 있다. 역시 反통일부장관이다. 한나라당 고위 당직자는 '북한이 군량미로 100만 톤을 갖고 있다'는 근거없는 말을 하면서 '쌀 지원이 어렵다'는 발언을 하고 있다. … 북한이 100만 톤 식량을 보유하고 있다는 근거도 제시하지 못한 채 이런 말을 한 것은 지극히 옹졸하다고 생각한다. … 북한에 쌀 40~50만톤을 즉각 지원해 줄 것을 간곡히 간곡히 말씀 올린다. 경제는 한번 무너져도 살릴 수 있지만 남북관계를 한 번 무너지면 모두가 죽는다." (2010년 9월17일, 민주당 비상대책위원회)

●**"설사 천안함이 북한 소행이라고 규정해도 그런 일이 안 나오게끔 만들어야지…"**: "지금 이명박 정부 와서 (북한에) 한 푼도 안 퍼줬거든요. 안 퍼주니까 대북 관계가 좋습니까? … 그렇게 탁 하면 결국 대결로 가서 우리 좋을 게 뭐 있어요? 설사 천안함 사태가 북한 소행이라고 완전히 규정하더라도 그런 일이 안 나오게끔 만들어야지 왜 나게 만드냐 이거에요. … 우리가 좀 맏형답게 잘사는 형님답게 너그럽게 생각하면서 북한을 더 개혁개방의 길로 인도하는 것이 더 바람직하다." (2010년 9월15일, KBS 라디오 '열린토론'에 출연해)

●**"군 복무기간 단축 중단은 있을 수 없는 일"**: "사병복무기간 단축을 백지화하고 21개월로 얘기하는 것은 있을 수 없는 일이다. 참여정부에서 수립된 '국방개혁 2020'을 착실히 진전시켜 계획대로 18개월 복무 단축이 이뤄져야 한다는 것을 촉구하고, 국정감사에서도 철저히 이런

문제를 따져 나가겠다.” (2010년 9월28일, 민주당 비상대책위원회)

●**“천안함 사고, 北韓의 소행이라 규정한 적 없어”**: “(천안함 사고가)
북한의 소행이다, 아니다 여부를 규정한 적 없다. … 우리는 지금도 북
한 소행인지 아닌지를 모르고 있으며 의혹을 갖고 있다.” (2010년 10월
6일, 민주당 국정감사 상황점검회의에서)

●**“김정은 후계, 北에선 그게 상식”**: (북한의 3대 권력세습에 대해)
“북한에서는 그게 상식. 그것(후계)은 자기들 상식대로 하는 것. 영국 여
왕 엘리자베스家(가)에서도 아들로 태어나면 왕자되는 거 아니냐.”
(2010년 10월10일, 기자들과의 오찬에서)

“제42차 한미연례안보협의회(SCM)에서 합의한 국방협력 지침 및 양
국 공동성명이 냉전시대로 회귀하고 있다는 우려가 크다. 한미동맹이
한반도의 평화와 안정이라는 본래의 목적을 위해서도 지나치게 북한을
자극하는 방향으로 가는 것은 바람직하지 않다. 공격적인 대북정책과
한미동맹이 남북관계에 걸림돌이 되지 않을까 우려된다.” (2010년 10
월11일, 민주당 최고위원회 회의)

●**“시진핑이 DJ에게 ‘이명박은 한반도 평화 훼방꾼’ 이라고 했다”**:
“시진핑 중국 부주석이 지난해 5월 베이징을 방문한 김대중 前 대통령
에게 이명박 대통령은 한반도 평화의 훼방꾼이다라는 말을 했다.”(2010
년 10월19일)

※박지원 원내대표의 위 발언은 거짓으로 드러났다.

●**“(북한의 연평도 포격은)현 정부의 對北 강경정책 때문”**: “이명박
정부가 3년간 햇볕정책을 반대하고 강경정책을 써서 이 꼴이 난 것이
다. 이 정부의 對北정책이야말로 실패한 정책.” (2010년 11월28일, ‘연
합뉴스’ 와의 전화통화에서)

●**"DJ도 확전 말라 했을 것"**: "국민이 부끄럽게 생각할 정도로 군이 한심했다. … (이명박 대통령의 확전 자제 발언을 한 것은) 아주 잘되었다고 생각한다. 김대중 전 대통령도 '연평해전 때 먼저 발포하지 마라. 그러나 북한이 발포하면 꼭 승리해라. 절대 승리하라고 강조하고 확전은 자제해라' 했다." (2010년 12월7일, 불교방송 라디오 '전경윤의 아침저널'에 출연해)

신해철

부산 출생(1968). 무한궤도 리드싱어로 가수 데뷔(1988). 그룹 넥스트 리드싱어.

"북한의 미사일 발사를 민족의 일원으로 경축한다"

●**"북한의 미사일 발사를 민족의 일원으로서 경축한다"**: "조선인민민주주의공화국이 합당한 주권에 의거하여, 또한 적법한 국제 절차에 따라 로켓(굳이 icbm이라고 하진 않겠다)의 발사에 성공하였음을 민족의 일원으로서 경축한다. 핵의 보유는 제국주의의 침략에 대항하는 약소국의 가장 효율적이며 거의 유일한 방법임을 인지 할 때, 우리 배달족이 4300년 만에 외세에 대항하는 자주적 태세를 갖추었음을 또한 기뻐한다. 대한민국의 핵주권에 따른 핵보유와 장거리 미사일의 보유를 염원한다." (2009년 4월8일, 자신의 홈페이지 신해철닷컴에 게재한 '경축'

이라는 제목의 글에서)

(송영선 의원이 가수 신해철의 '북한로켓발사 경축' 발언과 관련해. "북한 로켓 발사 성공을 경축하는 사람이라면 김정일 정권하에 살아야지"라고 비판하자,) "웃기는 아줌마, 천황한테나 가라지. 관상 분위기가 버스 안에서 학생들한테 소리 지르면서 자리 내놓으라고 삽질하는 아줌마인데 내용도 별게 없어." (2009년 4월21일, 자신의 홈페이지 신해철닷컴에서)

●**"북한에 가면 내가 인민가수"**: (《동아일보》김순덕 논설위원이 '신해철 식의 앞뒤 분간 못하는 독설가라면 북한에선 공개처형감' 이라고 표현한 것에 관련해) "북한에 가면 내가 인민가수고 김 논설위원이 총살감.…386세대의 끄트머리인 87학번 세대인 내게 노무현 지지는 미완성이었던 6·10 민주항쟁의 복수전이자 완성이었다.…이명박 대통령이 '박정희를 꿈꾼다지만 전두환이 보인다' 고 했던 생각에는 변함이 없다.…저를 (국가보안법으로 감옥에) 집어넣으면 사식이 많이 들어올 것 같다." (2009년 4월22일, 인터넷 포털사이트 야후코리아의 TV 서비스 '진중권의 이슈 in 이슈-마왕 신해철, 독설인가 궤변인가' 에 출연해)

●**"북한을 주인의 자리에 함께 앉혀야"**: "북한을 주적으로 삼아 증오와 경쟁을 부추기는 것은 이미 효력이 상실된 통치방법이다. 남은 것은 이 승리를 악용하여 그들을 구석으로 몰아 패자로 만드는 것이 아니라 주인의 자리에 함께 앉게 하는 것이다. '주적' 의 자리엔 '동족' 을, '증오' 의 자리엔 '화해' 가 자리 해야 한다고 생각하는 사람들은 나를 포함해 이미 엄청나게 많은 숫자가 됐다." (2010년 2월1일, 자신의 홈페이지 신해철닷컴에 게재한 '무현의 유감(ㅋ)' 이라는 제목의 글에서)

정일용

광주 출생(1961). 現 연합뉴스 국제뉴스2부 기획위원. 前 한국기자협회 회장(2005.12~
2007.12).

"主權국가인 북한에 대해 훈수를 두는 것은
남한의 고질병"

●"6월15일을 민족공동 기념일로 제정": "남측언론본부와 북측언론
분과는 10·4선언 지지운동을 더 확산시키기 위해 적극 노력하기로 하
였다. … 남측언론본부와 북측언론분과는 6월15일을 민족 공동의 기념
일로 제정하기 위한 숯민족적 분위기 조성을 위하여 연대 활동들을 다
양하게 벌려 나가기로 하였다. … 남측언론본부와 북측언론분과는 동족
을 적대시하는 온갖 법적, 제도적, 물리적 장벽들을 제거하는 데 앞장서
며 민족 내에 대결과 불신을 조장하는 그 어떤 사소한 왜곡중상보도, 편
파보도, 모략보도에 대해서도 묵인하지 않고 언론공조로 강력히 대응해
나가기로 하였다." (2007년 11월27일, 평양 고려호텔에서 열린 6·15
남북 언론분과 모임 합의서 中)

※정일용 씨는 당시 6·15공동선언실천 남측위원회 언론본부 상임대표 자격으로
북한의 6·15공동선언실천 북측위원회언론분과위원회 위원장 최칠남과 이같은 내용
에 합의했다.

●"군의 태도를 비판해야 보수": "지금 軍(군)의 태도를 보면 뭔가 자
랑스러운 일은 없고, 감추고 싶은 부끄러운 일만 있는 모양이다. 나는
스스로 보수라고 생각한다. 진정한 보수라면 지금 군의 태도를 비판해
야 한다. (2010년 4월5일, 미디어오늘과의 인터뷰에서)

● **"(천안함을) 북쪽에서 한 것처럼 몰아가고 있다"**: "많은 이들이 사고 지점 때문에 북쪽이 연관돼 있지 않느냐는 선입견을 가지고 있을 수 있다. 하지만 그렇게 말하려면 증거가 있어야 한다. 군은 물론 청와대에서도 신중하게 봐야 한다고 그러는데, 몇몇 신문이 마치 북쪽에서 한 것처럼 몰아가고 있다" (上同)

● **"세계유일의 3代 세습이라는데, 남한에선 60여 년간 친미정권 세습"**: "더욱이 '세습' 이라는 게 21세기에 어디에서도 찾아 볼 수 없는 기괴한 사례가 아니다. 미국의 부시 부자 대통령, 대만의 장개석 총통 부자, 싱가포르의 이광요 부자를 비롯해 일본, 영국, 스웨덴, 태국 왕실 등 이른바 선진국에서도 '세습' 이 이뤄지고 있다. 중국 지도부의 성씨만 다른 세습은 어떻고, 쿠바의 카스트로 형제의 경우는 또 어떤가. 세계 유일의 '3대 세습' 이라는데 우리는 이미 이 땅에서 60여 년간 지속되는 '친미정권의 세습' 을 지겹도록 지켜보고 있다." (2010년 10월13일, 미디어오늘에 기고한 '자기 잣대로 北을 재단 말라' 에서)

● **"김일성에서 김정일 승계는 능력 때문"**: "김정일 총비서가 아버지로부터 권력을 세습받았다고 주장하는 사람들이 있다. 그래서 김정은 대장의 등장을 두고 '2대 세습으로도 모자라 3대 세습까지냐' 며 허공에 대고 종주먹을 흔들기도 한다. 뒤늦게 바로잡혀지고 있지만, 김 총비서의 경우 아버지의 후광은 부차적이고 기실은 자신의 능력이 후계자 발탁의 제1요인이었다. 아버지의 후광이 있었다 하더라도 능력이 없었으면 안 됐다는 것이다."(上同)

● **"주권국가인 북한에 대해 훈수를 두는 것은 남한의 고질병"**: "남쪽에는 고질병이 있다. 북쪽과 관련해서다. 엄연히 주권국가인 북쪽에 대고 이래라 저래라 훈수를 두고서는 자기 말이 먹혀들어가지 않으면 손

가락질을 해댄다. … 북쪽에는 '세습'의 개념이 없다. 자동으로 어떤 직
위가 승계되는 '세습'은 없으며 나름의 엄정한 절차를 밟아 진행하는
'후계 계승'이 있을 뿐이다."(上同)

한상렬

전북 임실 출생(1950). 現 한국진보연대 상임고문(2007~). 전주 고백교회 담임(1986~).
광우병 난동 때 폭력시위 주도 혐의로 구속(2008). 현재 밀입북에 의한 국가보안법 위반
으로 구속(2010~).

"6·15시대 맞이해 親北, 고무, 찬양해야"

●"미선이·효순이 사건을 통해 기도가 이루어진 감동이 있어": "지
난 3월20일부터 美대사관 앞에서 7박8일간 한미군사합동훈련을 반대
해 단식 시위를 하면서 간절히 기원한 내용이 이뤄지고 있는 것 같다.
그때 우리 민족이 親美(친미), 屈美(굴미)를 떨쳐버리고 '회개하라 미국,
悔美(회미)', '철수하라 미국, 撤美(철미)', '반대한다 미국, 反美(반미)'
운동으로 하나가 되어 제2의 3·1운동을 일으킴으로써 진정한 민족자
주를 수립하고 우리통일의 민족끼리 통일의 역사를 이룰 수 있기를 간
절히 소망했다. 그런데 미선이·효순이 사건을 통해 기도가 이루어진
감동이 있다." (2002년 12월1일, 여중생범대위 대표 자격으로 이른바
訪美(방미)투쟁단을 이끌고 뉴욕으로 떠나기 전의 인터뷰. 출처─통일뉴
스)

280

※ 여중생범대위는 2002년 6월13일 주한미군의 훈련 중 교통사고로 사망한 효순이·미선이 추모를 위해 만들어진 단체로서 같은 해 反美(반미) 촛불집회를 주도했다·

"북의 전쟁 억지력은 남북 평화를 수호하고 결국 통일을 이루는 동력으로 작용할 것이다. … (노무현 대통령은) 민족공조가 진정한 국익임을 깨닫고 자기 정체성을 추스르길 바란다." (2003년 6월1일, 대학로 '민족자주 결의대회' 에서. 출처-민중의 소리)

"美帝(미제)야말로 바로 5·18의 원흉이다. 우리 민족을 분단시키고 아직까지도 통일을 방해하고 있는 美帝(미제)야말로 우리민족의 敵(적)이고 세계 인류 양심의 공동의 敵이다." (2004년 5월15일, 美대사관 앞 기자회견)

●**"남북간에 고무·찬양해야 할 때…"**: "6·15시대를 맞이해서 남북 서로 간에 親南·親北해야 하고 鼓舞(고무)·讚揚(찬양)해야 할 때. … 북의 체제 자체를 부정하고 붕괴를 주장하고서는 만날 수가 없으며, 서로 존중하고 이해하는 속에서 새 역사가 일어난다…민족공조가 우리 민족전체의 지향이고, 통일조국이 눈앞에 펼쳐지고 있는 현실에서 북측을 비방하는 따위의 방송은 설 자리가 없다." (2004년 6월11일, 탈북자들이 만든 '자유북한방송국' 앞 방송중단 항의시위 발언)

●**"선군정치는 美 제국주의와 싸우기 위한 평화정치"**: "혹자는 주한미군이 떠나면 안보가 위태롭다고 하지만 북쪽의 先軍(선군)정치는 남쪽을 향한 것이 아니오, 美제국주의와 싸우기 위한 것이오, 선군정치는 바로 (한반도)평화정치인 것이다." (2004년 8월8일, 평택 팽성읍 농협 앞 '주한미군 철수 결의대회')

"우리가, 온 민중이 反美투쟁으로 나설 수 있도록 대중 속에 들어가 투쟁해야만 한다. … 오늘 '송정리대첩'을 이루어 봉기하고 횃불을 들

어 9월8일 맥아더 동상을 끌어내리고 을사조약 수치를 청산하고 新자
유주의 세계화 위협을 박살내자." (2005년 5월15일, 1만여 시위대 광
주 송정리 미공군 제1전투비행단 미군기지 철조망 파괴 폭동 당일 연
설)

●**"(간첩·빨치산 추모제에서)통일애국 열사들을 기억하는 자리"**:
"일본, 미국 이 제국주의를 몰아내고 우리민족끼리 힘을 합쳐 통일해 나
가는데 밑뿌리이신 통일애국 열사들을 기억하는 자리." (2005년 5월
28일, 회문산 청소년수련원 '남녘 통일애국열사 추모제' 라는 추모제에
서 간첩·빨치산을 통일애국열사로 부르며 나온 발언. 출처–통일뉴스)

"나는 한국전쟁이 애국적 통일전쟁이라고 말할 수도 있다. 이렇게 말
하는 나도 실정법 위반으로 잡아가야 하지 않는가. 오늘 이 사건은 바로
보안법의 못된 정체를 폭로하는 계기가 되리라고 생각한다." (2005년
9월9일, 서울 옥인동 공안 분실 앞 강정구 응원 기자회견)

"주둔 첫날을 虐殺(학살)로 시작한 미군은 분단과 전쟁, 범죄로 이어
져온 60년 동안 우리 민족에게 되돌릴 수 없는 불행과 고통을 강요해왔
다. … 미군 强占(강점) 60년을 더 이상 넘기지 말자." (2005년 9월8일,
통일연대 성명)

"악법중의 악법인 국보법과 분단의 원흉 美帝(미제)가 우리의 만남을
방해하고 있다. … 한총련은 利敵(이적)단체가 아닌 利族(이족)단체이
다." (2007년 4월25일, 서울대 '利敵규정 철회·국보법 폐지 촉구' 기
자회견)

●**"(아리랑 공연에서) 북의 저력을 느낄 수 있었다"**: "이번에 4번째
감동으로 아리랑의 감동을 꼽겠다. 특히 비가 오는데도 불구하고 조금
도 억지스러움이 없었으며 온갖 마음을 다해 공연하는 것을 보며 일심

단결이라는 북의 저력을 다시 한 번 느꼈다. 북의 저력은 남의 저력이요 남녘의 힘은 북녘의 힘으로 이는 우리가 한 몸이기 때문이다. 6·15시대 이후 우리는 서로 親南, 親北해야 할 것으로 이번 평양 방문이 단순한 추억이 아닌 생활 속의 통일운동의 시작이 될 것으로 믿는다.” (2007년 6월8일, ‘아동착취극’ 내지 ‘아동학대극’ 이라는 평가를 받는 평양 아리랑 공연에 대한 평가. 출처–통일뉴스)

“정전협정을 평화협정으로 전환하며, 주한미군을 비롯한 군사적 위협의 근본요소를 제거해야 한다. … 도저히 있어서는 안 될 가슴 아픈 금강산 사건이 발생했다. 이명박 정권이 자초한 일이다. 6·15, 10·4선언부터 인정해야 한다.” (2008년 7월26일, 보신각 앞 ‘美軍 없는 한반도 평화협정 체결 촉구대회’. 출처–통일TV)

“미국은 反北단체들에 대한 자금 지원을 즉각 중단하라. … 이것은 對北 적대정책의 일환이며 흡수통일의 방안이기에 우리는 용납할 수 없다.” (2009년 2월10일, 서울 KT빌딩 앞 기자회견)

“對北전단은 단순한 삐라가 아니라 총알이고, 남북관계의 긴장 속에 폭탄과 다름없다. … 자유민주주의 체제로의 흡수통일을 얘기하는 이명박 정부의 對北대결정책은 현인택 통일부 장관을 강행 임명한 것이 또 하나의 증거.” (2009년 2월12일, 통일부 앞 기자회견. 출처–민중의 소리)

“北南관계를 파탄시킨 이명박 정권의 反통일적 책동을 보고만 있을 수 없어. … 목숨을 걸고 평양에 왔다.” (2010년 6월12일 평양 밀입북 후 도착성명)”

 ●“김정일 국방위원장님의 어른을 공경하는 겸손한 자세, 풍부한 유머, 지혜와 결단력, 밝은 웃음 등에 깊은 인상”: “결국 (천안함 사건은)

한·미·일 동맹으로 자기 주도권을 잃지 않으려는 미국과 (지방)선거에 이용하고자 했던 이명박 정권의 합동 사기극일 수 있다. … 이명박이야말로 천안함 희생생명들의 살인원흉이다.… 민족 반역자 이명박을 역사의 심판대에 세워야 한다. …(이명박은) 회개하여 새롭게 시작하거나 당장에라도 퇴진하라. 차라리 퇴진하는 것이 좋을 수도 있다.… 하나님이 가장 싫어하는 사람은 거짓말쟁이인데, 이명박 장로는 그동안 너무 거짓말을 많이 해왔다. … 남녘 조국, 남녘 동포들은 김정일 국방위원장님의 어른을 공경하는 겸손한 자세, 풍부한 유머, 지혜와 결단력, 밝은 웃음 등에 깊은 인상을 받았다.… 북녘 조국은 진정으로 평화를 갈망하고 있다. … 이번에도 전쟁 위기감 속에서 평화 의지가 분명함을 확인할 수 있었다. … 북녘은 주체사상을 기초로 핵무기보다도 더 강한 3대 무기(일심단결, 자력갱생, 혁명적 낙관주의)를 가지고 있다. … (북한의) 선군정치가 호전적이 아니라 평화적임을 확실히 깨달았다." (2010년 6월22일, 평양 밀입북 후 도착성명)

한홍구

서울 출생(1959). 現 성공회대 교수. 국가정보원 과거사건 진상규명을 통한 발전위원회 민간위원(2004.11~). 저서 〈대한민국史〉 등.

"김일성은 자수성가형 민족 영웅"

●**"병역 거부권에 대한 부정적 인식은 보복심리 때문"**: "병역 거부권의 부정적 인식은 '나도 고생했으니 너도 고생해야 한다' 는 식의 보복심리가 숨어있는 것이다." (2004년 5월23일, 한국일보와의 인터뷰에서)

●**"김일성은 혜성같이 나타나 많은 것을 성취한 지도자"**: "김일성은 우리 민족의 가장 암울한 상태에 혜성같이 나타나 참으로 많은 것을 성취한 지도자이다." (2004년 7월8일, 〈한겨레21〉에 기고한 칼럼에서)

●**"김일성은 자주성가형 민족 영웅"**: "김일성은 귀족영웅이 아닌 자수성가형 민족 영웅, 스탈린이나 덩샤오핑도 넘볼 수 없는 한 나라에서 오직 한 명의 혁명가만이 누릴 수 있는 혁명의 창건자이며, 부국강병에 기초한 근대화를 추구한 20세기형 민족주의자이자 철저한 실용주의자이다."(上同)

●**"김일성의 역사를 가벼이 봐서는 안 돼"**: "동학농민군의 꿈과 의병과 독립군의 꿈, 항일빨치산의 꿈이 담겨 있었던 그의 역사를 가벼이 보아서는 안 된다." (上同)

●**"강제전향 장기수를 북으로 보내줘야 한다"**: "(남한 정부의) 전향 공작 자체가 反헌법적이고 원인무효이기 때문에 비전향과 강제전향에

서 차별을 두어선 안 된다. 비전향 장기수가 100명 안팎이었고, 이들 중 63명이 6·15 정상회담의 성과로 2000년 9월 북송됐다. 폭압적인 전향 공작 기간 중에 전향한 좌익수는 400여명, 현재 그들 중 28명이 북송을 원하고 있다. 우리가 정말 대한민국이라는 국가가 자행한 강제전향 공작을 반성한다면 북송을 원하는 강제전향 장기수들을 북으로 보내주어야 한다." (上同)

※장기수는 비전향 장기수를 지칭한다. 이들은 공산주의자로서 사상 전향을 거부한 자들이다.

●"국가보안법을 자꾸 어기자": "이번 (강정구 교수의 '6·25는 북한 지도부가 시도한 애국적 통일전쟁' 이라는 발언) 사건은 종이신문 조·중·동·문 사각체제의 인천상륙작전이었다. 수구세력의 입장은 자기들의 서식환경이 줄어들고 멸종의 위기감에 따른 행태다. 진보진영이 굳은 마음을 먹고 국가보안법을 자꾸 어겨서 금단의 선을 넘어서 없애야 한다." (2005년 10월17일, '국가보안법과 강정구 교수 필화 사건' 토론회에서)

●"수구세력에 대해 엄청난 분노를 느낀다": "대한민국 정체성이라는 말을 수구세력이 하는 데 대해 저는 엄청난 분노를 느낀다. 군사반란으로 유신체제를 세우고 헌법을 짓밟은 자들이…." (2005년 10월19일, 한국일보 초청 대담에서)

●"NLL은 국경선이 아니다": "NLL(북방한계선)은 국경선이 아니다. 정전협정 당시 맺어진 경계선이 아니냐. 停戰(정전) 때 바다에 금을 안 그었더니 꽃게가 삼팔선을 알겠는가. 계속 넘어간다. 어부들이 조업하다 꽃게 따라 계속 북으로 넘어가니까 조업할 북쪽 한계선을 설정할 필요가 있어서 그은 선이다. 영토개념이 아닌 선을 영토라고 주장하는 것

자체가 헌법에 어긋나는 개념이다. NLL을 마치 영토지배처럼 얘기하는데 어불성설이다." (上同)

　※NLL은 실질적인 영토선이다. 북한은 1959년 판 〈조선중앙연감〉 254쪽에서 현재 NLL과 일치하는 線(선)을 군사분계선으로 표기했다. NLL은 1953년 휴전 이후 60년 가까운 기간 동안 국제관례상 해상군사분계선으로 굳어졌다. 북한은 1970년대, 해군력이 증강되자 NLL에 대해 문제제기를 했으며, 김대중, 노무현 정부 시절에는 NLL 무력화를 시도했다. NLL 무력화 과정에서 발생한 것이 1차(1999), 2차(2002) 연평해전이다.

　●**"국가보안법은 민주적 헌정질서를 파괴하는 악법"**: "국가보안법이 국가의 안보에는 별 도움이 되지 않지만, 오히려 민주적 헌정질서를 내부에서 파괴하는 악법이다." (2005년 12월13일, 〈한겨레21〉에 기고한 칼럼에서)

　"한국에서 병역거부가 용인되지 않는 것은 국가주의 · 군사주의 · 반공주의가 팽배해 있기 때문이다. 한국에서는 살생을 금지하는 불교조차 군사주의에 예속돼 병역 거부 문제가 심각하게 구제되지 못하고 있다," (2006년 12월12일, 서울신문과의 인터뷰에서)

　"최고 지도자가 스스로 목숨을 끊은 것은 5천년 역사에 처음 있는 일이다. 노무현 전 대통령은 개천에서 난 용이다. 광주 민주화로 대표됐던 그 세대의 역사가 끝난 것이다. 그런데 하필이면 돌아가신 곳이 부엉이 바위다. 지혜를 상징하는 미네르바의 부엉이는 모든 것을 보고 와서 여신에게 얘기를 해 준다." (2009년 7월28일, 오마이뉴스와의 인터뷰에서)

만주 장춘 출생(1943). 소설가. 現 인제대 석좌교수. 現 대통령직속 사회통합위원회 민간위원(2009.12~). 한국민족예술인총연합회(민예총) 이사장(2004.2~.), 민예총 대변인(1989). 조선일보 신춘문예 당선(1970). 문익환 목사와 방북, 국가보안법 위반혐의로 7년형 선고, 복역(1993.4~1998.3).

"김일성은 이순신, 세종대왕 같은 위인"

●**"외국군의 탱크와 미사일을 이겨낼 힘"**: "저는 정치가도 아니고 무슨 뚜렷한 이념을 따르고 있는 사람도 아닌, 분단된 우리 한반도의 작가입니다. … 지금부터 우리네 조국 강산은 봄입니다. 봄꽃은 우리나라 남쪽 끝의 한라산에서부터 피어나기 시작하여 아무런 장애도 없이 휴전선 철조망을 넘어서 북의 백두산 기슭에 피어납니다. 저와 저의 동료들과 민중들은 우리나라의 산야에 흐드러지게 피어나는 여린 풀꽃들을 눈물이 나도록 사랑합니다. 바로 저들의 재생력이야말로 이 무렵이면 우리 국토를 뒤덮는 외국군의 탱크와 미사일을 이겨낼 위대한 힘이라고 확신하기 때문입니다." (1989년 4월, 밀입북 직전 성명 '북을 방문하는 나의 입장에 대하여')

※황석영은 1989~1991년간 다섯 차례 密入北(밀입북)하고, 일곱 차례 김일성을 親見(친견)한 뒤, 북한으로부터 25만 달러를 받았다. 밀입북 이후 4년간 해외 망명생활을 하며 북한기행문 〈그곳에도 사람이 살고 있었네〉를 국내에서 출간했다. 황 씨는 1993년 4월27일 귀국 후 구속, 1998년 3월 대통령 특사로 풀려났다.

●**"김일성은 이순신, 세종대왕 같은 위인"**: "김일성은 을지문덕, 이순신, 세종대왕과 같은 위인. 그(김일성)는 어쨌든 사상의 차이는 도외시

하더라도 두 번이나 세계 최강의 外勢(외세)와 맞서 싸웠습니다. 나는 그가 어떤 의미에서는 大國(대국)인 중국혁명의 지도자 모택동보다도 훌륭한 점이 있으며 베트남의 호지명에 절대로 뒤지는 인물이 아닌 제3세계적 革命家(혁명가)라고 생각합니다. 이제 그는 올해로 만 80세를 넘겼습니다. 1994년이 동학 백 년이 되는 셈인데 반외세 자주화 투쟁의 현대사 속에서 그는 어쨌든 역사와 더불어 살아온 셈입니다. 필자는 그가 우리 민족의 唯一無二(유일무이)한 위인이라고는 생각하지 않지만 우리나라가 위기에 처할 때마다 민중이 소박하게 떠올렸던 여러 위인들 을지문덕, 이순신, 세종대왕, 이율곡, 정약용, 전봉준, 김구 등등처럼 위인의 한 사람이라고 생각하지요. 나는 링컨이나 워싱턴은 그렇다 치더라도 심지어는 록펠러 카네기까지 위인으로 취급하는 것은 별로 바람직하지 않다고 생각하기도 합니다." (1992년, 〈노둣돌〉 창간호 인터뷰에서)

11

광우병 선동

심상정
우희종
윤호중

광우병 亂動 주도세력은 대한민국 전복세력

언론의 거짓선동과 從北(종북)세력의 變革(변혁) 시도, 자칭 진보·좌파의 증오와 광기, 그리고 신생 정부의 무기력이 결합해 일어난 대한민국과 법치 파괴 기도였다

2008년 전국적으로 2398회에 걸쳐 벌어진 미국산 쇠고기 수입 반대 촛불집회는 '국민 건강'이 명분이었다. 촛불집회는 같은 해 4월 말 MBC PD수첩 등 언론의 광우병 歪曲(왜곡) 보도가 원인이었다. 검찰의 PD수첩 수사결과에 따르면, 1시간 남짓 방송에 30여 군데 넘게 오역·날조·왜곡·조작된 것으로 나타났다. 미국산 쇠고기를 먹고 단 한 명의 인간광우병 환자도 나오지 않았음에도 한국인이 즐겨먹던 LA 갈비마저 독극물처럼 각인시킨 것이다.

당시 촛불시위 선동을 주도한 세력은 거의 예외 없이 '미군철수·국보법철폐·연방제통일(6·15와 10·4선언 실천)'이라는 북한의 對南노선에 동조해 온 이들이었다. 노골적으로 "사회를 마비시켜라"고 선동하며 "진정한 목표는 2012년 자주적 민주정부, 통일조국 건설"에 있다고 선언했다. 이들이 말하는 자주적 민주정부란 공산주의 활동을 용인한 친북·용공 정권이다.

북한과 從北세력은 미국산 쇠고기 수입문제조차 체제변혁, 즉 한반도 赤化(적화)의 기회로 활용했다. 이들에게 중요한 것은 쇠고기가 아니라 대한민국 전복 그 자체였다. 촛불집회는 대한민국에 대한 적개심으로 무장한 운동가들에 의하여 야간 暴動(폭동)으로 번져갔고 100일 넘게 서울 도심 한복판은 무정부 상태로 변했다.

2008년 촛불난동을 요약하면 이러하다. 언론의 거짓선동과 從北세력의 變革(변혁) 시도, 자칭 진보·좌파의 증오와 광기, 그리고 신생 정부의 무기력이 결합해 일어난 대한민국과 법치 파괴 기도였다. 〈金成昱〉

경기 파주 출생(1959). 前 국회의원(17대). 제5회 동시지방선거 경기도지사 후보자(2010.5). 前 민주노동당 대의원, 중앙위원(2002). 구로동맹파업 조직(1985.6).

"노동자와 서민들은
광우병 쇠고기 먹을 의무없어"

●**"국가보안법은 과감히 걷어내야 한다"**: "국가보안법은 상대방을 적으로 규정하고, 처벌하는 전형적인 냉전·분단지향적 제도…남북관계의 발전에 동의한다면 시대와 충돌하는 낡은 제도는 과감히 걷어내야 한다." (2007년 3월19일, 국회에서 가진 '5대 긴급제안')

"대통령이 보수적 정치구조를 강화하는 대통령 중임제 개헌 발의를 취소하고, 남북정상회담을 통해 남북관계 전반을 획기적으로 변화시킨다는 전제하에 헌법의 영토조항 개헌문제를 진지하게 제안한다면, 국민들 역시 이것을 전향적으로 검토할 수 있을 것이다." (上同)

"정부는 RSOI(한미전시증원훈련)가 방어용 훈련이라고 주장하지만, 실제로는 '작전계획 5027'에 따라 북한에 대한 선제공격과 점령계획까지 상정한 훈련…이는 한반도 평화공존을 향한 2·13합의 정신을 정면으로 거스르고 행위로 결코 한반도 평화 물결과 함께 할 수 없는 훈련이다." (上同)

●**"한반도는 1국-2정부-2체제로 가야한다"**: "한반도는 '분단고착 평화체제'가 아닌 '통일지향 평화체제'로 가야 한다. 그 형태는 1국-2정부-2체제 통일국가이다. (2007년 4월27일, 국회에서 열린 '한반도 평화체제로 가는 길')

●**"북한인권 문제는 외국의 책임도 크다"**: "(인권문제는) 북한 내부정 치의 변화를 통해서만 가능하다. 외부의 직접적인 개입보다는 북한 내 부에 변화를 만드는 환경 조성에 주력해야 한다. … (인권문제에서 유의 할 점은) 북한 인권에 대한 관심이 북한의 악마화를 위한 것이 아니다. … (북한인권 문제는) 북한 책임뿐만 아니라 미국을 포함한 외국의 책임 도 크다는 점을 인정해야 한다." (2008년 3월31일, 데일리NK와의 인터 뷰에서)

●**"노동자·서민들은 광우병 쇠고기를 먹을 의무가 없다"**: "이명박 대통령은 도시 서민들이 값싸고 질 좋은 미국산 쇠고기를 먹게 되었다 고 했는데, 노동자·서민들은 광우병 위험 쇠고기를 먹을 의무가 없고, 가족과 아이들의 행복을 지킬 권리가 있다. 연내에 한미FTA 비준 가능 성이 없는데도, 미국 하원이 주장하는 쇠고기를 내줬고, 이젠 상원이 주 장하는 자동차협상이 남았다." (2008년 4월30일, 세종문화회관 앞에 서 열린 '한·미 쇠고기 협상 철회를 촉구하는 엄마들 기자회견'에서)

●**"광우병 5적은 사퇴해야"**: "(미국산 쇠고기 수입) 고시 연기는 시간 벌기용 쇼. … 동물성 사료와 성장호르몬의 사용금지, 모든 연령 소의 특정위험부위(SRM) 유통 금지, 20개월 미만의 뼈 없는 살코기 외에는 수입금지해야 한다. (정운천 농림수산식품부 장관, 유명환 외교통상부 장관, 민동석 농식품부 차관보, 김종훈 통상교섭본부장, 김병국 청와대 외교안보수석 등을 '광우병 5적'으로 규정한 뒤) '광우병 5적'은 사퇴 해야 한다." (2008년 5월15일, 국회 정론관에서 가진 기자회견에서)

●**"이명박 정권은 불량스런 정권"**: "어제 4대강 사업 중단을 촉구하 며 문수 스님이 소신공양을 하셨다. 앞으로 얼마나 많은 생명이 이명박 정권 아래 쓰러져갈지 알 수 없다.…이명박 정권은 무도할 뿐만 아니라

불량스런 정권…경제를 살리겠다며 집권한 이 정권은 서민경제를 파탄 지경까지 내몰았고, 위장 대운하인 4대강사업을 국민의 반대를 무릅쓰고 밀어붙이고 있으며, 한반도를 전쟁 위기로 몰아가고 있다." (2010년 6월1일, '6·2지방선거'를 앞두고 낸 호소문에서)

우희종

서울 출생(1958). 現 서울대 수의학과 교수.

"미국산 쇠고기가 안전하다는 것은 유신시대 사대주의적 발상"

●**"남한도 북한과 다를 바 없다"**: "비록 성씨는 바뀌었지만 북한의 위협과 더불어 반공이라는 이념 아래 군사독재 정권의 세습은 이어져 왔다. 정당한 정부 비판에 대해서도 '종북'이니 '좌빨'이니 매도하고, 정부에 비판적인 의견을 낸 것만으로 'PD수첩'은 명예훼손으로, 도올 김용옥은 보안법으로 고소당했다. 그런 면에서 국익과 북한 위협을 내세우며 인권을 무시하고 기득권을 유지하려는 현 정권의 모습은 정도의 차이는 있을지언정 기본적으로 권력 세습의 추한 북한 김씨 정권의 모습과 다를 바 없다." (2010년 9월28일, 한겨레신문에 기고한 칼럼 '남북의 쌍둥이 세습권력'에서)

●**"민주노동당은 북한의 특수 상황을 이해하려는 노력이 있다"**: "북한의 김일성 일가 권력 세습을 긍정적으로 생각하는 이는 아무도 없다.

그럼에도 민주노동당이 이를 말하지 않기로 한 결정에는 이들의 고민이 담겨 있음을 말해 준다. 단지 침묵한다는 이유만으로 무조건 從北(종북)으로 몰아가는 보수언론의 유치함은 더 이야기할 것 없다. … 이들의 시각에는 평화통일을 위해서 북한 정권과의 관계 유지는 반드시 필요하다는 것과 북한의 특수 상황을 이해하려는 노력이 있다.” (2010년 10월20일, 한겨레신문에 기고한 칼럼 '통일 너머의 진보를 위하여' 에서)

●**“미국산 쇠고기가 안전하다는 것은 유신시대 사대주의적 발상”**: “미국인과 같은 쇠고기를 먹기 때문에 우리도 안전하다는 것은 유신시대 사대주의적 발상이다. 광우병 후진국인 미국의 쇠고기 기준은 결코 세계 안전 기준이 될 수 없다. 미국이 이라크와 베트남에서 사람들을 죽였으니까, 우리도 함께 사람을 죽여도 괜찮다는 식이다.” (2008년 5월29일, 오마이뉴스와의 인터뷰에서)

●**“PD수첩 수사는 언론 말살하겠다는 것”**: (PD수첩 수사와 관련) “나도 정운천 前 장관과 정부를 비판했는데, 차라리 검찰이 나를 수사했으면 좋겠다. … PD수첩 수사는 한국의 언론을 말살하겠다는 것이다.” (2009년 4월29일, 오마이뉴스와의 인터뷰에서)

경기 가평 출생(1963). 現 민주당 수석사무부총장(2009.8~). 前 국회의원(17대). 前 열린 우리당 대변인. 前 국회의원 한광옥 의원 비서관(1991~1995).

"미친 쇠고기 같이 먹는 게 전략적 동맹인가?"

●**"박근혜 대표는 유신독재로 돌아가자는 것이냐"**: "박근혜 대표는 자신의 아버지인 박 전 대통령이 그랬던 것처럼, 정치적 반대자를 용공으로 몰아 인권을 유린했던 유신독재시대로 돌아가자는 것이냐." (2005년 10월24일, 강정구 교수 논란과 관련해 국회 對정부질문에서. 출처—국민일보)

●**"영토조항을 없애야"**: "헌법상 영토조항을 아예 없애야 한다." (2005년 10월26일, 국회 對정부질문에서)

●**"(미국산) 미친 쇠고기 먹는 게 동맹인가?"**: "미친 쇠고기도 같이 먹는 게 전략적 동맹인가?" (2008년 5월13일, 미국산 쇠고기 수입협상 관련 국회 청문회에서)

※윤호중 의원은 미국산 쇠고기를 '미친 쇠고기'로 규정했지만, 2010년 10월19일 현재까지 미국산 쇠고기를 먹고 광우병에 감염된 사람은 세계에서 단 한 명도 없다.

●**"미국인은 30개월 이상 소 먹지 않는다"**: "미국에 있는 1억 두의 쇠고기 중 30개월 이상 소는 3000만 두 정도로 30개월 이상 소는 모두 사료 대상이 되는 소다. 따라서 미국인 자신은 먹지도 않고 사료로 쓰는 소를 우리가 수입해 먹겠다는 합의를 정부는 한 것이다." (上同)

※미국인들이 30개월 이하의 소만 먹는다는 윤 전 의원의 주장은 사실이 아니다. 다국적 대형 패스트푸드 업체인 버거킹은 2008년 7월3일, "미국에서 햄버거 패티에 30개월 이상된 미국산 쇠고기를 사용할 수도 있다"고 밝힌 바 있다.

12

막말

권영길
노무현
안희정
이해찬
정청래
천정배

| 권영길 | "대구·경북은 보수꼴통 도시" |

| 노무현 | "김정일 국방위원장이 건강하게 오래 살아야 한다" |

| 안희정 | "공권력이 007살인면허라도 되나…
그렇게 맞아죽고, 태워죽일 일인가?" |

| 이해찬 | "조선과 동아는 내 손아귀에 있다. 까불지 말라" |

| 정청래 | "조선일보를 이기면 이명박을 이기는 것" |

| 천정배 | "강희남 목사는 평생 민주주의와 민족통일에 헌신한 분" |

권영길

일본 야마구치현 출생(1941). 現 국회의원(17~18대). 現 민주노동당 원내대표(2010.8~).
前 민주노동당 대표(2000.2~2004.6). 前 민주노총 위원장(1995~1998.3). 前 전국언론
노동조합연맹 위원장(1988~1994).

"대구 · 경북은 보수꼴통 도시"

●**"미군기지는 온갖 범죄의 소굴"**: "불평등한 SOFA를 개정해 미군범죄를 근절하고 주한미군 철수에 관한 협상을 전개하겠다. 미군기지는 온갖 범죄의 소굴이 돼버린 지 오래다." (2002년 9월9일, 민주노동당 대선후보 수락 연설에서. 출처–프레시안)

●**"국가보안법을 철폐해 세상을 바꾸겠다"**: "노벨평화상 탄 대통령, 인권대통령이라고 자부하는 대통령 밑에서 사상과 결사의 자유 가로막는 국가보안법은 더욱 맹위를 떨쳐 감옥 가는 양심수들은 더 늘어나고 있다. 국가보안법이 판치는 세상, 사상과 결사의 자유 세상으로 바꿔야 한다. 민주노동당 대통령후보, 나 권영길이 국가보안법 철폐하고 세상을 바꾸겠다." (上同)

●**"하루빨리 정전상태에서 평화체제로"**: "한반도의 정전상태는 하루빨리 종결되고 평화체제로 바뀌어야 한다. 남북 간의 긴장상태를 유발하고 있는 군사력은 평화를 만드는 힘으로 전환돼야 한다. 현재의 70만 군대를 1단계로 20만, 2단계로 10만의 군대로 감축하겠으며, 3단계는 10만 군대로 유지하겠다. 그리하여, 현재의 징집제도는 지원병제도인 모병제로 바꾸겠다. (上同)

●**"미국이 인권을 빌미로 북한을 압박하고 있다"**: "미국은 지금 북 ·

미간 갈등을 더 고조시키는 외교정책을 내세우고 있다. 북한 체제 변화를 표방하는 것이다. 그 소재가 뭐냐, 인권문제다. 그걸 빌미로 해서 북한 압박하는 외교전술 펴고 있다." (2006년 7월3일, 경향신문과의 인터뷰에서)

●**"박정희 대통령 제거 활동 조직했었다"**: "실제적으로 쿠데타라고 표현이 될 수도 있는 '박정희 대통령 제거 활동 조직'을 했었다. 1960년대 말 민주화에 대한 갈망을 가진 몇몇 기자들을 중심으로 모임을 결성했으며, 나중에 육사를 나온 중령·대령 등 현역 군인들과 연결이 돼 유신(1972년 10월)이 된 다음에 활동을 본격화했다. … 박정희 전 대통령은 용납할 수 없는 독재자라고 규정된 것이고, 무엇보다 가장 중요한 것은 유신정권의 타도라는 생각을 했다. … 광범위한 민주화를 꾀하기보다는 한 사람을 제거하는 게 아주 효과적일 것이란 생각을 했다." (2008년 2월28일, 경향신문과의 인터뷰에서)

●**"대구·경북은 보수꼴통 도시"**: "대구·경북은 보수 세력의 총본산이라고 하는데, 대구·경북은 보수꼴통 도시 아니냐. … 1946년 10월 항쟁(대구 폭동을 지칭)만 해도 대구·경북에선 폭동으로 가르치고 있다. 광주나 부산은 민주도시라는 자부심을 갖고 있는데, 대구·경북도 그렇게 가르쳐야 하는 것 아니냐." (2010년 10월14일, 대구시·경북도 교육청 국정감사에서)

경남 김해 출생(1946). 前 대통령(16대). 前 해양수산부 장관(2000.8~2001.3). 前 국회의원(13,15대). 前 대전지법 판사(1977.9~1978).

"김정일 국방위원장이 건강하게 오래 살아야 한다"

●**"햇볕정책 이외에는 대안이 없다"**: "햇볕정책 이외에는 대안이 없다. 햇볕정책은 실패하지 않았다." (2002년 12월24일, 르 몽드와의 인터뷰에서)

"미국과 갈등이 있더라도 (미국의) 북한 공격은 막아야겠다고 생각하고 시작했다." (2003년 1월18일, KBS회견에서)

"일부 언론을 보라. 무슨 족벌 체제, 기득권 체제, 고스란히 갖고 앉아서 자기들이 무슨 변화의 기수인 척하고, 그러면서 실제로 변화와 개혁에 대해 사사건건 발목 잡고 있다." (2003년 2월23일, 오마이뉴스와의 인터뷰에서)

"반칙과 특권이 용납되는 시대는 이제 끝나야 한다. 정의가 패배하고 기회주의자가 득세하는 굴절된 풍토는 청산되어야 한다." (2003년 2월25일, 대통령 취임사에서)

●**"정의는 패배했고 기회주의가 득세했다"**: "참여정부의 출범으로 아픔의 근현대사는 막을 내리게 됐다. 지난날은 선열들의 고귀한 희생에도 불구하고 좌절과 굴절을 겪어야 했다. 정의는 패배했고 기회주의가 득세했다. 그러나 이제 비로소 역사적 전환점이 마련됐다." (2003년 3월1일 3·1절 기념식에서)

● **"재신임을 받겠다"**: "불미스러운 일이 생긴 데 대해 국민 여러분께 깊이 사죄드리고 책임을 지려고 한다. … 수사결과 무엇이든 간에 이 문제를 포함, 그동안 축적된 국민들의 불신에 대해 재신임을 묻겠다. … 아무리 늦더라도 총선 전후까지는 재신임을 받을 생각이다." (2003년 10월10일, 핵심측근인 최도술 前 청와대 총무비서관의 SK자금 수수 관련 발언)

"너무 지나치게 나가지 말 것(not to go too far)을 촉구한다." (2003년 3월2일, 동해상에서 북한 전투기가 미군 정찰기를 20여 분간 위협한 사건 관련과 관련해 더 타임스와의 인터뷰에서)

● **"한총련을 언제까지…"**: "한총련을 언제까지 이적단체로 규정해 수배할 것인지 답답하다." (2003년 3월17일, 법무부 업무보고 받는 자리)

"내년 총선에서 특정정당이 특정지역에서 3분의 2 이상의 의석을 독차지할 수 없도록 선거법을 개정하면, 총선에서 과반수 의석을 차지한 정당에게 내각의 구성 권한을 이양하겠다." (2003년 4월2일, 국정연설)

● **"미국 없었더라면 정치범 수용소에 있을지도"**: "53년 전 미국이 우리 한국을 도와주지 않았다면 저는 지금쯤 (북한 중심 공화국의) 정치범 수용소에 있을지 모른다는 생각을 하고 있다." (2003년 5월12일, 미국 방문에서)

※노무현 前 대통령은 2002년 9월 대통령 후보 시절 "反美(반미)주의면 또 어떠냐"고 말했다. 이후 "2003년 5월에 했던 '정치범수용소 발언'을 가장 수치스럽게 생각한다"고 주변에 털어놓은 것으로 알려졌다.

● **"대통령직 못해 먹겠다"**: "전부 힘으로 하려고 하니 대통령이 다 양보할 수도 없고, 이러다 대통령직을 못해 먹겠다는 생각이, 위기감이 든다." (2003년 5월21일, 한총련의 광주 5·18묘지 시위 등을 빗대)

●**"공산당 허용해야 완전한 민주주의"**: "한국에서도 공산당이 허용될 때라야 비로소 완전한 민주주의가 될 수 있다고 생각한다." (2003년 6월10일, 일본 방문에서)

"두 분은 시대를 나눠 중국의 역사를 새롭게 만들었다. 아마도 한 번에 하기 벅차서 서로 나눠 하신 것으로 생각한다." (2003년 7월9일, 중국 淸華대학 연설에서 '존경하는 중국지도자'에 대한 답변으로 모택동과 등소평을 꼽으며)

●**"인공기와 김정일 초상화 태우는 것은 부적절"**: "인공기와 김정일 위원장의 초상화를 불태우는 것은 적절하지 않다. 유감이다." (2003년 8월19일, 청와대 수석보좌관 회의에서. 출처—뉴스타운)

"가장 강한 권력인 정치권력과 언론이 不義(불의)의 공생을 도모했다. 그때마다 正義(정의)의 편에 서고자 하는 사람들의 피해가 컸다. 우리 사회에서 힘을 정의로 믿는 기득권이 형성된 것도 정치권력과 언론권력이 야합한 결과라고 생각한다." (2003년 9월8일, 대한매일 기고문에서)

"엄격한 법적 처벌도 중요하지만 우리 한국사회의 폭과 여유와 포용력을 全세계에 보여주는 것도 또한 의미가 있을 것으로 생각한다." (2003년 10월13일, 북한의 대남공작원 송두율에 대한 선처를 말하며)

●**"10분의 1 넘으면 대통령직 사퇴하겠다"**: "우리가 쓴 불법자금 규모가 한나라당의 10분의 1을 넘으면 대통령직을 걸고 정계를 은퇴할 용의가 있다." (2003년 12월14일, 4당대표회동)

●**"노사모가 나서달라"**: "시민혁명은 계속되고 있다. 다시 한 번 나서달라." (2003년 12월19일, 노사모 주최 '리멤버1219' 행사에서)

※위 두 발언은 선거법상 불법선거운동이다.

●**"민주당 찍으면 한나라당 돕는 것"**: "민주당을 찍으면 한나라당을

돕는 격이다.” (2003년 12월24일, 청와대에서 총선 출마하는 비서관·
행정관들과의 오찬중. 출처-오마이뉴스)

※당시 노무현 前 대통령의 발언은 수사를 진행 중이던 검찰에게 '노무현 캠프의 불
법 대선 자금을 한나라당의 10분 1이 넘지 않도록 하라' 는 가이드라인을 내린 것이라
는 여론의 맹공을 받았다. 검찰은 2004년 3월8일 노무현 캠프의 불법대선자금 규모
가 한나라당의 7분의 1의 수준에 이르렀다는 수사결과를 발표했다.

●**“열린우리당 지지해 달라”**: “국민들이 총선에서 우리 열린우리당을
압도적으로 지지해줄 것을 기대한다.”(2004년 2월24일, 방송기자클럽
초청기자회견)

※대통령의 선거 관련 발언은 선거법상 불법선거운동이다.

●**“통일수도는 개성”**: “우리의 통일은 독일식 흡수통일과 분명히 다
를 것이며 이는 모든 국민이 합의하고 있는 바이다. … 우리는 오랫동안
국가연합체제에서 각기 지방정부를 갖게 될 것이며 통일수도는 개성일
대에 대단히 상징적으로 만들어질 것이다.” (2004년 2월24일, 방송기
자클럽 회견에서)

※한반도 합법정부는 대한민국뿐이며 북한정권은 反국가단체, 반역·반란단체로
서 평화적인 해체대상이다. 대한민국을 북한정권과 대등한 지방정부로 격하시킨 이
발언은 정통성을 포기하는 위헌적 발언이다.

●**“용산 미군기지는 간섭과 침략과 의존의 상징”**: “몇 년 지나면 용산
기지는 우리 국민들의 손에 들어온다. 간섭과 침략과 의존의 상징인 그
용산기지가 우리 국민들의 손에 들어온다.” (2004년 3월1일, 3·1절 기
념식에서)

“노건평 씨는 아무런 힘이 없다. 대통령에게 아무런 영향력을 행사할
수 없다. 가만 좀 내버려두시면 좋겠다. 대우건설 사장처럼 좋은 학교

306

나오시고 크게 성공하신 분들이 시골에 있는 별 볼 일 없는 사람에게 가서 머리 조아리고 돈 주고 그런 일 이제는 없었으면 좋겠다." (2004년 3월11일, 측근 비리와 관련해 청와대 기자회견)

※노무현 前 대통령은 연설에서 남상국 前 대우건설 사장 이름을 직접 거명했다. 기자회견 직후 남 前 사장은 한강에 투신자살했다.

●**"진보는 더불어 살자"**: "진보는 무엇이고 보수는 무엇인가? 대개 이렇게 보면 된다. 보수는 힘센 사람이 좀 마음대로 하게 하자. 경쟁에서 승리한 사람에게 거의 모든 보상을 주자는 것이다. 적자생존의 원리를 철저히 적용하자, 약육강식. … 진보는 뭔가? 더불어 살자, 인간은 어차피 사회를 이뤄 살도록 만들어져 있지 않느냐? 연대다. … 합리적 보수, 따뜻한 보수, 별의별 보수 다 갖다놔도 보수는 바꾸지 말자, 이거다." (2004년 5월27일, 연세대 초빙연설에서)

●**"행정수도계획은 반드시 성사시켜야"**: "행정수도계획은 참여정부의 핵심문제이기 때문에 정부의 명운, 진퇴를 걸고 반드시 성사시켜야 한다." (2004년 6월15일, 청와대 국무회의에서. 출처-미디어오늘)

"수도이전 찬반논란은 대통령 흔들기의 저의가 있다." (2004년 7월8일)

●**"수도이전 반대 주장은 불순한 의도"**: "수도이전 반대 주장에는 수도권과 지방을 대립시켜 新지역주의를 조장하는 불순한 의도도 깔려 있는 것 같다."(2004년 7월12일, 청와대 수석보좌관 회의에서. 출처-오마이뉴스)

●**"국가보안법은 독재시대의 낡은 유물"**: "독재시대의 낡은 유물은 폐기하고 칼집에 넣어서 박물관에 보내는 것이 좋지 않겠는가?" (2004년 9월5일, MBC 특별대담에 출연해 국가보안법 폐지를 주장하며)

●**"그 사람들을 제한했으면 하는 생각이 없지 않다"**: "요즘은 옛날에

독재정권을 돕거나 또는 독재정권의 편에 서서 인권탄압이나 독재를 방관했던 많은 단체들도 거의 아무 제약 없이 그야말로 민주적 권리와 인권을 한껏 누리고 있는 수준이다. 정권을 맡은 사람의 처지에서는 그 사람들을 좀 제한했으면 하는 생각이 없지 않지만, 국민들에게 물어봤더니 '듣기 싫더라도 괘씸하더라도 그런 자유를 허용하는 것이 좋겠다' 고 해서 그렇게 하고 있다." (2004년 10월14일, 해외 민주인사 초청 다과회에서)

"인권과 민주주의가 철저히 유린당하던 그 시절. 부산과 마산시민이 일어섰다." (2004년 10월16일, 부마사태 기념식에서)

● **"對北 압박할수록 상황 악화"**: "대북압박을 강화한다고 해서 북한이 핵 프로그램을 포기할 것이라고 생각하지 않으며, 그럴수록 상황이 더 악화될 것이다." (2005년 4월14일, 독일 일간지 디 벨트와의 인터뷰)

● **"한국 국민들 중 미국 사람보다 더 親美적인 사람이 있어 걱정스럽다"**: "한국국민들 중 미국 사람보다 더 친미적인 사고방식을 갖고 얘기하는 사람들이 있는 게 내게는 걱정스럽고 제일 힘들다." (2005년 4월16일, 터키 방문시 동포간담회에서)

"(미국이) 평화를 주장하면서도 다른 한편으로 대량 살상무기 같은 민감한 문제에 관해 끊임없이 의혹을 부풀려 불신을 조장하고, 그 결과 국가 간 대결을 부추기는 일은 없는지 되돌아봐야 할 것이다." (2005년 5월30일, 세계신문협회 총회연설에서)

● **"북핵은 방어용"**: "북한이 핵을 개발하는 것은 선제공격용이 아니라 방어용이며 남한의 지원 여부에 따라 핵 개발을 계속하거나 포기하지는 않을 것으로 본다. 북한이 핵을 선제공격에 사용하게 되면 중국의 공조를 얻지 못하는 등 여러 제약이 따를 것이다." (2006년 5월29일,

향군 지도부 초청 환담에서)

"임기 다 마치지 않는 첫 번째 대통령이 되지 않았으면 좋겠다고 희망한다." (2006년 11월28일 국무회의에서)

● **"북한 붕괴 막는 것이 한국 정부의 전략"**: "북한의 붕괴를 막는 것이 한국 정부의 매우 중요한 전략이다. 북한은 공격받거나 붕괴되지 않으면 절대 전쟁을 일으키지 않을 것이기 때문이다. … 북한에 대한 인도적 지원이 유엔 안보리 결의로 중단돼 있어 걱정이다." (2006년 12월9일, 뉴질랜드 교포 간담회에서)

● **"미국 바짓가랑이애 매달려 가지고… 부끄러운 줄 알아야지"**: "한국 국방력이 북한보다 약하다고 하는데, 그 많은 돈을 우리 군인들이 다 떡 사먹었냐. … 옛날 국방장관들이 나와서 떠드는데 (그렇다면) 그 사람들 직무유기한 것 아닌가. … 심심하면 사람들한테 세금 내라 하고, 불러다가 '뺑뺑이' 돌리고 훈련시키고 했는데. 그 위의 사람들은 뭐 했나. 자기 나라 자기 군대의 작전 통제도 제대로 할 수 없는 군대를 만들어 놓고 나 국방장관이오, 나 참모총장이오, 그렇게 별 달고 거들먹거리고 말았다는 그런 것이냐. 그래서 (전작권) 회수하면 안 된다고 줄줄이 몰려가서 성명 내고, 자기들이 직무유기 아닌가. 부끄러운 줄 알아야지. 미국한테 매달려 가지고 바짓가랑이 매달려 가지고 미국 엉덩이 뒤에 숨어서 '형님, 형님, 형님 백만 믿겠다.' 이게 자주국가 국민들의 안보 의식일 수 있겠나. 자기들 나라, 자기 군대 작전 통제도 제대로 할 수 없는 군대를 만들어 놔놓고 그렇게 별들 달고 거들먹거리고 말았다는 얘깁니까." (2006년 12월21일, 민주평통자문회의 상임위원회 연설)

● **"참여정부가 언론에 찍혔다"**: "찍힌 거지요, 제가. 참여정부의 언론정책이 괘씸죄에 걸린 것 아닙니까? … 우리 사회에서 가장 부실한 상품

이 돌아다니는 영역은 미디어 세계입니다." (2007년 1월4일, 과천청사 공무원 격려 오찬 연설에서)

●**"북한이 달라는 대로 줘도 남는 장사"**: "북한이 달라는 대로 다 줘도 결국은 남는 장사" (2007년 2월15일, 유럽순방 중 이탈리아 로마에서)

●**"그 놈의 헌법 때문에…"**: "그 놈의 헌법이 토론을 못하게 돼 있으니까 (대통령이 직접 토론하는 것은) 단념해야지요." (2007년 6월2일, 참여정부평가포럼 연설에서)

●**"수구 언론들이 수구의 가치를 수호하는 데 앞장서고 있다"**: "지난날의 기득권 세력은 守舊(수구)언론과 결탁해 끊임없이 개혁을 반대하고 진보를 가로막고 있다. … 지난날 독재 권력의 앞잡이가 되어 국민의 눈과 귀를 가리고 민주시민을 폭도로 매도해왔던 수구언론들은 그들 스스로 권력으로 등장해 민주세력을 흔들고 수구의 가치를 수호하는 데 앞장서고 있다." (2007년 6월10일, 6월항쟁 20주년 기념식)

●**"김정일 위원장 만나 북핵 말하는 것은 싸움하라는 것"**: "이번 남북 정상회담이 北核(북핵)이라고 소리 높이는 것은 정략적인 의미로 얘기한 것이라고 평가한다. 김정일 위원장을 만나서 북핵을 말하라는 건 가급적 가서 싸움을 하라는 것이다." (2007년 9월11일, 청와대 춘추관 기자회견)

●**"만수대의사당은 인민의 행복이 나오는 인민주권의 전당"**: "인민의 행복이 나오는 인민주권의 전당."(2007년 10월2일, 방북 중 평양 만수대의사당 방명록에 남긴 글)

●**"김정일 국방위원장이 건강하게 오래 살아야 한다"**: "남북 간 평화가 잘되고 경제가 잘되려면 김정일 국방위원장이 건강하게 오래 살아야 하고, 김영남 상임위원장도 건강해야 한다. 두 분의 건강을 위해 건배하

자.” (2007년 10월2일, 김영남 최고회의 상임위원장이 주최한 만찬에서 건배를 제의하며)

●**“NLL은 땅 따먹기 할 때 줄 그어놓은 것과 같다”**: “서해북방한계선(NLL)은 실질적으로는 거의 아무런 이해관계가 없는 문제를 놓고 괜히 어릴 적 땅 따먹기 할 때 땅에 줄 그어놓고 네 땅 내 땅 그러는 것과 같다. 어릴 때 책상 가운데 줄 그어놓고 칼 들고 넘어오기만 하면 찍어버린다. 꼭 그것과 비슷한 싸움을 지금 하고 있는 것이다.” (2007년 11월1일, 민주평화통일자문회의 상임위원들과의 간담회에서의 연설)

●**“주권의 일부를 북한에 양도할 수 있다”**: “진심으로 (남북)통합을 성취하고자 한다면 주권의 일부를 양도할 수도 있고, 양보가 항복도 이적행위도 아니라는 인식을 수용해야 한다. … 흡수통일을 전략으로 삼아 상대 권력의 붕괴를 추진한다면 그것은 북한을 자극하여 평화통일을 깨는 일이 될 수 있다. 북의 붕괴를 획책하는 발언과 행동을 하는 사람들이 적지 않다. 생각이 짧은 사람들이다.” (2008년 10월1일, ‘10 · 4 선언 1주년 기념 학술회의’ 격려사에서)

“진보주의자는 차가 아무리 비좁더라도 ‘같이 타고 가자’ 라고 말하는 사람이고, 보수주의자는 ‘비좁다, 늦는다, 태우지 마라’ 라고 말하는 사람이다. 곧 진보의 가치는 자유, 평등, 평화, 박애, 행복을 강조하고, 보수의 가치는 시장과 경쟁을 강조한다는 것이다.” (2009년, 노무현 유고집, 〈진보의 미래〉)

충남 논산 출생(1964). 現 충청남도지사(2010.7~). 現 좋은민주주의연구소 소장. 前 새천년민주당 노무현대통령후보 비서실 정무팀장. 前 김덕룡 의원 비서관. 前 민주당 이철 사무총장 비서관. 反美(반미)청년회 사건으로 구속(1988).

"공권력이 007살인면허라도 되나…
그렇게 맞아죽고, 태워죽일 일인가?"

●**"10·4선언은 북측이 양보한 최고수준의 합의"**: "10·4선언은 북측으로서도 나름대로 양보하고 결단해서 이루어낸 가장 최근의 최고수준의 합의임을 이명박 정부는 있는 그대로 인식할 필요가 있다. 이명박 정부가 6·15선언과 10·4선언을 이행하지 않는 것은 자기 모순이다." (2008년 10월1일, '더좋은민주주의연구소 http://www.ibd.or.kr' 기고문)

●**"북한 동포들의 굶주림을 방치하고만 있는 이명박 정부"**: "(이명박 정부는) 북한인권문제에 대해서도 지난 10년과는 다르게 접근하겠다고 큰소리쳤다. 실제로 북한인권문제에 대해서 이명박 정부가 할 수 있는 일은 유엔에서 '북한인권 결의안'에 찬성하는 것 말고 아무 것도 없다. 북한인권문제의 핵심적인 사안이라고 할 수 있는 생존권 문제에 대해 이명박 정부는 북한 동포들의 굶주림을 방치하고만 있을 뿐이다." (上同)

●**"공권력이 007살인면허라도 되나…그렇게 맞아죽고, 태워죽일 일인가?"**: "이번 사건이 일반 용역 회사에 의해 벌어졌다면 줄초상을 면하지 못했을 것. … 국가 공권력은 무슨 '007 살인 면허'라도 되나? … 안전장비도 대화의 노력도 없이 그렇게 진압하는 것은 사람 죽이는 살인행위로 법의 심판을 비켜가기 어려웠을 것이다. … 협상하자고 건물 점

거에 들어간 지 몇 시간도 지나지 않아 그 분들(철거민들)을 찾아 온 것
은 공권력이라는 무지막지한 폭력이었다. … 그들은 그렇게 해서 시커
먼 숯 검댕이 주검이 되어 돌아왔다. … 그것이 그렇게 맞아 죽을 만큼
잘못한 일인가, 그것이 그렇게 불에 태워죽일 만큼 잘못한 일인가? …
자기가 장사하던 건물에 들어가 보상을 더 해주지 못하면 못나가겠다고
버틴 게 그렇게 맞아죽고, 태워죽일 일인가?"(2009년 1월26일, 자신의
다음 블로그에 쓴 '불타서 무너져 내린 민주공화국의 자부심…용산역
참사'란 글에서)

이해찬

충남 청양 출생(1952). 前 국무총리(2004.6~2006.3). 前 교육부 장관(1998.3~1999.5).
前 국회의원(13~17대). 前 서울시 정무부시장(1995.7~1995.12). 김대중 내란음모 사건으
로 2년6개월 복역(1980~1982). 민청학련 사건으로 11개월 복역(1974~1975).

"조선과 동아는 내 손아귀에 있다. 까불지 말라"

●**"국가보안법은 전형적인 악법"**: (보수원로들의 국보법폐지반대 시
국선언이 발표된 데 대해) "쿠데타 선봉에 섰던 분들이 여러 분 포함됐
던데, 그런 분이 폐지해선 안 된다고 하는 것은 공감을 얻지 못할 것이
다. 국보법은 전형적인 악법이고 잘못된 법이므로 폐지해야 한다."
(2004년 9월15일, 국회 예결특위 전체회의에서)

●**"조선·동아는 역사의 반역자"**: "조선과 동아는 역사의 반역자다.

조선과 동아는 내 손아귀에 있다. 까불지 말라. 전두환·노태우는 용납해도 조선·동아는 용서할 수 없다. 盧 대통령이나 나나 거기에 맞서 끝까지 싸울 것이다. 총리는 보수 세력의 부당한 요구에 타협하지 않는다.”(2004년 10월18일, 유럽순방에서. 출처-연합뉴스, 동아일보)

●**“한나라당이 집권하면 역사는 퇴보”**: “한나라당이 집권하면 역사가 퇴보한다. 한나라당이 나쁜 당이란 것은 누구나 다 안다. … 국민이 잘 알듯이 한나라당은 지하실에서 차떼기하고 고속도로에서 수백억 원을 받은 당인데 어떻게 좋은 당이라고 할 수 있느냐. … 북한이 붕괴돼야 한다는 게 한나라당 논리지만 우리는 북한 정권의 붕괴를 원하지 않는다. 역사를 왜곡하면 안 된다.” (上同)

●**“인공기 훼손은 결코 용납되지 않는다”**: (8·15기념 남북공동행사에 보수단체 시위계획 보고를 받고) “(인공기 김정일 사진 등을) 훼손·소각하는 행위를 정부가 관대하게 대할 때는 지났으니 단호하게 조치하도록 경찰에 지시하라. 남북이 평화 공존 단계에 오는 데 50년 걸린 이 시점에 와서도 정체가 불분명한 단체들이 이런 행위를 하는 것은 정치적으로도 법적으로도 결코 용납되지 않는다.” (2005년 8월8일, 확대간부회의에서)

※당시 노무현 정권은 8·15기념 남북공동행사 기간 중인 2005년 8월14일, 서울 마포구 상암동 남북통일축구대회에서 태극기 사용을 금지하고 ‘대한민국’ 이라는 구호를 외치지 못하도록 방침을 내렸다.

●**“추기경의 의도를 모르겠다”**: “추기경께서 상당히 정치적인 발언을 하신 것 같은데 우리 정부와 노무현 대통령이 마치 자유민주주의체제를 부정하는 것처럼 자꾸 이야기하는 의도를 모르겠다.” (2005년 10월24일, 김수환 추기경이 언론과의 인터뷰에서 ‘노무현 정권이 대한민국을

어디로 끌고 가려느냐'고 언급한 것에 대해)

●**"정체성 논란은 일부 언론의 편법"**: "언론의 일방적 비판과 달리 정
국은 어느 때보다 안정 기조를 보이고 있다. 정체성 논란은 일부 언론이
편법으로 제기한 의제이므로 개의치 않을 생각이다." (2005년 11월1일,
국무회의에서)

●**"뉴라이트는 역사의 후퇴"**: "라이트는 지키는 것, 레프트는 개혁하
자는 것인데 한국 사회는 개혁의 시대가 10년밖에 안 돼 개혁할 일이 훨
씬 더 많다. 하지만 뉴라이트로 가면 갈등이 더 심해지고 역사적으로 더
후퇴하게 된다." (2005년 11월8일, 서울대 사회발전연구소 특강에서)

●**"지난 50년은 잃어버린 50년, 지난 10년은 한반도 평화를 세운 시
간"**: "휴전협정을 평화협정으로 바꾸는 것이 매우 중요하다. 한반도 평
화체제 구축을 위한 평화선언을 하고 그에 이은 제도적 절차를 밟아 가
는 것이 매우 중요한 시기에 왔다. 더불어 남북정상회담이 함께 이뤄져
야 하는 것도 중요하다. … 지난 50년은 한반도 평화를 잃은, 잃어버린
50년이며 지난 10년은 국민의 정부, 참여 정부가 한반도의 평화를 세운
시간이다. 이 10년을 토대로, 앞으로 10년은 한반도 평화체제를 만들어
체제를 전환하는 역사적 대업을 해야 할 중요한 시기이다." (2007년 6
월26일, 동북아평화위원회 주최 토론회에서)

●**"이명박 정부는 패륜에 가까운 불량정권"**: "이명박 대통령이 지금
추진하고 있는 부자 감세, 언론에 대한 공작, 권력의 불통 등은 궁극적
으로 의사 파시즘적 성격을 가지고 있다. ('유모차 부대' 소환과 관련)
거의 패륜에 가까운 일이다. 패륜에 가까운 불량정권이다. 이는 불량한
사람이지 정책을 추진하는 사람들이 아니다." (2009년 7월7일, 조계사
한국불교역사문화기념관에서 열린 '노무현 전 대통령 추모 심포지엄'

에서. 출처–통일뉴스)

●**"10·4선언은 무시되고 남북관계가 악화일로로 가고 있다"**: "노무현 대통령은 한반도의 평화체제가 만들어지지 않고서는 결국 민주주의의 안정된 틀이 유지될 수 없다는 객관적 인식이 있었다. 안정된 기반 위해서는 한반도와 동북아 평화체제가 구축돼야 했기 때문에 어떤 희생을 치르더라도 6자회담, 남북정상회담, 경제공동체를 만들어내기 위한 10·4선언을 추진했다. 국가원수가 작성한 합의문이 일거에 무시되는 상황에서 남북관계가 악화일로로 가고 있다. 이런 노무현의 가치를 추구해왔는데, 이제 추모를 하는 자리에서 다시 시국을 얘기해야 하는 것이 참으로 서글프다." (上同)

정청래

충남 금산 출생(1965). 現 라디오21 이사(2004.9~). 前 국회의원(17대, 통합민주당). 조국통일 특별위원장(1988). 전대협 동우회 부회장(2000).

"조선일보를 이기면 이명박을 이기는 것"

●**"조선일보의 명줄을 끊겠습니다"**: "우리가 차떼기 당을 박살내고 조선일보의 명줄을 끊겠습니다. 수구·냉전·기득권 세력을 권력의 자리에서 끌어내리려는 개혁세력은 모두 노사모들입니다." (2003년 12월 20일 칼럼에서, 노무현의 노사모 집회 참가에 대해)

●**"북한인권법안은 북한 정부의 몰락을 겨냥하고 있다"**: "북한은 북한인권법안이 궁극적으로 북한정부의 몰락과 해체를 겨냥하고 있다고 우려하고 있고 이런 상황이 조성된다면 지금까지의 남한 및 국제사회의 노력이 수포로 돌아갈 것이다. 결과적으로 북한 인권 상황의 향상, 북한 핵문제 해결은 물론 한반도 전체의 긴장 완화에 커다란 도움을 주지 못하고 오히려 한반도 긴장 상황을 악화시킬 수도 있다." (2004년 9월2일 '美의회의 북한인권법 제정 항의 서한' 에서)

※항의 서한에는 정봉주, 정청래 의원을 비롯한 열린우리당 의원 다수가 서명했다.

●**"조선일보는 일본신문"**: "조선일보는 친일신문이 아니라 일본신문이었습니다. 조선일보를 비롯한 일부 수구언론들이 과거사 청산을 반대하는 것은 바로 본인들이 대상이기 때문입니다. 그러기에 일부 언론들은 말 같지도 않은 논리로 국민의 눈을 가리려 하고 있습니다." (2004년 9월2일, 민주언론시민연합 주최 토론회에서)

"북한의 군사력이 더 세다? 이는 전형적 사기이다. 수구의 한 줌 손바닥으로 세계의 눈을 가리려 하는가? 이제 보수·수구세력들은 하나를 해야 한다. 崇美(숭미)주의자로서 부시의 말에 '수그리' 하고 말문을 닫든가 아니면 '부시반대' 의 反美(반미)주의자로 나설 것인가? 결단하라. 親美(친미)투사들이여! 反美투사들이여!" (2006년 9월16일, 자신의 홈페이지에 게재한 글에서)

●**"우리 정부, 對北포용정책 포기해선 안 돼"**: "미국은 고압적 태도로 굴복을 강요한 對北강경제재조치가 성공하지 못했음을 인정해야 한다. 우리 정부가 對北포용정책을 포기해서는 안 된다. 개성공단사업과 금강산관광, 경제협력은 지속돼야 한다." (2006년 10월10일, 국회에서 열린우리당·민주노동당 소속 국회의원들과 가진 기자회견에서)

●**"북한 핵실험은 미국의 강경한 對北정책 때문"**: "북한의 핵실험은 조지 W 부시 미 행정부의 강경일변도 對北정책 때문이다. 이번 금강산 방문은 금강산에 가도 인질로 잡히지도 않는다는 것을 보여주기 위함이었다. 금강산 개성공단 사업은 어떠한 경우에도 중단되어서는 곤란하다." (2006년 10월15일, 열린우리당 김희선·박찬선·임종인, 민주노동당 이영순 의원과 함께 금강산을 방문하며)

●**"조선일보를 이기면 이명박을 이기는 것"**: "광우병 쇠고기 투쟁의 본질을 제대로 보도하지 않는 매체에 광고하는 제품 불매운동이 일 조짐을 보이자 조선일보를 필두로 꼬리를 내리기 시작했습니다. 두고 보십시오. 조선일보는 논조를 바꿀 것입니다. 조선일보를 이기면 이명박 대통령을 이기는 것. 수구세력들의 준동과 버팀목은 조선일보였습니다. 조선일보가 입장을 정하면 중앙-동아-문화가 쪼르르 따라오고 그 입장은 한나라당 최고위원회의의 결론이 됩니다. 조선일보 사설이 곧 한나라당 정책위원회의 정책이 됩니다. 하여 이번 쇠고기 싸움을 확실한 승리로 이끌려면 이명박 정부의 오피니언 리더 조선일보를 꿇려야 합니다. 중앙-동아-문화는 조선일보가 두들겨 맞는 것만 보기만 해도 줄행랑을 칠 것입니다. 분명히 말씀드리건대 조선일보의 광고싸움과 절독운동으로 쇠고기 싸움이 병행된다면 분명 이번 촛불은 승리의 횃불로 진화할 것입니다. 조선일보가 기침을 하기 시작하면 청와대는 독감이 걸려 콜록콜록 몸져누울 것입니다." (2008년 5월31일, 광우병 사태 당시 인터넷에 게재한 '조선일보 꿇리면 쇠고기 투쟁 이긴다'는 글에서)

천정배

전남 신안 출생(1954). 現 국회의원(18대, 민주당). 서울대 법대 졸업(1976). 김앤장 법률 사무소 국제변호사(1981~1985). 민주사회를 위한 변호사 모임 변호사(1990~1994). 법무부 장관(2005~2006).

"강희남 목사는 평생 민주주의와 민족통일에 헌신한 분"

●**"북한에서 돈 받는 자체가 무슨 내란이 되나?"**: "국보법에서 규정하고 있는 금품수수 조항을 없앴다. 돈을 주고 받는 자체는 나쁘다고 볼 수 없다. 우리도 인도적 차원에서 북한에 비료·식량을 주고 있지만 그것 자체는 처벌할 수 없다. 거꾸로 우리가 북한으로부터 돈을 받을 수 있는데 그 자체가 무슨 내란이 되나. 금품수수 자체는 문제가 되지 않는다. 문제는 돈을 받은 조건이다. 돈을 받고 기밀 수집해서 줬다면 내란죄로 처벌되는 것이다." (2004년 10월19일, 국회에서 국가안보 위협 사례에 따른 형법보완안 적용 설명에서)

●**"강희남 목사는 평생 민주주의와 민족통일에 헌신한 분"**: "우리 사회의 어른이자 원로인 강 목사가 마지막으로 남긴 간곡하고도 처절한 요구를 수용해야 한다. … 강 목사께서 남기고 떠난 말을 현 정권이 즉각 받아들이는 것이야말로 국민을 위한 일이고, 나아가서는 이명박 정권의 자체에도 유일한 존립의 길이다. … 강 목사께서는 평생 민주주의와 민족통일을 위해 헌신한 분이다. … 강 목사의 죽음의 의미는 이명박 정권의 철권통치에 대항하고 제2의 6월 항쟁을 일으키자는 고인의 말씀처럼 민중을 위한 숭고한 것이다. … 故 노무현 전 대통령의 서거 이후 대학교수들과 대학생들의 잇따르는 시국선언에 이어 강 목사의 민중

을 위한 죽음은 시사하는 바가 크다. … 현 정권은 국민들의 이른바 ‘조문민란’을 결코 간과해서는 안될 것이다.” (2010년 6월7일, 전북대 병원 강희남 목사 빈소에서)

　　※ 강희남은 김일성·김정일 독재체제를 찬양해 온 극좌인사다. 그는 2004년 칼럼에서 “북조선이 약하고 가난한 나라로 보이지만 그들이 세계 최강 아메리카와 맞대결을 벌이고 있는 것은 정신력에 의한 것. … 그것은 김일성 수령의 영생주의이며 또 김정일 위원장의 선군정치 리념”이라고 말했다. 강씨는 “핵은 주권이다. 남조선과 달리 북조선은 핵을 갖고 있기 때문에 주권국가로 유지해 가는 것”이라고 말하기도 했다.

●**“김정일 위원장의 조문을 요청해야 한다”**: “이명박 정권은 입에 발린 추모사를 할 필요가 없습니다. 당장 치안 독재를 중단하고 6·15선언을 이행하겠다는 것을 분명히 약속해야 합니다. 당장 김정일 위원장의 조문을 위한 서울방문을 정중하게 요청할 필요가 있습니다. 그렇게 해야만이 이명박 정권이 김 대통령의 서거에 대해서 정중히 추모하는 것이 될 것입니다. 저는 태생적으로 김대중 대통령의 유업을 계승해야 할 팔자를 타고났습니다. 즐겁게 깊게 생각하고 또 사력을 다해서 일을 하겠습니다.” (2009년 8월18일, 김대중 사망 후 세브란스 병원 앞에서)

●**“북한 붕괴만을 기다리는 無爲의 대북정책 당장 폐기해야”**: “…이명박 정권이 북한체제 붕괴론에 근거해 비현실적 대북정책을 펴고 있다는 우려가 있다. 아무런 과학적 근거도 없다. 그럼에도 터무니없는 북한체제 붕괴론에 기대어 북한에 대한 압박으로 일관하고 있다. 북한의 붕괴만을 기다리는 ‘無爲(무위)의 대북정책’을 당장 폐기해야 한다.” (2010년 6월15일, 자신의 티스토리 블로그에서)

13

기타

김동철
백원우
손호철
송민순
오세철
유시민
장영달
전병헌
정연주
조정래
최성

김동철	"이명박 정권, 남북관계 후퇴시킨 反역사 · 反민족 정권"
백원우	"10억 원 받은 게 전직 대통령 구속 사안인가"
손호철	"한국 현대사는 자유민주주의 압살史"
송민순	"미국은 어느 국가보다 전쟁을 많이 한 나라, 전쟁의 가장 큰 피해자는 한국"
오세철	"우리의 敵은 북한이 아니라 자본가 계급"
유시민	"노무현은 義좇아 목숨 끊은 대장부"
장영달	"맥아더 동상 철거 주장은 민족적 순수성"
전병헌	"김태영 국방장관이 개선장군 행세를 하고 있다"
정연주	"이명박 정권의 외교는 미국의 푸들"
조정래	"(김일성 동상의 꽃을 보며) 저 꽃송이에 담긴 인민의 순결한 마음은 왜곡할 건덕지가 없다"
최성	"PSI는 한반도를 전쟁으로 이끄는 정책"

광주 출생(1955). 現 국회의원(17~18대, 민주당). 前 국회의원 권노갑 정책보좌관(1989~1994). 前 청와대 정무기획 비서관(2002~2003.2).

"이명박 정권, 남북관계 후퇴시킨 反역사 · 反민족 정권"

●**"강정구 발언 문제 없어"**: "강정구 교수의 발언은 대한민국 체제에 전혀 문제를 주지 않는다. 교수가 무슨 말을 했다고 호들갑을 떨 필요가 없다." (2005년 10월14일, 서울신문과의 인터뷰에서)

※강정구 교수는 2005년 7월27일, 인터넷매체 〈데일리 서프라이즈〉에 "6 · 25전쟁은 내전이자, 북한 지도부에 의한 통일 전쟁"이라는 기고문을 게재한 바 있다.

●**"김용갑 의원의 망언은 광주시민의 희생을 욕보이는 행위"**: "김용갑 의원의 망언은 민주주의를 위한 광주시민의 희생과 노력을 욕보이는 행위로서 엄중 규탄하지 않을 수 없다. 한나라당은 김 의원을 제명하고 광주시민들께 사과해야 한다." (2006년 10월27일, 김용갑 의원에 대한 규탄 성명)

※김용갑 의원은 2006년 10월26일 국회 통일외교통상위 국정감사장에서 "지난 6 · 15 민족 대축전 당시 광주에서 주체사상 선전 홍보물이 거리를 돌아다니고 교육현장에서 사상주입이 이루어졌으며, 행사기간 2박3일 동안 광주는 해방구였다"고 지적한 바 있다. 광주에서 주체사상 선전 홍보물이 거리를 돌아다니고 교육현장에서 사상주입이 이루어진 것은 사실이었다.

●**"이명박 정권은 남북관계 후퇴시킨 反역사 · 反민족 정권"**: "이명박 정권은 남북관계를 40년 전으로 후퇴시킨 반역사적 · 반민족적 정권이다. 2년6개월 동안 핵문제와 남북대화, 교류협력을 발전시키지 못하고

대립을 격화시켰다." (2010년 10월5일, 국회 외교통상통일위의 통일부
국정감사에서)

백원우

서울 출생(1966). 現 국회의원(17~18대, 민주당). 前 국회의원 노무현 비서관(1998). 前 국회의원 제정구 비서관(1994). 前 전국대학생대표자협의회(전대협) 연대사업국장(1988).

"10억 원 받은 게 전직 대통령 구속 사안인가"

●**"10억 원 받은 것이 전직 대통령을 구속할 사안인가"**: "대통령 부부가 그 정도는 만들어주고 싶지 않았겠느냐. 강남에 수백억대의 재산을 갖고 있는 이명박 대통령은 10억 원 정도의 유학자금이라는 것이 별 것 아닐지 모른다." (2009년 5월14일, KBS 라디오 '안녕하십니까 홍지명입니다'에 출연해)

●**"여기가 어디라고…"**: "여기가 어디라고….이명박 대통령 사죄하시오." (2009년 5월29일, 노무현 前 대통령 영결식장에서 이명박 대통령이 헌화를 하러 나오자 소리를 지르며)

"노무현 대통령 서거에 대한 이명박 정권과 권력자들의 인식이 당시 어떠했고 지금도 어떠하다는 것을 새삼 알게 됐다. 이 천박한 정권 아래서 승진과 출세를 하고자 하는 고위직 인사들의 영혼을 파는 명목적인 충성에 차라리 연민의 정까지 생긴다." (2010년 8월14일, 조현오 경찰

청장의 '노무현 차명계좌' 발언과 관련해. 출처-미디어오늘)

※조현오 경찰청장 내정자는 2010년 3월, 일선 지휘관을 대상으로 한 강연에서 "노무현 전 대통령이 차명계좌 때문에 자살했다"는 취지의 내용을 언급했다.

●**"노무현의 죽음은 분명 정치적 타살"**: "노 전 대통령의 죽음은 분명 정치적 타살이었고, 이명박 정권은 그 누구도 사과와 반성을 이야기한 적 없다. … 2009년 한 해는 참으로 힘들다. 두 분의 대통령이 서거하셨고, 장례위원장이었던 한명숙 전 총리 역시 말도 안 되는 혐의로 검찰에 기소되고 저 역시 법정에 서야 하는 상황이 된 것 같다. 담담하게 이명박 정권의 끝을 지켜보겠다." (2009년 12월23일, 노무현 대통령 영결식장에서 소란을 피워 벌금 300만원에 약식기소된 것에 대한 보도자료. 출처-세계일보)

손호철

서울 출생(1952). 現 서강대 교수. 現 인터넷신문 프레시안 편집위원(2001.10~). 국가정보원 과거사건 진상규명을 통한 발전위원회 민간위원(2004.11~). 〈진보평론〉 공동대표(1999.4~). 한국정치연구회 회장(1995.8~).

"한국 현대사는 자유민주주의 압살史"

●**"시대착오적 색깔론"**: "이제 유엔(UN)의 권고처럼 이 모두의 근원인 국가보안법을 폐지해, 양심수 문제를 근본적으로 해결해야 한다. 그

러나 여기에는 大選(대선) 패배에도 불구하고 아직도 정신을 못 차리고 시대착오적인 색깔론 시비나 벌이고 있는 한나라당의 반대 등 많은 장애가 도사리고 있다." (2003년 4월13일, 한국일보에 기고한 칼럼에서)

●"국가보안법은 죽어가고 있다": "이번 정기국회에서 국가보안법이 폐지될 것인지 아니면 또 다시 개정으로 끝나고 말 것인지는 알 수 없다. 그러나 확실한 것은 낡은 냉전과 공안 논리, 그리고 국가보안법은 죽어가고 있으며, 송두율 사건이라는 지난 가을의 광기는 결국 죽어가는 공룡의 마지막 몸부림에 불과했다는 사실이다." (2004년 8월9일, 한국일보 칼럼, 송두율 재판 관련)

"최근 세계 각국의 진보지식인들이 모여 회의를 했는데 다들 '한국은 국가보안법이 아직도 있느냐' 고 놀라워하더라. 국가보안법을 폐지하는 것은 진보가 아니라 수구와 보수를 분리하는 것이다." (2004년 12월 28일, '민주화를 위한 전국교수협의회' 의 국가보안법 연내폐지를 촉구 거리행진에서)

●"한국 현대사는 자유민주주의라는 이름으로 사상·표현·결사의 자유를 압살해 왔다": "한국 현대사는 대한민국이 國是(국시)로 삼고 있는 자유민주주의를 지킨다는 이름 아래 자유민주주의를 압살해온 '자유민주주의의 압살사' 라는 '자유민주주의의 비극', 아니 '희극' 의 역사에 다름 아니다. 즉 역대 정권들은 자유민주주의를 지킨다는 이름 아래 자유민주주의 핵심인 참정권, 사상·표현·결사의 자유를 압살해 왔다." (2005년 8월12일, 한겨레신문에 기고한 칼럼에서)

"중고생부터 주부에 이르기까지 다양한 부류의 사람이 자발적으로 모여 미래지향적 사회운동의 전형을 보여줬다. 촛불만큼 자신의 의견을 평화적 방식으로 표현한 사회운동은 세계 어디를 보더라도 없을 것이

다." (2010년 5월12일, 연합뉴스와의 인터뷰에서)

※한국경제연구원(KERI)은 2010년 9월25일 보고서를 통해 "촛불집회의 사회적 비용은 2007년 기준 국내총생산(GDP)의 0.4%에 달했다. 금액으로는 3조7513억 원으로 추산됐다"고 밝혔다.

●"김정일의 3대 세습은 불쌍한 유명환 일병 구출 작전이라는 상상을 하게 된다": "김정일 위원장이 세간의 비난을 감수하며 3대 세습을 강행한 것은 자신의 딸에게 그리 높지도 않은 외무부자리 하나 세습한 것 가지고 장관 옷까지 벗고 여론의 뭇매를 맞은, 불쌍한 유 전 장관을 구해주기 위한 것이 아닌가 하는 정말 엉뚱한 상상까지 하게 된다. '김정일의 유명환 일병 구출작전' 이라고나 할까?" (2010년 9월30일, 프레시안에 기고한 칼럼에서)

송민순

경남 진양 출생(1948). 現 국회의원(18대, 민주당). 前 외교통상부 장관(2006.12~2008.2).

"미국은 어느 국가보다 전쟁을 많이 한 나라, 전쟁의 가장 큰 피해자는 한국"

●"천안함 사건은 전작권 없는 우리 군의 한계를 보여준 사례": "따지고 보면 천안함 사건이야말로 전작권이 없는 우리 군의 부실한 지휘통제, 통합작전능력의 한계를 보여준 사례가 아닌가." (2010년 6월25일, 한겨레신문과 한미연합사 해체 연기와 관련해 가진 인터뷰에서)

●**"북한인권법은 북한의 선량한 주민을 탄압하는 법"**: "북한에 국제적 기준에 의해 식량을 분배한다는데 실상은 그렇게 되지 않게 돼 있다. 우리가 그렇게 요구해서 될 문제였다면 북한은 이미 바뀌었을 것이다. 이 법은 북한을 도와주는 것이 아니라 오히려 위정자들이 북한을 통제하는 빌미가 돼 북한의 선량한 주민들한테 탄압을 가하는 법이다." (2010년 2월11일, 국회 외교통상통일위원회에서. 출처–민중의 소리)

●**"미국은 어느 국가보다 전쟁을 많이 한 나라, 전쟁의 가장 큰 피해자는 한국"**: "국가의 탄생과 생존의 역사에서 미국은 그 어느 국가보다도 많은 전쟁을 한 나라이고, 전쟁에 대한 가장 큰 피해자는 안보구조의 부조리에 처해 있는 우리 한국이다." (2006년 10월18일, 중앙일보–현대경제연구원 주최 21세기 동북아 미래포럼에서. 출처–연합뉴스)

오세철

서울 출생(1943). 現 연세대 명예교수(2004~). 사회주의노동자연합(社勞聯) 운영위원장(2008~). 前 노동자의 힘 대표(1999~2000).

"우리의 敵은 북한이 아니라 자본가 계급"

●**"우리의 敵은 북한이 아니라 자본가 계급"**: "우리의 적은 북한이 아니라 바로 자본가 계급이며 社勞聯(사노련)은 노동자 계급의 이익을 대

변하고자 만든 단체다. … 이명박 정부가 들어서면서 오히려 戰線(전선)이 선명해졌다. 서로 솔직하게 제대로 한 번 붙자.” (2008년 8월29일, 프레시안과의 인터뷰에서)

　“사회주의 운동을 전면화하고 대중의 운동으로 만날 계기가 되었다는 점에서 이명박 정권과 그 하수인들인 檢·警(검·경)한테 고맙다는 말을 하고 싶다. … 사노련뿐 아니라 사회주의를 자처하고 공개적으로 활동하려고 하는 모든 동지들과 함께 척박한 이 땅에 사회주의 운동을 더 대중적으로, 더 공공연하게 해나가도록 힘쓰겠다. 여러 동지도 그 역사적인 壯途(장도)에 같이 해주길 바란다.” (2008년 9월4일, 서강대에서 열린 ‘국가보안법 철폐, 사회주의 정치활동 방어, 촛불운동 탄압 저지를 위한 대토론회’에서)

　●**“한총련은 시대의 양심”**: “한국대학총학생회연합(한총련)은 진리를 사랑하고 정의를 숭상하는 이 땅 젊은이들의 오랜 전통을 오늘에 이어 민주주의, 국민 생존, 민족 자주를 위해 분투하는 사회의 소금, 시대의 양심이다. … 이 땅 젊은 학생들의 자치 기구에 부당하게 간섭하고, 그들 모두의 젊은 양심을 거짓으로 공격하며, 진리와 정의에 기초한 그들의 사회적 발언과 실천을 감옥에 가두는 정부 당국의 모든 탄압이야말로 헌법과 인류 양심에 정면으로 충돌하는 부당한 처사이다.” (2002년 7월, ‘10기 한총련 의장 석방 한총련 利敵 규정 철회·합법화를 위한 민주사회단체 지도자 1000인 선언’에서)

유시민

경북 경주 출생(1959). 現 국민참여당 참여정책연구원장. 前 이해찬 의원 보좌관
(1988~1991). 前 국회의원(16~17대, 열린우리당). 前 보건복지부 장관(2006.2~2007.5).
제5회 동시지방선거 경기도지사 선거에 국민참여당 후보로 출마해 낙선. 서울대 학원프
락치사건과 관련 투옥(1984~1985.10).

"노무현은 義좇아 목숨 끊은 대장부"

● **"국민의례는 군사 파시즘의 잔재"**: "운동 경기장에서까지 애국가를
부르는 것은 국민의례를 남용하는 것이다. 이것은 군사 파시즘과 일제
잔재가 청산되지 않았기 때문이다. 애국심이란 것은 매우 소중한 내면
적 가치인데 그 가치를 공개장소에서 주권자인 국민 개개인으로 하여금
국기 앞에서 충성을 맹세하게 만들고 그걸 강제로 듣게 만드는 것이 우
리 헌법정신에 어긋나는 것이 아니냐." (2003년 5월20일, 대학신문 기
자들과. 출처-SBS뉴스)

● **"북핵문제가 풀리지 않는 것은 미국 강경파 때문"**: "북핵문제가 풀
리지 않고 있는 것은 미국 내 강경파가 동북아에서의 주도권을 유지하
기 위해 가상의 적이 필요하기 때문이다. 북한 체제가 갑자기 붕괴되는
것은 전쟁에 버금가는 비상사태가 될 것이며 이같은 사태를 막기 위해
서라도 대북 지원에 소요되는 비용을 더 써야 한다." (2005년 5월12일,
대구 계명대 특강 '북한의 핵문제, 어떻게 풀 것인가')

● **"박정희 때문에 경제難(난)"**: "억울하지만 말 못했던 것이 참 많다.
박정희 전 대통령이 경제를 살렸다고 하는데 (朴 전 대통령이 시해된)
1979년도 경제성장률은 마이너스였고, 장기간의 독재가 대대적인 경제
혼란으로 이어졌다." (2005년 7월16일, 열린우리당 상임중앙위원회에

서)

※박정희 대통령이 시해된 1979년도의 우리나라 경제성장률은 6.8%였다. 박정희 정부의 평균 경제성장률은 8.0%였으며(최고15%), 후반기(1971~1979)는 평균 8.3%였다. 반면 노무현 정부의 평균 경제성장률은 4.4%였다.

●**"조선, 동아일보는 독극물"**: "선동하는 보도를 내는 조선, 동아는 신문이 아니라 독극물이다." (2005년 10월17일, 열린우리당 상임중앙위원 회의)

●**"공수부대 동원해 멧돼지 잡겠다"**: "대통령이 되면 첫눈 내리는 날 공수부대를 동원해 멧돼지를 잡겠다." (2007년 8월21일, 기자간담회에서)

●**"노무현 대통령은 계몽주의적"**: "노무현 전 대통령의 경우 국민이 원하는 것을 해 주기보다는 대통령 자신이 국가발전을 위해서 이렇게 하는 것이 옳다는 것을 중심으로 상당히 계몽적으로 일을 하는 경우가 있어 국민들의 마음을 잃었다. (노무현 대통령이) 수고를 많이 하셨고, 국민들의 지지를 많이 못 받는 상태에서 임기를 마치는 것이 상당히 안타깝다. 어찌 보면 유배가는 옛날 신하처럼 그런 분위기도 좀 있다." (2008년 2월25일, 평화방송 라디오 '열린세상, 오늘! 이석우입니다'에 출연해)

"이명박 대통령과 대통령을 보좌하는 사람들이 우리가 누리는 모든 것들이 어떤 희생과 헌신을 통해 이뤄졌는지에 대한 인식이 부족하기 때문에 문명을 역주행하고 있다." (2009년 3월14일, CBS '주말 뉴스쇼 양병삼입니다'에 출연해)

"이명박 정부가 법률로 헌법을 무력화시키고 있다. 이는 독재자 부활의 첫 징조이다. 국민의 공복인 대통령이 국민에게 '법을 안 지키면 재미없다'고 말하는 발칙한 망동을 하며 국민이 집단으로 누리는 권리를 떼법으로 간주한다. 우리는 대통령에게 헌법에 나와 있는 권한을 5년간 위임했는데 대통령의 말씀을 들어보면 전권을 무제한적으로 위임받은 것처럼 한다. 이명박 정부가 국민의 인내심을 막다른 골목까지 몰고 가고 있다. 지금은 어떻게 보면 헌법을 잘 지키자고 일어난 4·19때와 비슷한 상황이다." (2009년 3월26일, 부산대 특강에서)

●**"노무현은 義좇아 목숨 끊은 대장부"**: "노무현 대통령은 국민과 함께 올바른 길을 걷고자 했으며, 아무도 알아주지 않을 때에도 홀로 그 길을 갔던 사람이다. 자신이 義(의)를 실현하려는 다른 많은 사람들에게 짐이 된다고 느꼈을 때 홀연히 부엉이바위에 올라가 생명을 던졌다. 노무현 전 대통령은 삶보다 더 절실히 원하는 것이 있을 때 구차하게 삶을 얻으려 하지 않는, 말 그대로 대장부였다. 인간 노무현, 정치인 노무현, 대통령 노무현, 전직 대통령 노무현의 삶과 죽음 전체를 관통해서 흐르는 정신은 捨生取義(사생취의) 또는 捨利取義(사리취의)라고 생각한다. 이것은 일찍이 맹자가 말한 바, 올바름[義]을 추구하기 위해서 이익을 버리고 목숨도 버릴 수도 있는 浩然之氣(호연지기)이다." (2009년 9월 27일, 노무현 前 대통령의 홈페이지인 '사람사는 세상'에 올린 '사생취의 정신을 기리며'라는 글에서)

●**"이명박 대통령은 전임 대통령을 죽음으로 몰아넣은 폭군"**: "이명박 대통령은 집권 1년 만에 전임 대통령을 죽음으로 몰아넣은 폭군으로 기억될 것이다. … 이명박 정부가 부자를 더 부자로 만들기 위해 국가를 가난하게 만드는 행위를 하고 있다. 이명박 대통령과 한나라당의 박희태 대표가 그런 反(반)국가적 행위의 주역이다." (2009년 10월14일, 경남 양산 민주당 송인배 후보 지지 긴급 기자회견에서)

●**"시대가 지워준 십자가를 맨 노무현"**: "넓게 연대하고 협력해 노무현 정신을 이어나가야 한다. 盧 전 대통령은 자기 시대의 과제를 직시했고 시대가 지워준 십자가를 맸다. 그것을 위해 노력하다가 아무 일도 할 수 없고 자신의 존재가 짐이 된다고 생각해 스스로 목숨을 거뒀다." (2009년 10월23일, '노무현 시민학교' 강연에서)

●**"만일 북한이 개입돼 (천안함) 비극이 일어났다면 軍 지휘관과 現 정권이 책임져야 할 문제"**: "만일 북한이 개입돼 비극이 일어났다면 군 지휘관과 현 정권이 책임져야 할 문제다. (정부가) 어뢰 공격으로 배가 동강 난 것 같다고 판단할 수 있는 사실적 근거를 못 주고 있다. … 이명박 대통령과 한나라당이 사실에 따라 대처하는 것이 아니고 처음부터 끝까지 국민을 속이고 협박하고 정치적으로 이용하기 위해 이것을 통제하고 있다는 의혹을 지우기 어렵다." (2010년 5월17일, 평화방송 라디오 '열린세상, 오늘! 이석우입니다'에 출연해)

"이게(천안함 폭침이) 만약 정부나 여당의 주장처럼 북한의 소행으로 된 거라면 정말 믿을 수 없을 정도로 우리 해군이 무능한 것이다. … 만약 정부의 주장처럼 북의 소행이라면 국가안보에 너무나 심각한 구멍이 뚫린 것이고 사후에 수습하는 과정의 보고체계나 이런 것들도 전혀 제대로 가동되지 않았기 때문에 군 지휘라인과 정부의 안보담당 관계자들, 청와대가 책임져야 할 상황이다. 그걸 갖고 누구를 비난하고 하는지 참 어이가 없다. 이건 뭐 적반하장도 이런 적반하장이 없다. 北이 했으면 정말 부끄러워해야 할 일이다." (2010년 5월18일, 불교방송 라디오 '전경윤의 아침저널'에 출연해)

●**"내가 그 위치에 있었더라도 對北송금 했을 것"**: "對北 송금 사건은 남북 정상회담과 한반도 평화 유지라는 대의를 위한 사소한 절차적 실

수였다. 박지원 원내 대표가 당시 산업은행을 움직여서 북한에 4억여 달러의 뒷돈을 준 일은 절차적 법률 위반으로 사소한 것이고 남북 정상 회담을 성사시켜 한반도 전쟁 위협을 제거하는 것은 큰 일이여서 작은 불법을 한 것 뿐. … 내가 그 위치에 있었다 하더라도 그렇게 했을 것." (2010년 5월31일, 경기 수원 아주대에서 가진 국민참여당 선거유세)

※박지원 원내대표는 대북 불법 송금을 주도한 혐의 등으로 기소돼 징역 3년에 추징금 1억 원을 선고받아 2006년 5월25일 법정 구속됐다. 그 후 8개월 뒤인 2007년 2월9일 특별사면 돼 형 집행이 정지됐으며, 2007년 12월31일 복권되었다.

● **"민주노동당에 입당했을 수도"**: "국민참여당이 없었다면 민주노동당에 입당했을 것이다. 민노당과는 정치적 이념과 노선이 비슷하고 윤리적 책임도 공감하고 있다. 연대도 잘 될 것이다." (2010년 10월14일, 전라북도를 방문해 기자들과의 간담회에서)

※민주노동당 정책위원회 의장을 역임했던 주대환 씨는 민노당의 主力세력인 NL계를 '김일성주의자', 이들에 반대하고 진보신당을 만들어 나간 PD계열을 '박헌영주의자' 라고 분류했다.

민주노동당은 政綱(정강)에서 '민주 평등 해방의 새 세상을 향하여' 라는 기치를 내걸고, 각 분야별로 '정치 – 노동자와 민중 주체의 민주정치를 위하여', '경제 – 자본주의의 모순을 극복하는 민주적 경제체제 수립', '통일 – 자주 평화 민족대화합의 통일을 위하여', '외교 – 자주 호혜 평등의 국제평화 체제를 위하여', '노동 – 노동을 통한 자아실현을 위하여', '인권 – 억압과 차별의 타파와 민중의 인권 보장', '언론 – 권력과 자본으로부터의 해방과 자유' 를 주장한다.

장영달

전북 남원 출생(1948). 前 국회의원(14~17대). 前 열린당 원내대표(2007.2~.). 前 평민당 부대변인(1989.3~). 민주쟁취국민운동본부 집행위원(1987).

"맥아더 동상 철거 주장은 민족적 순수성"

●**"북한 경수로 사업 계속해야"**: "북한의 평화적 核(핵)이용권을 현실적으로 보장하기 위해 경수로 사업을 계속해야 한다." (2005년 8월24일, 통일부 2004년 결산안 심사에서)

●**"맥아더 장군 동상 철거 주장은 민족적 순수성"**: "맥아더 장군 동상을 철거해야 한다고 주장하는 분들의 민족적 純粹性(순수성)에 대해 여러 가지 깊은 평가를 갖고 있다. 다만 守舊(수구)세력들이 이 문제를 빙자해서 결속하고 우리 정책에 대해 반기를 들려는 움직임 또한 주시해야 한다." (2005년 9월12일, 인천 맥아더 동상 철거 논란과 관련해)

●**"노무현·김정일 회담은 반드시 성사돼야"**: "북측에 신뢰를 주고 북핵 폐기를 위해 노무현 대통령과 김정일 국방위원장과의 회담은 반드시 성사되어야 한다. 한나라당은 성장과 재벌 중심의 경제 정책과 남북 대결 구도를 조장하는 남북 정책을 지향한다." (2007년 3월31일, 경남 마산 경국포럼 주최 '한국정치의 구조와 2007년 대선 전망' 특강에서)

충남 홍성 출생(1958). 現 국회의원(17~18대). 前 열린당 대변인. 前 청와대 대통령비서실 국정상황실장(2001.1~2002.10). 前 전국대학연합회 회장.

"김태영 국방장관이 개선장군 행세를 하고 있다"

●**"국가보안법 폐지가 시대정신"**: "시대정신상 국가보안법은 폐지돼야 한다." (2004년 7월19일, 기자간담회에서. 출처–국민일보)

●**"법무장관의 지휘권 발동은 헌법 정신 구현"**: "천정배 장관이 헌정 사상 처음으로 검찰총장에 대한 지휘·감독권을 발동한 것은 국가보안법 역시 헌법에 하위 개념으로 존재한다는 것을 선언하는, 지극히 당연하고 헌법의 정신을 제대로 구현하는 것이다." (2005년 10월13일, 강정구 교수 사태에 대한 논평)

※2005년 7월27일, 동국대 강정구 교수가 인터넷매체 '데일리 서프라이즈'에 "6·25는 북한 지도부가 시도한 통일전쟁이자 내전"이라는 내용의 글을 게재했다. 이를 놓고 검찰에선 국가보안법 위반 혐의로 구속 수사를 주장했고, 당시 천정배 법무부 장관은 불구속 수사를 주장했다. 검찰이 구속 수사를 주장하며 반발하자 천정배 법무장관은 사상 초유의 검찰 지휘권 발동을 했다. 당시 김종빈 검찰총장은 지휘권을 수용함과 동시에 이에 반발하는 의미로 사표를 제출했다.

●**"개성공단과 금강산은 최후까지 유효하다"**: "개성공단과 금강산 관광사업의 문제는 최후까지 남북 교류와 협상의 카드로서 유효한 측면이 있다. … 북한의 핵실험 사태가 터지자마자 對北교류사업 문제를 들고 나오는 것은 조급하거나 정략적인 의도가 있는 것이다." (2006년 10월13일, 북한 핵실험 직후 문화관광부 국정감사에서)

●**"김태영 국방장관이 개선장군 행세를 하고 있다"**: "김태영 국방장관이 47명의 젊은 희생자들을 방패삼아 마치 개선장군처럼 행세하고 있는 것에 대해 아연실색하지 않을 수 없다. 가장 크게 문책받아야 할 당사자들이 나서서 사실을 왜곡하고 있으므로 국정조사는 불가피할 것이다." (2010년 6월13일, 국회 기자간담회에서. 출처-뉴시스)

●**"전작권 연기는 국방主權 포기"**: "독립국가로서의 핵심主權(주권)인 전시작전통제권을 남의 나라에 이양한 상태를 계속 유지하겠다는 태도는 매우 잘못됐다. 사실상의 국방주권 포기 연장을 공론화 없이 진행한 이런 불통에 대해 엄중하게 항의, 경고한다." (2010년 6월27일. 연합뉴스, 국회 기자간담회)

※전시작전통제권과 국방 주권과는 관계없다. 戰時 작전을 주관하는 곳이 한미연합사령부인데, 한미연합사령부의 사령관이 미군 대장일 뿐이며, 부사령관은 한국군 대장이다. 한미연합사는 한·미 양국의 합동참모본부의 지휘를 받으며, 합동참모본부는 대통령의 지휘를 받는다.

정연주

경북 월성 출생(1946). 前 KBS 사장(2003~2008). 前 한겨레신문 기자, 논설주간(1989.6~2003.3).

"이명박 정권의 외교는 미국의 푸들"

●**"두 아들을 그리워하며 살고 있다"**: "(두 아들이 미국에 내린 뿌리

를) 뽑아 (한국으로) 움직인다는 게 불가능하다는 사실을 알았다. 18년 동안 미국에 머문 두 아이는 미국 시민권을 갖게 됐고, 나는 두 아이를 늘 그리워하며 살고 있다." (2005년 10월4일, 국정감사에서 아들의 병역문제가 불거지자)

※당시 정연주 사장은 두 아들이 한국 사회에 적응할 수 없어서 어쩔 수 없이 병역 의무와 국적을 버렸다고 말했었다. 그러나 장남은 2005년 1월 해외인력 채용코스로 삼성전자에 입사한 뒤 그해 7월 한국 본사로 발령받아 2005년 10월 국정감사 당시 한국 근무 중이었다. 둘째 아들도 서울 홍익대 앞 카페에서 연주가로 활동하고 있던 것으로 밝혀졌었다. 정연주 사장은 자기 곁에서 살고 있던 아들을 "그리워하고 있다"고 한 것이다.

● **"감사원의 감사결과는 거짓과 왜곡"**: "감사원 감사결과가 거짓과 왜곡으로 가득 차 있다. 감사원 해임 요구에 대한 효력정지 소송을 7일 내겠다. … 심지어 사장실과 임원실이 있는 본관 6층까지 진출하는 등 군사작전을 방불케 하는 모습으로 공영방송 KBS를 침탈하고 유린했는데 이는 KBS 역사뿐 아니라 군사 독재시대 계엄령 아래에서도 볼 수 없었던 폭거이다." (2008년 8월8일, KBS 이사회가 당시 정연주 KBS 사장에 대한 해임제청결의를 하자 낸 '국민께 드리는 글'에서)

※당시 정연주 KBS 사장은 검찰의 다섯 차례 소환, 감사원의 네 차례 소환을 무시해왔다.

● **"KBS 안에 내 젊은 후배들이 잘 싸우고 있습니다"**: "KBS 안에 있는 내 젊은 후배들도 그 열악하고 정말 끔찍한 상황에서도 지금 잘 싸우고 있습니다. 시간이 지나면 나이든 사람들 떠나게 돼 있고요, 지금 그 핵심 되는 젊은 세력들 중심에 서면 결국 젊은 사람이 이깁니다. 그게 희망인 것이고요." (2010년 3월4일, 참여연대 특강에서. 출처—참깨방송)

●**"이명박 정권의 외교는 미국의 푸들 신세"**: 요즘 이명박 정권의 외교 행태를 보면 꼭 '미국의 푸들 신세'가 된 것처럼 보인다. 냉전식 대북 강경대응-'천안함 사건'에서 보인 '혈맹 미국'에 대한 일방적 의존-미국 말 잘 들어야 하는 푸들 신세의 과정이 필연적일 수밖에 없다. 이명박 대통령이 남북관계, 한반도를 둘러싼 여러 나라들과의 관계에 대해 철학도, 비전도 없이 그저 '대북 강경론' '한·미 동맹'만 외치는 냉전시대 코드로 대처하다 보니 나라꼴이 우습게 됐다." (2010년 8월8일, 한겨레신문에 기고한 칼럼 '미국의 푸들 신세'에서)

●**"이명박 정권 이후 한반도가 강대국의 각축장이 됐다"**: "이명박 정권 이후 취해온 강경 일변도의 대북 정책은 이미 그 바닥이 다 드러났듯이 한반도의 안정적 관리에 치명상을 입혀 왔다. 남북 사이 신뢰도 모두 무너지고, 더욱이 일방적 대미 종속과 편향으로 중국·러시아와의 관계까지 악화됨으로써 한반도가 이들 강대국의 각축장이 되어버렸다." (2010년 10월3일 한겨레신문에 기고한 칼럼 '권력세습과 한반도'에서)

●**"소망교회에서 이웃 사랑을 어떻게 배웠는지…"**: "남쪽에는 쌀이 너무 많아 엄청난 저장비용이 들어가는 이런 상황에서, 남쪽 농민에게도 좋고, 굶주림으로 고통받는 북녘 동포를 도와줄 수 있는 이런 원원의 일에 대해서조차도 제대로 된 비전도, 굶주림으로 고통받는 이웃을 따뜻하게 바라보는 눈도, 이명박 대통령에게는 없는 것 같다. 소망교회에서 이웃 사랑을 어떻게 배웠는지 모르겠다." (上同)

전남 순천 출생(1943). 동국대 국문과 졸업(1966). 월간문학 편집장(1973~1975). 現 동국대 국문과 석좌교수. 〈태백산맥〉의 著者(1997).

"(김일성 동상의 꽃을 보며) 저 꽃송이에 담긴 인민의 순결한 마음은 왜곡할 건덕지가 없다"

● **"(2차대전 당시) 연합군이 일본군과 무엇이 다릅니까?"**: "우리는 제 2차 세계대전 당시 연합군이라면 무조건 선한 존재로 믿고 있지요. 그러나 돌아온 포로를 죽인 그들이 옥쇄를 강요한 일본군과 무엇이 다릅니까. 이 소설에서는 강대국이 약소국에 어떤 일을 저질렀는지를 보여주고자 했습니다. … 강대국이 인류 공동의 선으로 자유와 평등을 내세우지만 그것은 아름다운 이상일 뿐 실현하려는 노력은 하지 않습니다. 이런 상황에서 약소국 사람은 어떻게 살아야 하는가, 이 비극을 어떻게 극복해 나갈 것인가 하는 고민을 작가로서 하지 않을 수 없지요. … 이런 상황에 대처할 방법은 열린 민족주의밖에 없다. 요즘은 민족주의하면 무조건 배척하는 경향이 있는데 소련이나 일본의 침략적 민족주의와 우리 같은 약소국의 수세적 민족주의는 다르다." (2006년 11월22일, '오, 하느님' 이란 소설 출간 후 경향신문과의 인터뷰에서)

● **"(북한 아리랑은) 기네스북에 오를 정도로 막강한 힘을 발휘할 수 있는…"**: (북한의 아리랑 공연에 대해) "첫 번째는 민족의 나라 주권 상실을 한 민족과 삶의 서러움을 서사적으로 만들어 놓은 이야기입니다. 내용은 그렇고 두 번째 목적은 체제 선전적, 체제 방어적 목적이 있습니다. 세 번째 출연하는 사람들의 열정, 그것이 예술적으로 가고자 하는

340

힘을 실어주고 있었습니다. 네 번째로 그것이 규모로 볼 때 전 세계적이고 기네스북에 오를 정도로 그렇게 막강한 힘을 발휘할 수 있는 그런 규모를 자랑하고 있었는데 이건 한마디로 분석하기가 어려운, 북한만이 가질 수 있는 그런 뮤지컬이 아닌가, 그런 생각을 했습니다.” (2007년 10월5일, MBC 라디오 ‘손석희의 시선집중’에서)

“우리가 체제는 비판적으로 바라볼 수 있습니다. 그러나 저 꽃송이에 담긴 인민의 순결한 마음 그 자체야 왜곡할 건덕지가 없지요.” (2007년 10월4일, 2차 남북정상회담시 김일성 동상 밑에 놓인 꽃다발을 보며 김용옥에게 한 말)

●**“(북한의 아리랑이) 최고의 관광상품이 될 수 있을 것이다”**: “기네스북에 오를 정도로 역동적이고 예술적인 세계 유일의 집단 뮤지컬. 단체제 선전이 끼어 있는 것이 옥에 티. 누구나 한 번쯤 보아도 좋을 장관이고, 북이 중국과 베트남처럼 개방하면 외화 획득을 쉽게 할 수 잇는 최고의 관광상품이 될 수 있을 것.” (2007년 10월15일, 한겨레신문에 기고한 방북 칼럼)

“건강 문제는 전혀 이상이 없었습니다. 왜냐하면 저는 그 분(김정일)하고 두 번 악수를 했는데 마지막 백화원 초대소에서 악수를 할 때 저를 〈태백산맥〉 작가라고 소개를 하니까 피곤했던 표정이 밝게 변해서 잡았던 손을 더 힘주어 잡는데 제 손이 으스러질 정도로 힘이 강했습니다. 나이 많은 사람들의 건강은 목소리와 악력, 손아귀 힘으로 대개 구분하고 있는데요. 목소리도 초대소 큰 홀이 꽝꽝 울릴 정도로 높고, 술도 포도주를 끝없이 계속 마시는 엄청난 주량을 과시하는, 건강하지 않고서는 도저히 할 수 없는 일입니다.” (2007년 10월5일, MBC 라디오 ‘손석희의 시선집중’에서)

"김정일 위원장도 빨리 잘 살 수 있는 토대를 만들고 싶어 한다." (2007년 12월호 레이디경향 인터뷰)

"한반도는 엄연한 1민족 2국가 체제이므로 국가 간에 합의한 것은 지켜야 한다. 정부는 6·15선언 등 지난 정권에서 북한과 합의한 것을 성실히 지켜라."(2009년 3월2일, 웨스틴 조선호텔에서 열린 '태백산맥 200쇄 출판 기념 기자간담회'에서)

"고인의 결백을 믿는다." (2009년 5월24일, 노무현 전 대통령 분향소에서)

"제가 욕심이 많은 게 아니라요. 우리나라의 역사가 너무 비참하고 처참하게 살았기 때문에 써야할 이야기가 그만큼 많아서 역사가 저로 하여금 소설을 쓰게 한 거죠." (2010년 10월12일, CBS 라디오 '시사자키 정관용입니다'에서)

●**"(자녀들이랑) 시위장가서 소리 한 번 질러보세요…그게 산교육입니다"**: "자식 교육 시키는데 수학, 영어만 하라는 것은 자식 죽이는 겁니다. 손 잡고 시민단체 찾아가서 '돈 만원이라도 시민단체에 후원하는 것이 우리 사회를 바르게 하는거야'라고 자식에게 알려주는 것이 진짜 공부입니다. 자녀들이 방학하면, 손 잡고 시위장에도 가서 소리 한 번 질러보세요. 얼마나 시원합니까. 그것이 산교육입니다." (2010년 10월 29일, G20정상회의 폐막기념 강연)

광주 출생(1963). 現 경기 고양시 시장(2010.7~). 現 노무현재단 자문위원(2008~). 前 국회의원(17대, 통합민주당).

"PSI는 한반도를 전쟁으로 이끄는 정책"

●**"색깔론 주장하려거든 빨간색 넥타이 차지 마라"**: "추한 정치권의 정치공세는 그만둬야 한다. 얼마나 더 국민들에게 몰매를 맞아야 정신을 차리겠나. 더 이상 지긋지긋한 색깔론은 제발 중단해 달라. 만약 색깔론 주장하려거든 빨간색 넥타이는 더 이상 차지 마라." (2004년 11월 11일, 국회 대정부질문에서)

●**"PSI는 한반도를 전쟁으로 이끄는 정책"**: "지금 한나라당에서 주장하는 PSI에 대한 전면참여 주장은 지금 남북경협에 대한 전면중단을 요청하고 국제적 제재에 전면동참을 함께 주장하고 있는데 이런 정책이야말로 한반도를 정말 전쟁으로 이끌 수 있는 대단히 위험천만한 정책이다." (2006년 10월13일, CBS 라디오와의 인터뷰에서)

※PSI란 대량살상무기(WMD)의 국제적 확산을 막기 위해 2003년 6월 미국 주도로 발족한 국제 협력체제이다. 테러 및 대량살상무기의 국제적 확산을 방지할 목적으로 미국의 주도 아래, 2003년 6월 스페인 마드리드에서 발족하였다. 미국이 클린턴 행정부 말기 때부터 추진한 대량살상무기 反확산전략을 국제적으로 발전시킨 것이다.

●**"친북좌파 간첩 운운하는 것은 국민에 대한 모독"**: "80년대 권위주의 정권 시절 합동수사본부 보고를 보는 것 같다. 떠나는 장관 앞에서 또다시 친북좌파 간첩 운운하는 건 참으로 견디기 힘든 고문이다. 지긋

지긋한 색깔론 공세를 이제는 중단해야 한다. 국민에 대한 모독이다."
(2006년 10월26일, 국회 통일외교통상위원회의 국정감사에서 한나라
당 김용갑 의원이 이종석 당시 통일부 장관의 이념에 대해 이의를 제
기한 것과 관련해. 출처-프레시안)

●**"정통성 없는 사람들이 정권을 유지했었다"**: "지금 한나라당의 전
신은 과거 민정당이고 전두환·노태우의 하수인들 아니냐? 안보장사를
위해서 좌익으로 몰아붙이고 정통성 없는 사람들이 정권을 유지했었
다."(上同)

●**"미국 대통령도 對北포용정책 펴고 있다"**: "미국 대통령도 대북포용
정책을 펴고 있는데 유독 한나라당만 한심한 얘기를 하고 있다. 한나라당
의 주장은 통일이 된 다음에 교류협력을 하겠다는 논리와 다름없다."
(2007년 9월13일, 국회 통일외교통상위원회 전체회의. 출처-머니투데이)

●**"한나라당의 전형적인 색깔론과 이념공세"**: "이재정 장관의 경우는
한나라당의 공세가 전형적인 색깔론과 이념공세였다. 한나라당은 총장
출신의 진보학자에게 근거 없는 친북좌파라는 명분으로 부적격 평가를
내렸다." (2008년 2월27일, MBC 라디오와의 인터뷰에서)

●**"이명박 정부가 북한을 무시하는 차원을 넘어서고 있다"**: "이명박
정부의 일련의 대북정책, 이를테면 대북 삐라문제에 대한 미온적 대처
라든가 또 오늘의 개각을 보면 이건 최악의 개각이기 때문에 북한을 의
도적으로 무시하는 차원을 넘어서서 남북 간에 군사적인 긴장이 고조될
경우 오히려 국내 정치적으로 활용하려고 하지 않느냐는 의구심까지 완
전히 해소되고 있지 않기 때문에 앞으로 남북관계는 최악의 악화된 관
계가 거의 필연적으로 진행되지 않느냐는 우려가 된다." (2009년 1월19
일, CBS 라디오와의 인터뷰에서)

모르는 사람들에게 알려주면 달라진다

李知映(조갑제닷컴 기자)

솔직히 말해서, '지겹다'는 생각이 들었다. 조갑제닷컴에서 일을 시작한 후로 3년 동안 줄곧 보고 들어왔던 妄言(망언)들이었기 때문이다. 무슨 사건만 터지면 대한민국의 반대편에 서서 대한민국을 못살게 구는 말만 골라서 하던 사람들이니까, 이제는 食傷(식상)하다는 생각까지 들 정도다. 이 책에서는 편의상 사안별로 발언자를 구분해놓았지만, 전부 읽고 나면 '그 X이 그 X이다'는 말에 공감할 수 있을 것이다. 책에 수록된 사람들 거의 대부분이 특정한 몇 개의 사안에 대해서 같은 주장을 하고 있기 때문이다.

천안함 爆沈(폭침)은 북한의 소행이 아니고, 국가보안법은 없어져야 할 惡法(악법)이며, 한총련은 합법화 되어야 하는 애국적 단체고, 주한미군은 철수해야 하며 같은 맥락에서 한미연합사도 해체해야 한다. 정부는 6·15선언과 10·4선언을 이행해야 하고, 햇볕정책을 계승해야 하며 그렇게 해야 연평도 도발 같은 사건이 일어나지 않는다고 말한다. 심지어 6·25 南侵(남침)을 부정한다거나 대놓고 김정일과 김일성을 찬양한다. 굶어죽고, 강제수용소에서 인권을 유린당하는 북한주민을 위한 '북한인권법'에 대해서도 부정적이다.

"(천안함을) 북쪽에서 한 것처럼 몰아가고 있다"(정일용)

"국가보안법 철폐 못하면 우리 민족이 죽는다"(임종인)

"한총련은 애국애족 단체이다"(김승교)

"미국을 몰아내는 것이 6 · 15 실천"(권오헌)

"한미연합사는 주권침해에 가깝다"(윤광웅)

"6 · 15, 10 · 4선언 이행하고 '비핵 · 개방 · 3000' 정책을 폐기해야 한다"(문국현)

"10 · 4선언을 이행해 서해를 죽음의 바다에서 평화의 바다로"(강기갑)

"햇볕정책을 안 해서 이런(연평도 포격) 사태가 나지 않았나"(임동원)

"6 · 25가 남침인지 북침인지 나중에 답하겠다"(이정희)

"김일성은 혜성같이 나타나 많은 것을 성취한 지도자"(한홍구)

"북한인권법 저지 위해 모든 노력 기울일 것"(정봉주)

"김정일 제거가 우리의 목표가 되어선 안 된다"(허문영)

話者(화자)는 모두 다르지만 내용을 보면 한 사람이 말하는 것 같다. 이들은 지금까지 그래왔듯이 앞으로도 이런 망언들을 계속할 것이다.

그래서 궁금해졌다. 3년 전의 나처럼, 정치에 무관심하고 자신이 하고 싶은 일, 좋아하는 일에 집중하며 사는 것만으로도 매일매일이 짧은 보통 사람의 반응은 어떨까. 멀리 갈 것도 없었다. 이 글을 쓰고 있는 순간 내 바로 옆에 있던 친오빠에게 묻기로 했다. 가져온 원고의 아무 페이지나 열고는 들이밀었다.

"아무 말이나 한 번 읽어봐. 어때?"

'김일성 장군 조금만 오래 사시지 아쉽습니다' 라는 대목이 있는 페이지를 대충 훑어보더니 한마디를 던진다.

"제 정신이 아니네."

다시 다른 페이지를 무작위로 펼쳤다. '6·25가 南侵인지 北侵(북침)
인지 나중에 답하겠다' 는 민주노동당 대표 이정희의 발언이 보였다. 오
빠는 정말 궁금하다는 목소리로 반문했다.

"이 사람 누구야? 왜 이런 말을 해?"

"그럼 '한총련을 이적단체로 모는 것이 利敵(이적) 행위', '남북관계
파탄의 원인은 6·15, 10·4선언 부정 때문', '김현희는 완전히 가짜
다', '(북한의 아리랑이) 최고의 관광 상품이 될 수 있을 것이다' 이런 건
어떻게 생각해?"

"한총련? 6·15? 10·4? 이게 다 뭐야? 김현희는 누구고? 아리랑?"

오빠는 反美(반미)나 親(친)김정일, 6·15를 부정하는 발언에 대해서
는 즉각적으로 "말도 안 된다"고 대답했다. 그러나 6·15, 10·4선언,
햇볕정책, 국가보안법, 한총련 등에 대해서는 "일단 그게 뭔 줄 알아야
어떻게 생각하고 말고가 있지 않겠냐"고 했다. 모르겠다는 개념에 대해
짧게 설명해주고 그런 발언을 한 사람들이 공직자, 국회의원, 교수, 신
부, 변호사, 유명 소설가라는 것을 말해주었다. 덧붙여 광우병 亂動(난
동)사태를 주도한 사람들도 이들이라고 알려주자 그는 경악했다.

"(한국에) 살기 싫다."

그리고는 이내 화를 냈다.

"이 사람들이 이렇게까지 한국을 망쳐놓는 동안 도대체 그 쪽 사람들
(보수 우파)은 뭘 한 거야? 기가 막힌다. 이제부터 나도 책 좀 읽고 공부
해야지 안 되겠어. 뭘 알아야 나쁜 X들한테 안 속지."

이 나라의 모든 젊은이들이 左傾化(좌경화) 되어 있는 것은 아니다.
소수의 좌경화 된 젊은이들이 왕성하게 활동하고 있기 때문에 그렇게
보이는 것이다. 대부분의 젊은이들은 단지 모를 뿐이다. 그런 그들도 사

실을 알게 되면 누구보다 분개한다. 대한민국이 이 지경이 된 가장 큰 원인은 물론 김일성-김정일의 북한이 존재하기 때문일 테지만 무관심했던, 혹은 無知(무지)했던 '우리'에게도 책임이 없지 않다. 그렇기 때문에 '나쁜 사람들'의 발언을 모아 왜 그 말이 악질적인 妄言인지를 알려주는 이 책이, 우리를 일깨워주는 '작지만 큰 한 걸음'이 될 것으로 믿는다.

나라는 善人이 없어서 망하는 게 아니라 惡黨(악당)을 응징하지 못할 때 망한다

李庚勳(조갑제닷컴 인턴기자)

祖國(조국)을 저주하고 敵(적)을 편드는, 妄言을 내뱉는 이들은 共同體(공동체)로부터 가장 많은 혜택을 누리는 者(자)들이다. 이들은 아주 교묘하고 교활한 語法(어법)을 구사한다. 흔히 말하는 假定法(가정법), 兩非論(양비론)을 사용한다. '북한도 잘못했지만 남한도 잘못했습니다', '~할 것으로 보여집니다', '~했으면 ~했을 텐데'. 이들은 미리 빠져나갈 구멍을 마련해 놓고는 자신이 하고 싶은 말만 한다. 자신이 내뱉은 말에 책임지는 모습을 보이지 않는다. 어느새 자신이 한 말을 뒤집는다.

언론은 계속해서 이들의 妄言을 홍보해준다. 북한 전문가라는 이름으로 북한학과 교수를 출연시켜, 상식을 가진 사람이라면 누구나 답할 수 있는 것까지도 물어댄다. 그 중 대표적으로 양무진 북한대학원대학교 교수, 김용현 동국대 북한학과 교수가 있다. 이들은 북한 관련 이슈가 터지면 언론에 자주 출연한다.

'북한의 화폐개혁은 성공할 것이다', '천안함은 북한 소행으로 보기 어렵다', '對北심리전 방송하면 안 돼', '對北쌀 지원해야', '3차 남북 정상회담 해야' – 梁, 金 두 교수의 대표적 발언이다. 연평도 포격 직후인 11월24일, 梁 교수는 경향신문에 기고한 정동칼럼에서 "예방안보가 중요하며 군사적 맞대응은 남북 모두 敗者(패자)가 될 뿐이다"라고 주장했다. 金 교수도 같은 날, KBS 1TV에 출연해 "우리 정부가 중국을 설득해 북한을 압박하도록 해야 한다"고 주장했다. 梁 교수는 무력응징은 안 된다는 말을, 金 교수는 전문가답지 않은, 현실과는 동떨어진 말을 한 것이다.

공동체의 多數(다수)는 이들의 망언을 심각하게 받아들이지 않는다. 망언을 접하면, 혀를 한 번 차거나 화를 한 번 내고 끝난다. 애써 더 알려고 하지도 않고, 이들 망언에 대해 적극적으로 문제도 제기하지 않는다. 이들 망언에 대해 反感(반감)이 있더라도 反駁(반박)하지 않는다. 이들 망언의 强度(강도)가 점점 세져도, '원래 저러니까' 하고 넘긴다. 이들의 망언에 학습돼 버렸다.

유시민 前 보건복지부 장관은 2010년 5월11일 라디오에 출연해 "천안함 어뢰 피격설은 억측과 소설"이라고 주장했다. 5월20일에는 TV 토론회에 출연해 "아니, (천안함을) 北이 그런 줄 몰랐느냐"고 말했다. 열흘도 안 돼 말을 바꾼 것이다.

민주노동당 이정희 대표는 2010년 8월4일 KBS 라디오에 출연해,

'6 · 25가 南侵이냐 北侵이냐'는 청취자의 질문에 "그 문제는 좀 더 치밀하게 생각해서 나중에 블로그를 통해 다시 답을 드리는 것으로 하겠다"고 했다. 4개월이 흐른 지금까지도 그의 블로그에는 6 · 25가 '남침인지, 북침인지'에 대한 의견 표명이 없다. 예상했던 일이다.

그가 6 · 25가 왜 일어났는지 몰랐을까? 그는 1987년 학력고사 여자 인문계 수석을 차지했고, 사법시험에도 합격한 인물이다. 그의 남편은 '민주화를 위한 변호사 모임'의 심재환 변호사로, 2003년 11월 PD수첩에 출연해 "김현희는 완전히 가짜다. 북한에서 파견한 공작원이 아니다"라고 주장했다. 부부가 대한민국의 맞은편에 서서 맹활약하고 있다. 자신들이 숭배하는 理念(이념)에 忠誠(충성)하기 위해 事實(사실)까지도 不正(부정)하는 그들이 불쌍했다. 이것이야말로 分斷(분단)의 悲劇(비극) 아닌가.

이들의 망언은 끊임없었다. 새로운 망언을 추가하는 일이 반복되자, '이러다가는 한도 끝도 없어 책을 못 만들겠구나!' 하는 생각도 했다. 한반도 北半部(북반부)를 강제 점거하고 인간의 존엄성을 짓밟는 집단이 사라지는 날, 南半部(남반부)에서의 망언도 사라지지 않을까 생각해 본다.

이 책은 공동체로부터 가장 많은 혜택을 누리는 자들이 이념을 사실보다 앞세울 때 어떤 일이 벌어지는가를 보여주는 좋은 예가 될 것이다.

나라는 善人(선인)이 없어서 망하는 게 아니라 惡黨(악당)을 응징하지 못할 때 망한다. 이 책을 읽고 忿怒(분노)만 해선 안 된다. 분노를 행동으로 昇華(승화)시켜야 한다. 함부로 망언을 내뱉는 惡黨들을 응징하겠다는 多數(다수)의 행동이 필요하다.

찾아보기

우리 시대의 妄言錄

펴낸이 | 趙甲濟
펴낸곳 | 조갑제닷컴(chogabje.com)
초판 1쇄 발행 | 2010년 12월 20일
개정판 1쇄 발행 | 2010년 12월 21일
개정판 3쇄 발행 | 2012년 7월 31일
주소 | 서울 종로구 내수동 75 용비어천가 1423호

전화 (02)722-9411~3
팩스 (02)722-9414
www.chogabje.com

등록번호 | 제300-2005-202호
ISBN 978-89-92421-69-0

값 13,000원

*파손된 책은 교환해 드립니다.